अपना करियर स्वयं चुने

रेनु सरन

डायमंड बुक्स

प्रकाशक   : डायमंड पॉकेट बुक्स (प्रा.) लि.
               X-30, ओखला इंडस्ट्रियल एरिया, फेज-II
               नई दिल्ली-110020
फोन   : 011-40712200
ई-मेल   : sales@dpb.in
वेबसाइट   : www.diamondbook.in

Apna Career Swayam Chune
by : Renu Saran

प्रस्तावना

प्रत्येक व्यक्ति अपने जीवन में एक संभावना युक्त व्यवसाय चाहता है। आप ऐसी नौकरियाँ कैसे पाओगे, जो आप करना पसन्द करोगे? आपकी कमाने की क्षमताएँ क्या है? कौन सी नौकरी आपके व्यक्तित्व के अनुरूप हैं? ये सभी प्रश्न लगातार आपके दिमाग में उठते होंगे।

व्यवसाय के सैकड़ों विकल्प मौजूद हैं। आप अपने व्यवसाय का चयन कैसे करोगे जबकि आप वास्तव में जानते ही नहीं कि आप क्या करना चाहते हो? क्या यह एक दुष्कर कार्य नहीं लगता? ऐसा नहीं है। हाँ आपको अपना निर्णय लेने में कुछ समय और ऊर्जा लगानी होगी, लेकिन अन्त में आपकी कोशिशें कामयाब होंगी।

व्यवसाय का चयन एक महत्त्वपूर्ण कदम है क्योंकि इसी पर आपका भविष्य टिका होता है। सामान्यत: यह पाया जाता है कि विद्यार्थी वर्ग इस बात से अनजान होता है कि वे जीवन में क्या प्राप्त करना चाहते हैं? यह उस परिस्थिति के समान है, जिसमें व्यक्ति बिना गंतव्य की रेलगाड़ी में सवार हो। नि:सन्देह इसके परिणामस्वरूप बहुमूल्य समय और धन बर्बाद हो सकता है।

इससे, एक सार्थक और तय कर सकने योग्य लक्ष्य की आवश्यकता रेखांकित होती है। इस तरह का निर्णय लेते समय व्यक्ति को अपनी योग्यता, ज्ञान, रुचि, अनुभव (यदि हो), क्षमताओं, व्यवहार और बाजार में नौकरियों की वर्तमान प्रवृतियों को ध्यान में रखना चाहिए। आप अपनी कमजोरियों और ताकत को जानकर ही इस क़ाबिल बनते हो कि एक सार्थक और पाने योग्य लक्ष्य तय कर सको।

यहाँ मैं कुछ बिन्दु दे रहा हूँ जो एक अच्छा लक्ष्य कैसे चुनें इस बारे में आपको बुनियादी जानकारी प्रदान करेंगें:

- शैक्षणिक योग्यता किसी व्यवसाय में प्रवेश का केन्द्र बिन्दु होता है जबकि व्यक्ति की समझ का स्तर, उसके द्वारा ज्ञान का प्रयोग और व्यवसायिक प्रशिक्षण आवश्यक है। सामान्यत: और विशेषकर व्यवसाय में लगातार विकास को सुनिश्चित करने में व्यक्तित्व और यहाँ तक की व्यक्ति का जीवन के प्रति दृष्टिकोण बहुत महत्त्वपूर्ण भूमिका अदा करता है।

- रोजगार में आपकी सफलता के लिए वचनबद्धता, कल्पना दृष्टि, अपने कार्यस्थल की समस्या का समाधान करने की प्रबन्धन क्षमता और अपने क्षेत्र के व्यवसायिक कौशल को लगातार बढ़ाना आवश्यक है। इसके अलावा परीक्षा परिणामों में प्रतिस्पर्धी अंक और कड़ी मेहनत भी आवश्यक है।

- अपने व्यवसाय में तेजी से आगे बढ़ने के लिए बड़ा सोचना और बड़ा कार्य करना परमावश्यक है।

- आपका चयन जो भी हो उसको पहचानना और उसमें मौजूद अवसरों को खोजना परमावश्यक है।

- अपने पेशे में आगे बढ़ने के लिए नये परिवर्तन करना और अवसर बनाना भी आवश्यक है।

- रोजगार चयन के सम्बन्ध में यह स्पष्ट है कि हो सकता है इस पुस्तक में शामिल रोजगार आखिरी रोजगार न हो।

आपके रोजगार सपने को महसूस करने में सफलता काफी हद तक आपके अपने व्यवहार पर निर्भर करती है, जिसमें उस लक्ष्य का पीछा करने में आपकी लगनशीलता और दृढ़निश्चय शामिल है। इससे पहले आपको समझ होनी चाहिए कि आप क्या बनना चाहते हो? आपके लक्ष्य की आवश्यकता को पूरा करने और उसे प्राप्त करने में आपको उस योग्य बनाने के लिए आपका दृढ़निश्चय अत्यन्त आवश्यक है। इसका मतलब यह है कि आपको शैक्षणिक योग्यता के बाद व्यवहारिक योग्यता और आपके निर्धारित कार्य क्षेत्र में प्रशिक्षण की आवश्यकता होती है। आप इन सब चीजों को प्राप्त करने के बाद प्रतिस्पर्धा के योग्य हो जाओगे।

सफलता के लिए आवश्यक है कि आप स्वअनुशासित हो, अपने समय का सदुपयोग करें, आत्मविश्वास और व्यवहारिक योग्यता रखें। रोजगार ग्राफ पर तेजी से बढ़ने के लिए आपको आपके आसपास और बाहरी दुनिया में क्या हो रहा है, इसके बारे में ही नहीं बल्कि भविष्य में होने वाली सम्भावित विकास प्रक्रियों को पहचानने की क्षमता भी आप में होनी चाहिए।

यदि आप यह पुस्तक चुनते हो तो आप अपने आसपास बदलती परिस्थितियों और रोजगार क्षेत्र की कठिन प्रतियोगिताओं से सचेत हो जाओगे। यह पुस्तक उन सारी सूचनाओं का संग्रह क्षेत्र है, जिसकी आपको अपने रोजगार पथ पर आवश्यकता होगी। आपको 21वीं सदी के बेहद प्रतिस्पर्धी माहौल में सही रोजगार चुनने में इससे बहुत आवश्यक सहयोग मिलेगा।

– रेणु सरन

अनुक्रमणिका

आपके करियर की योजना किस तरह की हो

अच्छे समय में भी पेशे का चयन एक कठिन विषय है। इसमें यदि दोस्तों, अभिभावकों की राय सम्मिलित की जाए तो नवयुवक भ्रम में फंस जाता है, जिसमें निर्णय लेना लगभग असम्भव हो जाता है। हम यहाँ पर ऐसा प्रारूप बताऐंगे जो कि नवयुवकों को अपना पेशा चुनने में सहायता देगा और इसका निर्णय लेने में सक्षम बनाएगा। प्रत्येक व्यक्ति के लिए यह निर्णय अलग होता है क्योंकि प्रत्येक व्यक्ति की अपनी विशेषताएँ होती है। यह प्रारूप केवल नौसिखियों के लिए सहायक नहीं है, बल्कि व्यक्ति के जीवन भर काम आता है।

पेशे का चुनाव कई स्तरीय प्रक्रिया है। इसमें कई तरह की सूचनायें एकत्रित करना शामिल है। जिसमें सबसे पहले आती है अपने बारे में खुद से सम्बन्धित सूचनायें। आपको खुद की समझ करनी होती है, जिसमें आपके मूल्य, रुचियाँ, कुशलताएँ, क्षमताएं, व्यक्तिगत विशेषताएँ और इच्छित जीवन स्तर शामिल है। आपको स्वरोजगार और पेशे के मध्य चयन से भी सचेत रहना अत्यन्त आवश्यक है।

दूसरे, सूचना से निर्णय लेने की प्रक्रिया से कार्य की विस्तृत और तंग दुनिया की दिशा में सामान्य व्यवसाय की जाँच करें। तीसरे, व्यावहारिक विकल्पों का मूल्यांकन करें और उसका व्यवहारिक अनुभव, सहयोगी शिक्षा, औचित्यपूर्ण ग्रीष्मकालीन रोजगार, स्वैच्छिक कार्य और कैम्पस गतिविधियाँ इन्टर्नशिप प्राप्त करें। साथ ही व्यवसाय चयन के सम्बन्ध में ज्यादा सुस्पष्ट निर्णय लें।

स्वयं का मूल्यांकन

इसमें अपने बारे में सूचनाएँ एकत्रित करना और पेशे के सम्बन्ध में निर्णय लेना शामिल है। स्वयं को समझकर अपने मूल्यों, रुचियों, कुशलताओं, क्षमताओं, व्यक्तिगत विशेषताओं और इच्छित जीवन स्तर को समझकर आप स्वरोजगार और व्यवसायिक विकल्प के अन्तर्सम्बन्ध के बारे में सचेत हो जाओगे।

इसकी शुरुआत इस तरह की जा सकती है (i) रुचिओं, क्षमताओं, कौशल और कार्य के मूल्यों को जानकर (ii) कार्य की सूची तैयार करना (iii) शारीरिक और मनोवैज्ञानिक आवश्यकताओं को समझना (iv) महत्वाकांक्षा और प्रेरणा स्तर का मूल्यांकन व निर्धारण करना (v) व्यक्तिगत गुणों और विशेषताओं का मतलब समझना।

जैसे जैसे आप स्वयं के बारे में समझ विकसित करते जाओगे, आप स्वयं जागरुकता प्राप्त करोगे, आपके आत्मविश्वास में वश्द्धि होगी, समय प्रबन्धन का महत्व समझना और व्यक्तिगत के साथ साथ व्यवसायिक प्रबन्धन कौशल विकसित करना भी इसमें शामिल है।

कुछ तरीकों से यह आत्ममूल्यांकन किया जा सकता है। उसका वर्णन इस प्रकार है, उदाहरण के लिए, आप अन्वेषी कक्षाएँ या अध्ययन कौशल के लिए कार्यशालाएँ करते हैं या क्रियाकलाप संस्थान अथवा व्यवसायिक प्रशिक्षण केन्द्र से जुड़ सकते हो।

व्यक्ति को अपनी व्यक्तित्व शैली की पहचान करनी चाहिए और कौन से कार्य उनके अनुकूल हैं? उन कार्य के मूल्यों को पहचान कर भी सकारात्मक आचरण ग्रहण करना चाहिए। उदाहरण के तौर पर व्यक्ति को अन्तर्वैयक्तिक कौशलों का विकास विचारों, भावनाओं को व्यक्त करने और लोगों से बातचीत करने के लिए करना चाहिए। इसके साथ ही आत्मघाती व्यवहार समाप्त हो जाना चाहिए।

शैक्षणिक और पेशेवर विकल्प

अपना आत्ममूल्यांकन पूरा करने के बाद आपको उपलब्ध शैक्षणिक और पेशेवर विकल्प को पहचान लेना चाहिए। इस कदम के द्वारा आप कार्य की दुनिया का निरीक्षण कर पाओगे, सूचना से निर्णय लेने की प्रक्रिया एक सामान्य पेशे की खास दिशा में सीमित करती है। आप अपनी क्षमताओं के अनुरूप पेशे की पहचान करना आरम्भ कर दोगे। उन पेशों के बारे में सूचना एकत्रित करोगे और इस सूचना का मिलान अपने आत्ममूल्यांकन के परिणाम से करोगे।

यह करने के बाद व्यक्ति को शैक्षणिक और पेशे की आरम्भिक आवश्यकताओं के बारे में जानना चाहिए। उस संस्थान की तालश करो, जिसमें आप आवेदन देना चाहते हो। बाजार में नौकरियों का झुकाव किस ओर है, यह पता लगाओ और अपनी दूसरी योजनाएं भी तैयार रखो, जिसमें शैक्षणिक और पेशेवर विकल्प हों।

योग्यता/क्षमता के क्षेत्र

इस पूरे समय में अपनी क्षमताओं में सुधार करना महत्वपूर्ण है। व्यक्ति को अनुसंधान और निरीक्षण सम्बन्धी कौशल हासिल करना अत्यन्त आवश्यक है।

निर्णय लेने की प्रक्रिया का अभ्यास, समस्या समाधान करने की योग्यता विकसित करना और नाजुक निर्णय लेने का अभ्यास करना इन सभी से योग्यता हासिल करनी चाहिए।

व्यक्ति को क्षमताओं, रुचियों, मूल्यों को किस तरह से पेशे की या शैक्षणिक आवश्यकताओं के साथ मिलान किया जाए, इसकी समझ को भी बढ़ाना चाहिए। सक्षमता को हासिल करने के लिए व्यक्ति को पेशेवरों के साथ बातचीत, शैक्षणिक सलाहकारों और पेशेवर परामर्शदाताओं से मिलना, प्रोफेसर के साथ चर्चा करना और उस क्षेत्र के पाठ्यक्रमों को जानना और कार्यशालाओं को जाना चाहिए, जहाँ आप ये कौशल सीख सकते हैं। अब तक आप संचार, कम्प्यूटर ज्ञान, विदेशी भाषाएँ अन्तर्राष्ट्रीय शिक्षा आदि कौशल प्राप्त कर चुके होंगे। नवयुवक को रोजगार मेलों, नौकरी मेलों, विदेशी शिक्षा कार्यक्रमों में भागीदारी करना, अंश कालीन नौकरी करना आदि इन सभी पर ध्यान देना चाहिए।

अगला चरण आपको व्यवसायिक विकल्पों का विश्लेषण करने और व्यवहारिक अनुभव हासिल करने में मदद देता है। ऐसे में आप पेशे के विकल्पों के सम्बन्ध में ज्यादा विशेष निर्णय लेना आरम्भ कर दोगे। यहाँ पर भी आपको अपने प्रतिस्पर्धा स्तर को बढ़ाना है। इस स्तर को आपको संचार और अन्तर्वैयक्तिक योग्यताओं के माध्यम से बढ़ाना चाहिए। इस स्तर पर विश्वास बढ़ाना बहुत महत्वपूर्ण है। समय प्रबन्धन की तकनीकों में भी सुधार होना चाहिए।

आदर्श जीवन शैली की सूची

प्रत्येक विषय पर चिन्ह लगाओ कि वह विषय आपके लिए कितना महत्वपूर्ण है, जो इसका सबसे अच्छा विवरण देता हो। यह सूची मूल्यों को पहचानने में आपकी मदद के लिए बनायी गई है।

घर में रहना	बहुत महत्वपूर्ण	औसत महत्व	महत्वपूर्ण नहीं
ग्रामीण क्षेत्र में रहना	बहुत महत्वपूर्ण	औसत महत्व	महत्वपूर्ण नहीं
घर में मनोरंजन	बहुत महत्वपूर्ण	औसत महत्व	महत्वपूर्ण नहीं
धन का व्यय	बहुत महत्वपूर्ण	औसत महत्व	महत्वपूर्ण नहीं
प्राय: यात्रा	बहुत महत्वपूर्ण	औसत महत्व	महत्वपूर्ण नहीं
कई सम्पत्ति रखना	बहुत महत्वपूर्ण	औसत महत्व	महत्वपूर्ण नहीं
काफी धन रखना	बहुत महत्वपूर्ण	औसत महत्व	महत्वपूर्ण नहीं
मनोरंजन स्थल के पास रहना	बहुत महत्वपूर्ण	औसत महत्व	महत्वपूर्ण नहीं
सांस्कृतिक केन्द्रों के पास रहना	बहुत महत्वपूर्ण	औसत महत्व	महत्वपूर्ण नहीं

	बहुत महत्वपूर्ण	औसत महत्व	महत्वपूर्ण नहीं
चलचित्र और रेस्तरां तक पहुँच	बहुत महत्वपूर्ण	औसत महत्व	महत्वपूर्ण नहीं
अकेले समय	बहुत महत्वपूर्ण	औसत महत्व	महत्वपूर्ण नहीं
समुदाय में सक्रिय सदस्य	बहुत महत्वपूर्ण	औसत महत्व	महत्वपूर्ण नहीं
शिक्षा तक पहुँच	बहुत महत्वपूर्ण	औसत महत्व	महत्वपूर्ण नहीं
कार्यस्थल के पास रहना	बहुत महत्वपूर्ण	औसत महत्व	महत्वपूर्ण नहीं
केवल पैसे के लिए काम करना	बहुत महत्वपूर्ण	औसत महत्व	महत्वपूर्ण नहीं

जब आप उपरोक्त प्रश्नों के उत्तर दे दोगे, तब आप अपने लिए एक अच्छी नौकरी चुनने की स्थिति में आ जाओगे। वास्तव में, यह हमेशा पूर्णत: सम्भव नहीं होता कि आपको आवश्यकताओं के अनुरूप नौकरी मिल जाए। स्वयं को स्वप्न देखने, परिकल्पना करने और आनन्द उठाने दो। अब से पाँच/सात वर्ष बाद के भविष्य के लिए अपनी योजना तैयार करो। दो दिन के समय में सोच लो कि आप क्या करना पसन्द करोगे? आप कहाँ रहना चाहोगे? वहाँ और कौन लोग होंगे? अपनी कल्पना के लिए जहाँ तक सम्भव हो उसकी पूर्ण जानकारी का उपयोग करो। मौसम, जीवनशैली, सहकर्मी, जवाबदेही, फुरसत की गतिविधियाँ इत्यादि सब पर विचार करें।

पेशेवर से मुलाकात

आप अपनी व्यवसायिक सम्भावनाओं को खोजना आरम्भ कर दो। पता लगाओ कि व्यवसाय में कौन से बड़े कर्तव्य या जवाबदेहियां शामिल हैं? व्यवसाय द्वारा उत्पादित उत्पाद और प्रदान की जाने वाली सेवाएँ व्यवसाय के अन्दर विशेषता और व्यवसाय के अन्दर उपयोग में आने वाले उपकरण कौन से हैं? व्यवसाय के आवश्यक शिक्षण-प्रशिक्षण और अनुभव का भी पता लगाओ। अपनी व्यक्तिगत योजनाओं, क्षमताओं और पेशे के लिए आवश्यक योग्यताओ, क्षमताओं की तुलना करो, उस अन्तर की भरपाई करो, जहाँ आपके पास ऐसे कौशल न हों जैसे टाइपिंग या कम्प्यूटर का ज्ञान।

तय करो कि तुम्हें कार्य की परिस्थितियाँ पसन्द हैं, कुछ नौकरियों में अनियमित घण्टों में नौकरी या बार-बार यात्रा की आवश्यकता पड़ती है, क्या आप इन सब का सामना करने के लिए तैयार हो? पेशे की भविष्य की सम्भावनाओं और विचारों का पता लगाओ। किसी भी पेशे में प्रवेश का सामान्य तरीका समाचार पत्र या वेबसाइट में पाया जाता है। पेशे में लगे लोगों का निरीक्षण करो। उनके व्यक्तित्व की सामान्य विशेषताएँ देखो। उदाहरण के तौर पर, विक्रय

नौकरियों में बहिर्मुखी होने की आवश्यकता है। आपको अपने व्यक्तित्व का मेल निरीक्षण किए गए व्यक्तित्व से करना चाहिए।

एक सूचनात्मक साक्षात्कार की प्रश्नावली तैयार करो और पेशे के लोगों से बात करो। निम्न लिखित प्रश्न आपका मार्गदर्शन कर सकते हैं-

- आप इस संगठन में कैसे आए?
- आपने इस संगठन में कैसे रुचि ली?
- इस क्षेत्र में प्रवेश स्तर की नौकरियों के लिए व्यक्ति में क्या विशेषताएँ होनी चाहिए?
- आरम्भ से शिखर तक नौकरियों का किस तरह का विकास है?
- आपके काम में आपकी क्या जिम्मेदारियाँ और कर्तव्य हैं?
- आपकी नौकरी को ठीक से करने के लिए कौन सी मूलभूत क्षमता की आवश्यकता है?
- संगठन का निर्देशन दर्शन क्या है?
- इस पेशे में आगे बढ़ने और सफलता के लिए कौन से व्यक्तिगत मूल्य, रुचियाँ व विशेषताएँ आवश्यक हैं?
- इस पेशे में बड़ी कुंठाएँ, कष्ट स्रोत क्या हैं?
- आप काम में कितना समय व्यतीत करते हैं?

पेशेवर से मुलाकात काफी मदद देती है और व्यक्ति के दिमाग के कई संदेहों को स्पष्ट करती है। हालांकि, कुछ चीजों के सही उत्तर जानना आवश्यक होता है यदि आप व्यक्ति को नहीं जानते, सम्भावना है कि आप सही उत्तर नहीं पाओगे।

कौशल का आवश्यकताओं से मेल कराना

उपरोक्त प्रारूप का मूलभूत विचार व्यक्तिगत कौशल का नौकरी की आवश्यकता से मेल कराना है। एक बार मूल्यांकन हो जाने पर व्यक्ति अपने व्यक्तित्व को अच्छे से जान लेगा और उसके अनुसार पेशे का चयन करेगा। जबकि प्राय: ऐसा नहीं होता। इस प्रकार व्यक्ति स्वयं को उस नौकरी में पाते हैं, जिसमें उनकी कोई रुचि नहीं होती। एक व्यक्ति, जो अपने पूरे जीवन में पुस्तकों से जुड़ा रहा हो, उसे अचानक ग्राहकों से व्यापार करने के लिए कहा जाए, या एक बहिर्मुखी व्यक्ति को जो, अपने को बैंक की नौकरी में पाए, जहाँ उसे लेखे जोखां की कॉपियाँ और बहिखाते देखने पड़े। इस तरह की चीजों से बचने में यह सूची मदद करती है।

उसी समय, प्रारूप आपको मूल्यांकन करने में मदद करेगा। किस निश्चित पेशे के लिए किन कौशलों की आवश्यकता होती है? यदि आप प्रबन्धन करना

चाहते हो, उदाहरण के तौर पर, आपको ऐसी नौकरी करने की सलाह दी जाती है, जो आपको उद्योग के बारे में ज्ञान और विश्वास प्राप्त करने में मदद करे। यह आपको उस उद्योग का चयन करने में मदद करेगा, जिसमें आप काम करना चाहते हो।

यह प्रारूप पूर्ण नहीं है, लेकिन यह आपको आपके व्यक्तित्व के सम्बन्ध में बहुमूल्य संकेत देगा, जो आपको पेशा चुनने में मदद करेगा। नवयुवकों के मस्तिष्क में एक सामान्य प्रश्न होता है कि कौन सा पेशा चुनें? अभिभावक साफ तौर पर अपने बच्चों को सफल डॉक्टर, इंजीनियर या प्रशासक बनाना चाहते हैं। बहुत से विद्यार्थी अपने अभिभावकों की इच्छाओं के अनुसार अपने लिए एक सुरक्षित पेशे के निर्माण में सफल हो जाते हैं, जबकि प्रत्येक में इस तरह के पेशों की अत्यन्त प्रतियोगी परीक्षाएँ पास करने का कौशल नहीं होता। इसका परिणाम प्राय: कुंठाओं और हृदय विदारक दु:ख के रूप में सामने आता है। न तो यह आवश्यक ही है कि प्रत्येक व्यक्ति हर पेशे में सफल हो। लम्बे समय के लिए यही अच्छा होगा कि एक नवयुवक उस पेशे का चयन करे, जिसमें उसकी रुचि है। सफलता का रहस्य इसमें है कि चीजों को ठीक से किया जाए, न कि इस बात को देखो कि और लोग क्या कर रहे हैं?

एक डॉक्टर का उदाहरण लेते हैं, जिसने एम.बी.ए. की प्रशिक्षण कक्षाएँ आरम्भ की हैं।

''मैंने एम.बी.बी.एस. किया क्योंकि मेरे अभिभावक चाहते थे, लेकिन मेरी इसमें रुचि नहीं है। एम.बी.ए. से मुझे वह योग्यता प्राप्त होगी, जिससे मैं एक बहुराष्ट्रीय कम्पनी में काम कर सकूँगा और एक अच्छा जीवन प्राप्त करूँगा।''

हजारों विद्यार्थी, जिसमें आई.आई.टी. जैसे प्रमुख संस्थान के इंजीनियरिंग करने वाले विद्यार्थी भी शामिल हैं, वे इसी कारणवश प्रबन्धन में जाना चाहते हैं। लोग प्राय: इस बात से आश्चर्यचकित होते हैं कि देश के कुछ प्रतिभावान व्यक्ति विदेशी कंपनियों में सेल्स ऑफिसर या कार्यकारी अफसर बनना चाहते हैं, जिन्होंने अपने जीवन की कई वर्षों की कड़ी मेहनत, विभिन्न पेशों से प्राप्त प्रशिक्षण और प्रतिभा का बलिदान कर दिया।

इसी तरह सिविल सेवाओं के लिए भी लोग पागल हैं। कई कोशिशों और वर्षों को बर्बाद करने के बाद कुछ व्यक्ति अंत में एक क्लर्क या शिक्षक के स्थान तक ही पहुँच पाते हैं। इस प्रक्रिया में व्यक्ति के बहुमूल्य वर्ष नष्ट हो जाते हैं। यदि उस व्यक्ति का कौशल पहले से मापा गया होता, तो उस व्यक्ति को कुछ और करने की सलाह दी जाती।

असफलता के अलावा, जो व्यक्ति अपने साहस और दृढ़निश्चय से यहाँ तक पहुँचने में सफल होते हैं, उनमें भी संभव है कि आन्तरिक रुचि न हो और वो अपना जीवन उस नौकरी को करते हुए, उसके मूल्यों में बिना कोई वृद्धि करे, व्यतीत कर दें। इस बात का सबूत लाखों साधारण गुणवत्ता वाले आई.ए.एस. अधिकारी, इंजीनियर और डॉक्टर हैं यहाँ तक की साधारण गुणवत्ता वाले एम.बी.ए. करने वाले व्यक्ति प्रबन्धन के मध्यम स्तर से ऊपर नहीं उठ पाते क्योंकि उनकी उनके पेशे में रुचि नहीं होती और वे कभी भी उतना अच्छा नहीं बन सकते, जितना वे अपनी रुचि के क्षेत्र में बन पाते।

देश में कार्य की गुणवत्ता को देखते हुए ऐसा लगता है कि देश में साधारण गुणवत्ता वाले लोगों की संख्या बहुत अधिक है, जो दफ्तरों में अपना समय व्यतीत करके संतुष्ट है। ऐसा लगता है कि हम साधारण गुणवत्ता को बढ़ावा दे रहे हैं। प्रत्येक व्यक्ति कम्प्यूटर और मैनेजमेंट में डिप्लोमा कर रहा है क्योंकि उन्होंने सुना है कि इससे अच्छी आय होती है। यह दुःखद है कि उनकी नौकरी में उनका योगदान न के बराबर है।

हालांकि डिप्लोमा आशाएँ पैदा करते हैं और हर व्यक्ति सोचता है कि वह बहुराष्ट्रीय कम्पनी में कार्य के लिए अनुकूल है। प्रत्येक व्यक्ति इस तरह कि नौकरी नहीं प्राप्त कर सकता, जो कुंठा की लकीरों को पीछे छोड़ दे। व्यंग्य के तौर पर देखें तो देश में भारी बेरोजगारी है फिर भी एक अच्छा टाइपिस्ट या अच्छा कम्प्यूटर ऑपरेटर मिलना कठिन है। बहुराष्ट्रीय कम्पनियाँ या अन्य कोई मालिक ऐसे लोग चाहते हैं, जो गुणवत्ता को बढ़ा सके। वे कलम घिसने वाले लोग नहीं चाहते। एक डिप्लोमा या डिग्री गुणवत्ता को नहीं बढ़ा सकते। गुणवत्ता तो परिस्थितियों को समझकर बुद्धिमत्तापूर्ण निर्णय लेने से बढ़ती है। उच्च आय की नौकरियों में अन्य चीजों की अपेक्षा यही चीज ज्यादा आवश्यक है। जिस व्यक्ति में इस तरह की प्रतिभा नहीं होती, वह पीछे रह जाता है।

पेशे के चयन और प्रबन्धन को ज्यादा गहरी सोच की आवश्यकता होती है। इतनी की हममें से ज्यादातर स्वीकार करने की इच्छा रखते हैं। सबसे पहला प्रश्न कौशल का है। यह आवश्यक है कि हम पर औरों को मिलने वाली उच्च आय की कहानियाँ छा न जाएं क्योंकि प्रत्येक पेशे में दूसरों की तुलना में ज्यादा कमाने की सम्भावनाएँ होती है। उदाहरण के तौर पर एम.बी.ए. करने वालों की तुलना में एक अच्छा डॉक्टर, इंजीनियर या फैशन डिजाइनर ज्यादा पैसा कमा सकता है।

कौशल का पता लगाने में यह प्रश्न भी महत्वपूर्ण है कि हम निश्चित क्षेत्र में सफल हो सकते हैं या नहीं। विद्यार्थी यदि सिविल सेवा और चार्टेड अकाउंटेंट जैसी परीक्षाओं को पास करने की कोशिश में लगातार असफल होकर बर्बाद

साल करने की बजाय उसकी तैयारी में उचित समय लगाएं, तो परीक्षा में अच्छा कर पाएंगे। यह बुद्धिमता का विषय नहीं है कौशल का विषय है।

दूसरे प्रतिबद्धता की भी मांग है। ज्यादातर नवयुवक कहते हैं कि वे कठिन परिश्रम कर सकते हैं, पर जब करने का समय आता है, तो वे ज्यादातर समय दोस्तों के साथ घूमने-फिरने इत्यादि में व्यर्थ कर देते हैं। इस प्रकार स्वयं के प्रति ईमानदार रहना महत्वपूर्ण है। इसमें तुम कितना समय दे सकते हो और कितने संसाधन तुम्हारे नियंत्रण में है, इसका मूल्यांकन करो, चमक-दमक वाले पेशों से अपनी राह मत भटकाओ। कुछ ऐसा चुनो जो जमीन से जुड़ा हो। यदि आप एक बहुराष्ट्रीय कम्पनी में काम करना चुनते हो, तब उन कार्यकारी अधिकारियों के प्रयासों को देखो और उनसे प्रतिस्पर्धा करने का प्रयास करो। केवल यह कह देने से कि तुम कड़ी मेहनत कर सकते हो। यह बात तुम्हें कहीं नहीं ले जाएगी।

विभिन्न अवसर

हाल में परिस्थितियों में तेजी से परिवर्तन हुआ है। सरकारी नौकरियों का प्रलोभन अब इतना प्रबल नहीं रह गया है। जोकि रोजगार ढूंढने वाले को निजी क्षेत्र में नौकरी और स्वरोजगार से बचा सके। सरकारी नौकरियाँ और यूपीएससी प्रतियोगिताएँ अब भी आकर्षक हैं, परन्तु हर वर्ष इनके प्रतिभागियों की संख्या में कमी आ रही है।

स्वरोजगार के अवसर इतने महत्वपूर्ण होकर उभरे हैं कि जिन लोगों ने इस क्षेत्र में सफलता का शुरुआती स्वाद चखा, उन लोगों ने किसी प्रतियोगिता या नौकरी के लिए कभी भी कोशिश नहीं की। स्वरोजगार अवसरों की सीमा में कम्प्यूटर प्रशिक्षण केन्द्र, भाषायी कक्षाएँ, माइक्रोफिल्मिंग जैसी उच्च तकनीकी सेवाएँ प्रदान करने वाले स्कूल, वेबडिजाइनिंग, व्यवसायिक फोटोग्राफी, ग्राफिक आर्ट्स, कपड़ा निर्माण असैनिक कार्यों के लिए लघु स्तर की इकाइयाँ तैयार करना, निर्यात व्यापार इत्यादि आते हैं।

आज भारतीय अर्थव्यवस्था में मुश्किल से कोई ऐसा क्षेत्र होगा, जहाँ व्यापार समृद्ध न हो। चाहे वह एस.टी.डी., पी.सी.ओ. जैसे छोटे उद्यमी हों या फिर निर्यात के लिए ऋण मुक्त एजेन्सी का बड़ा व्यवसाय हो या स्वचालित वाहन का व्यापार अथवा गैस, पेट्रोल, डीजल का व्यापार।

स्वरोजगार की सम्भावनाओं में हालांकि स्वयं की कड़ी मेहनत और ध्यान की काफी आवश्यकता होती है, लेकिन यह निश्चित आय की नौकरी की बजाय परिणाम देने वाला है। व्यवसाय और आय के स्तर में विकास का सम्बन्ध व्यक्ति की आयु और अनुभव से नहीं है। लेकिन इसका सम्बन्ध उसकी व्यवसाय की

समझ, कल्पनाशीलता और कड़ी मेहनत से है। कार्य और नौकरी का चयन व्यक्ति की शैक्षणिक योग्यता और कौशल के अनुरूप होना चाहिए।

दूसरी तरह के रोजगार अवसर निजी क्षेत्र द्वारा प्रदान किए जाते हैं। पिछले दो दशकों में औद्योगिक क्षेत्र के तेजी से विकास के साथ व्यवसाय, व्यापार और उद्योग में अवसरों का बहुत तेजी से विकास हुआ है। निजी क्षेत्र और उद्योग प्रबन्धन के उच्च पेशों में विशेष अनुभव की मांग की जाती है। इस तरह के बहुत से रिक्त स्थानों का विज्ञापन समाचार पत्रों में यह सूचना देता है कि ज्यादातर जिज्ञासु व्यक्ति अपने विज्ञापन से अनुकूल व्यक्ति को ढूंढने में समर्थ होते हैं। उच्च प्रबन्धन आवश्यकताओं के अलावा निजी क्षेत्र में सॉफ्टवेयर और कम्प्यूटर विशेषज्ञों, कार्यकारी सचिवों और बड़ी संख्या में व्यक्तिगत, मध्य और निम्न दर्जे के व्यक्तियों की आवश्यकता होती है। योग्य, तकनीकी और पेशेवर लोगों की भारत में बड़ी संख्या है, निजी क्षेत्र की नौकरियों के साथ हम उनको चुन सकते है।

निजी रोजगार का क्षेत्र सरकारी नौकरियों से अलग है, जहाँ व्यक्ति की पढ़ोन्नति उसकी वरिष्ठता के आधार पर होती है। उसके गुणों और योग्यता को नजरअंदाज कर दिया जाता है। दूसरी ओर निजी संगठन प्रदर्शन को देखते हैं और व्यक्ति के प्रदर्शन के आधार पर पढ़ोन्नति व पदच्युत करते हैं। वास्तव में किसी व्यक्ति के पेशे का ग्राफ पूर्णत: उसकी क्षमताओं और तेजी से परिणाम देने पर निर्भर करता है। निम्न स्तर पर आय व अनुलाभ सरकारी नौकरी के लगभग करीब-करीब होते हैं। हालांकि मध्य व उच्च स्तर पर आय व भत्ते काफी अधिक आकर्षक होते हैं। सामान्यत: निजी क्षेत्र में एम.एन.सी. बहुराष्ट्रीय कम्पनियों के आ जाने के कारण आय और भत्तों के वर्तमान स्तर पर सभी आय स्तरों में तेजी से वृद्धि हुई है।

सरकारी क्षेत्र हालांकि अपनी पारम्परिक चमक धमक खो चुका है, फिर भी ग्रामीण और मध्य वर्ग से रोजगार ढूंढने वालों में काफी लोकप्रिय बना हुआ है। सरकारी नौकरियों से जुड़ा गौरव व प्रभाव अभी भी काफी आकर्षण पैदा करता है। निम्न व मध्यम स्तर पर सरकारी नौकरियों की लोकप्रियता में कमी के बावजूद उच्च स्तरीय सरकारी नौकरियाँ जैसे आई.ए.एस., आई.एफ.एस., आई.पी.एस., इंजीनियरिंग की नौकरियाँ, जंगल की नौकरियाँ, आई.आर.एस. डाक सेवा इत्यादि प्रतियोगी परीक्षाओं में उत्तीर्ण होना अभी भी नवयुवकों को रातभर कठिन परिश्रम करने की प्रेरणा देता है। इन नौकरियों की तरफ झुकाव बढ़ाने वाले तत्वों में नौकरी में सुरक्षा, सामाजिक स्तर और तय पदोन्नति शामिल है। इसके अलावा इन पदों पर जिस तरह की स्वायत्तता होती है, वह इनको दूसरों की तुलना में उच्चता प्रदान

करती है। इस तथ्य के बावजूद कि सरकारी नौकरियों की आय और भत्ते तुलनात्मक रूप से अधिक नहीं होते, अभ्यर्थियों का एक बड़ा बहुमत दल इस तरह की उच्च सेवाओं में प्रवेश का स्वप्न देखता है। अधिकारी स्तर पर काफी कम व्यक्ति लेने होते हैं। जबकि निम्न स्तर पर असंख्य व्यक्ति इसमें गुणोत्तर वृद्धि करने और इससे जुड़ने को तैयार हैं। जिसके परिणामस्वरूप सशस्त्र सेनाओं में अधिकारियों की गुणवत्ता प्रभावित हो रही है। ज्यादा शहरी, पढ़े-लिखे, बुद्धिमान प्रत्याशी, असैनिक रोजगार के आरामदायक जीवन को वरीयता दे रहे हैं।

आंतरिक शक्ति का विश्लेषण और लक्ष्य तय करना

प्रत्येक मानव में कुछ निश्चित जन्मजात शक्तियाँ और कमजोरियाँ होती हैं, जो सही अंतर्निरीक्षण के लिए पहचानी जानी आवश्यक है। अपनी शक्तियों और कमजोरियों का वस्तुनिष्ठ मूल्यांकन करने से व्यक्ति की अपनी अन्दरूनी क्षमताएँ सामने आ सकेंगी। किसी सफल व्यक्ति से विभिन्न विषयों पर बातचीत करके, कठिनाई के समय प्रतिक्रिया का निरीक्षण करके और विभिन्न विषयों में अपनी उपलब्धियों की तुलना पूरे समूह की उपलब्धियों से करके भी हम अपनी अन्दरूनी क्षमताओं का मूल्यांकन कर सकते हैं। आत्ममूल्यांकन व्यक्ति की योग्यता को बाहर लाता है।

एक विस्तृत आत्मविश्लेषण से व्यक्ति को छिपी क्षमताओं, ताकतों व कमजोरियों की गहरी व लाभदायक अन्तर्दृष्टि प्राप्त होती है, जो अभ्यर्थी को उसका पेशा चुनने में सहायता देती है। उदाहरण के लिए शिक्षा और व्यवसायिक योग्यता, अनुभव, नैतिक शक्ति, लोगों को सहमत करने की क्षमता, व्यवसाय में योग्यता व परिणाम देने की क्षमता और खोज करने की क्षमता इत्यादि में हमारी ताकतें निहित होती हैं। इस प्रकार योग्यता व अनुभव की कमी, आत्मविश्वास का अभाव, लोगों से बातचीत करते समय विश्वास की कमी इत्यादि कमजोरियाँ विचार करने योग्य हैं। एक वस्तुनिष्ठ विश्लेषण व्यक्ति के पेशे के चयन संबंधी सही दिशा सुनिश्चित करता है। तीन में से एक रास्ता चुनकर अभ्यर्थी अपना लक्ष्य निर्धारित कर सकता है, जो इसके द्वारा तय समय सीमा में प्राप्त किया जा सके।

सामान्य सचेतता

पूर्वापेक्षा और आरम्भिक प्रवेश स्तर पर तैयारी से किसी भी पेशे में श्रेष्ठता पाने की राह अत्यंत आवश्यक है। व्यवसायिक और तकनीकी रूप से व्यक्ति को स्वयं के बारे में पूर्णतः विश्वस्त होना चाहिए। इसके अलावा वातावरण की अस्थिरता की सामान्य जागरुकता अत्यन्त आवश्यक है। दिन-प्रतिदिन का विज्ञान, हमारी सामाजिक राजनैतिक व्यवस्था, आर्थिक नियोजन, बजट प्रक्रिया, अर्थव्यवस्था

का भूगोल, देश और विश्व का समसामयिक घटनाक्रम इत्यादि का ज्ञान इस जागरुकता में शामिल है।

इस प्रकार की जागरुकता रातों-रात प्राप्त नहीं की जा सकती, इसमें कई वर्ष लगते हैं। विद्यार्थी जीवन से ही स्तरीय समाचार-पत्र या प्रतियोगी पत्रिकाएँ नियमित रूप से पढ़ना आवश्यक होता है। किसी भी क्षेत्र में सफलता प्राप्त करने के लिए, चाहे वह स्वरोजगार हो या सरकारी नौकरियाँ, आसपास के वातावरण के विस्तृत ज्ञान के अलावा एक तेज मस्तिष्क आवश्यकता है। सरकारी नौकरियों के लिए होने वाली प्रतियोगिताओं और साक्षात्कार के संबंध में इस प्रकार की जागरुकता अभ्यर्थी की सफलता में काफी सहायता करती है, उसे दूसरों पर बढ़त दिलाती है। निजी नौकरियों के चयन के संदर्भ में भी यह बात उतनी ही सही है। स्वरोजगार के बारे में अपने आसपास की गतिविधियों और राजनैतिक, सामाजिक और आर्थिक परिवेश का जानकार व्यक्ति अपने प्रतिस्पर्धियों को हल्का सिद्ध करके सफलता सुनिश्चित करता है। तकनीकी और पेशेवर ढंग से पूर्णत: समर्थ अभ्यर्थी अपने ज्ञान के आधार पर जीवन की चुनौतियों का सामना करने, परिस्थितियों को सम्भालने में विश्वस्त होता है। वह अभ्यर्थी दूसरों से आगे खड़े होने के योग्य होता है।

❑

रोजगार सलाह की आवश्यकता

आपको कैसे पता चलेगा कि आपको पेशेवर सलाह की आवश्यकता है अथवा नहीं? आपके पास पहले से नौकरी है तो पेशेवर सलाहकारों से आपको क्या लाभ मिलेगा? एक प्रतियोगी रोजगार सलाहकार सस्ता नहीं होता, लेकिन कभी-कभी इसका परिणाम आपके जीवन को सुधार सकता है। यदि आप अपने पेशे से खुश नहीं हैं या संतुष्ट महसूस नहीं करते या आपकी वर्तमान परिस्थिति में आवश्यक चुनौतियाँ नहीं है, तो सलाहकार आपकी सहायता कर सकता है। अपने पेशे में उपयुक्त जगह को प्राप्त करके आप सफलता हासिल कर सकते हो। आप अपनी वर्तमान नौकरी से काफी नाखुश और अपूर्ण महसूस करते हैं, केवल इस कारण से कि आप किसी दूसरी कम्पनी या दूसरे पेशे में अच्छा नहीं कर सकते और ज्यादा खुश भी नहीं रह सकते।

यदि निम्न में से कोई परिस्थिति हो तो एक पेशेवर सलाहकार आपकी सहायता कर सकता है-

➢ आप पेशे का चयन करने की बजाय सीधे नौकरी में घुस गए। शायद आपकी कभी कोई निश्चित पेशे की योजना नहीं थी और उस समय जो अवसर आपके सामने आया वह आपको सही प्रतीत हुआ। अब वर्षों बाद आपको एहसास हो रहा है कि आप अपनी वर्तमान स्थिति में जितनी दूर आ सकते थे, आ गए या आप पूर्णत: गलत पेशे में है।

➢ आप बदलाव के लिए तैयार हैं, परन्तु बदलाव किस तरह का है इसका बिल्कुल भी अंदाजा आपको नहीं है। आपको नहीं पता कि नया पेशा कैसे आरम्भ करें और उसमें क्या अवसर हैं?

➢ आप ऑफिस छोड़ने के बाद दिनभर के काम के बारे में बातचीत करना पसन्द नहीं करते। आप काम से घर लौटकर अपनी पत्नी को दिनभर के काम के बारे में दोबारा नहीं बताते। ''आपका दिन कैसा रहा'' इस पर आपका जवाब होता है कि ''मैं इस बारे में बात नहीं करना चाहता।''

➢ आप अपने पेशे में असंतुष्ट महसूस करते हो और लगातार दूसरे पेशे की तलाश करते रहते हो। आप मुश्किल से एक या दो वर्ष तक ही एक नौकरी

में टिकते हो और हमेशा की तरह लगातार रोजगार विज्ञापनों का गहन अध्ययन करते रहते हो।

➢ आप समझते हैं कि आपको बदलाव की आवश्यकता है, लेकिन अनिश्चितता और अस्पष्टता की भावना है, कोई सही दिशा नहीं है आप जानते हो कि आप कुछ और करना चाहते हैं लेकिन क्या करना चाहते हो? यह नहीं जानते। आपकी पृष्ठभूमि और रुचि वाले व्यक्ति के लिए क्या अवसर मौजूद हैं और इस बारे में निश्चित नहीं हो।

➢ आप अपनी नौकरी में आर्थिक और पारिवारिक मजबूरियों की वजह से फँस गए हैं, प्रत्येक सुबह उठने पर आपका पहला विचार होता है कि आपको घर वापस आने से पहले कितने घंटे व्यतीत करने हैं? लेकिन आप महसूस करते हैं कि आपके पास कोई और विकल्प नहीं है क्योंकि आपको अपनी प्रतिबद्धताएँ पूरी करनी है और खर्चों का भुगतान करना है।

ये सभी परिस्थितियाँ एक दूसरे के समान हैं, पेशा सलाहकार से आपको लाभ हो सकता है। सलाहकार आपको अपनी रुचियों और लक्ष्यों की वास्तविक और संतुष्टि देने वाले पेशे के विकल्प को पाने में सहायता कर सकता है। लेकिन पेशेवर की सलाह और मार्गदर्शन प्रत्येक के लिए जवाब नहीं होता। आपको पता लगाना होगा कि सलाह से मिलने वाला लाभ सलाह पर लगाई गई कीमत से अधिक है या नहीं। इस प्रकार आशा है कि आप तय कर पाओगे कि पेशेवर की सलाह लेना आपके लिए तर्कसंगत कदम है अथवा नहीं।

❑

अपने शौक को
पेशवर रूप प्रदान करें

शौक यदि एक खाली समय में किया जाने वाला पुनर्चयनात्मक व्यवसाय है, तो क्या आप उन शौकों की गिनती कर सकते हो, जिनका अभ्यास आपने गुजरे समय में किया है या आप अब भी कर रहे हो और क्या उसने आपको मनोवैज्ञानिक संतुष्टि के अलावा कुछ और बदले में प्रदान किया है? यदि आप किसी एक को भी इस सन्दर्भ में पहचान लेते हैं, तब आप पहले से जानते हैं कि शौक को पेशे के रूप में अपनाने से क्या खुशी मिलती है? लेकिन यदि आपके शौक की सूची खाली है या आपको इस बात पर विश्वास नहीं है कि जो चीज आप कर रहे हो या आपने खाली समय में की है, उसका वर्गीकरण शौक को पेशे में बदलने वालों में किया जा सकता है, तो आपको कुछ समय नीचे लिखे विषय को पढ़ने में लगाना चाहिए।

सबसे पहले आपको यह जानना चाहिए कि हॉबी वह होती है, जिसका अभ्यास व्यक्ति रुचि व मनोरंजन के कारण करता है, न कि प्रयासों के परिणामस्वरूप आर्थिक पुरस्कार प्राप्त करने के लिए। चाहे आप एक संग्रहक हो, शिल्पकर्मी हो, खेल प्रशासक हो, चित्रकार हो, एक हॉबी में संलग्न होने से आप कुछ निश्चित कौशलों को प्राप्त कर सकते हैं और आपकी क्षमताओं में सन्तोषजनक बढ़ोतरी होती है। लेकिन याद रखें ये परिणाम सीधे तौर पर व्यक्ति की पसन्द की हॉबी, उसके प्रयास और सन्तुष्टि पर निर्भर करते हैं।

दूसरे शायद आप इस कहावत से परिचित होंगे कि जो व्यक्ति अपने शौक को पेशे में बदल देता है वह खुश व्यक्ति होता है। यह कई कारणों से सही है, अधिक से अधिक लोग, जिन्होंने अपनी हॉबी को अपने पेशे में बदल दिया, उनकी स्थिति दर्शाती है, इस निर्णय ने उनके जीवन को सुखद बनाने में नाटकीय बदलाव ला दिया। वे दूसरों को भी ऐसा करने की सलाह देते हैं और उनका तर्क सही भी है। यदि व्यक्ति सोचे कि वह तो अपने कौशल का इस्तेमाल जीविका कमाने में करे, तो वास्तव में वह उस चीज का अभ्यास करता है,

 अपना करियर स्वयं चुने

जिसको वो करना पसन्द करता है। उदाहरण के लिए यदि आपको अपने सम्पादन और लेखन के लिए विभिन्न लोगों से प्रशंसा मिलती है, तो तुम्हें इस क्षेत्र के पेशे के बारे में सोचना चाहिए। यदि आपको कम्प्यूटर पसन्द है और आप प्रत्येक मिनट कम्प्यूटर लेंग्वेजिज में प्रयोग करने, कम्प्यूटर में गेम खेलने में व्यतीत करते हो, तो इस तरह का पेशा आपके लिए ज्यादा अनुकूल हो सकता है। लेकिन सामान्यत: एक व्यक्ति, जो आनन्द के लिए ऐसा करता है न कि पारिश्रमिक के लिए, उसे शौकिया या हॉबिस्ट कहते हैं, जो व्यवसायी से अलग होता है।

लेकिन अन्नत: यह तय करने के लिए कि आप कौन सी हॉबी का अभ्यास करते हो, वो भविष्य में आपके पेशे का रास्ता बन सकती है। आपको यह जाँच करनी होगी कि खाली समय और पुनर्रचनात्मक गतिविधियों के द्वारा आप कितनी आसानी से जीवन को अच्छा बना सकते हो। उदाहरण के लिए बहुत कम लोग स्पेम इकट्ठा करके जीवन बिताते हैं, लेकिन कुछ को इसमें आनन्द आता है। बहुत से लोग तारों का निरीक्षण और अध्ययन करना पसन्द करते हैं, लेकिन कुछ लोगों ने इस हॉबी में निवेश किया और अन्तरिक्ष यात्री बन गए। बहुत से लोग, जिनको यात्रा करना और पढ़ना लिखना पसन्द था, वे पत्रकार बन गए। अन्य जो खाना बनाने और दावत करने इत्यादि को वरीयता देते हैं, उन्होंने अपने इस शौक को विकसित करके साहसी व्यवसाय बना लिया। यदि दूसरों को आपकी हॉबी अरोचक और घिसी-पिटी लगे, तो सावधान होने की आवश्यकता नहीं है। तुम्हें कुछ समय इस निरीक्षण में लगाना होगा कि यह कार्य कभी एक पेशे के तौर पर प्रस्तुत किया गया अथवा नहीं। यदि नहीं, तो भी हतोत्साहित मत होना। लोग हमेशा अपनी उद्यमवृत्ति और व्यवसाय को खोजने के लिए सामान्यत: किसी विचार के जरिए सुनियोजित करते हैं। यदि इस समीकरण में आप प्रतिभा कौशल और दृढ़निश्चय जोड़ दें, तो आपकी विजेता बनने की बहुत अधिक सम्भावना हो जाएगी।

❑

विभिन्न क्षेत्रों में करियर अवसर

बीमांकिक विज्ञान

तुमने अवश्य ही ऐसी कम्पनी के बारे में सुना, देखा और पढ़ा होगा, जो पॉलिसी होल्डर को किसी भी संभावित घटना से सुरक्षा प्रदान करती है जैसे दुर्घटना, हस्पताल में भर्ती होना, घरेलू संकट, चोरी या मृत्यु से सुरक्षा प्रदान करती है, यह आपकी निवेश योजना, नौकरी से मिलने वाले लाभों, सेवा निवृत्ति लाभों और पेन्शन योजनाओं आदि में निवेश की देख-रेख करती है। बीमा धारकों को तय समय पर निश्चित धन किस्त के रूप में नियमित अंतराल पर अदा करनी पड़ती है। उनको किसी अप्रिय घटना या बीमा परिपक्व होने पर उनका पैसा वापस मिलता है। क्या तुम्हें कभी आश्चर्य नहीं हुआ कि यह कौन तय करता है कि बीमाधारक को कितना पैसा बीमा की किस्त के तौर पर अदा करना है? और कंपनी से कितना पैसा पेन्शन या अदायगी के रूप में बीमाधारक को मिलेगा? अच्छा, ठीक यही कार्य एक बीमांकिक करता है। वह बीमा से जुड़े जोखिम और किस्तों की गणना करता है। तकनीकी तौर पर कहें तो बीमांकिक का कार्य भविष्य की अनिश्चत घटनाओं के आर्थिक प्रभाव का मूल्यांकन करना होता है। मोटे तौर पर वे किसी भी आर्थिक विकास की संभावनाओं को देखते हैं। व्यंग्यात्मक रूप से कहे तो वे आर्थिक भविष्य वक्ता होते हैं।

एक बीमांकिक को एक सांख्यिकीय, अर्थशास्त्री, वित्तकार और रोजगार तकनीक की संभावनाओं, चक्रवर्ती ब्याज, कानून, प्रबंधन, मार्केटिंग इत्यादि के संयुक्त कौशल रखने चाहिए। भविष्य के आकस्मिक परिणामों का अंदाजा लगाना और ऐसी घटनाओं की आर्थिक प्रचंडता को कम करने के लिए हल तैयार करना बीमांकिक का कार्य है। औपचारिक रूप से बीमांकिक पेशा 1948 में बीमांकिक संस्थान, लंदन के गठन के साथ स्थापित हुआ है।

भारत में पारंपरिक रूप से बीमांकिक केवल जीवन बीमा क्षेत्र में पाए जाते थे, लेकिन अर्थव्यवस्था के खुलने के साथ गैर जीवन बीमा कम्पनियों, बैंको, स्टॉक एक्सिचेंज, सरकारी और निजी एंजेन्सियों आदि सभी क्षेत्रों में इनकी मांग

 ———————————————————— अपना करियर स्वयं चुने

पूर्ति से अधिक है। एकच्युअरि सोसाइटी ऑफ इण्डिया (ए.एस.ई.) भारत की एकमात्र व्यवसायिक बीमांकिक कम्पनी 1944 में अस्तित्व में आई और उसको इन्टरनेशनल एकच्युअरि एसोसियेशन के सदस्य के रूप में स्वीकार कर लिया गया। दुनिया भर की सभी बीमांकिक संगठनों के लिए एक केन्द्रीय संगठन 1979 में स्थापित हुआ था। इसका रजिस्ट्रेशन 1982 में लिट्रेसी, साइन्टिफिक और चेरीटेबल सोसाइटी एक्ट XII के तहत हुआ। इसका लक्ष्य भारत में बीमांकिक व्यवसाय को आगे बढ़ाना, इस पेशे के सदस्यों व ग्राहकों के बीच बातचीत के अवसर उपलब्ध कराना, शोध को सरल बनाना, प्रासंगिक विषयों पर व्याख्यान का आयोजन करना और पेशेवर बीमांकिक परीक्षाओं के लिए पढ़ाई कर रहे विद्यार्थियों के लिए सुविधाएँ और मार्गदर्शन उपलब्ध कराना शामिल है। इंस्टीट्यूट ऑफ एकच्युअरी ऑफ इण्डिया (आई.ए.आई. या पहले ए.एस.आई.) आरम्भ में एक बिना परीक्षा के संगठन के तौर पर शुरु हुआ। जब बीमांकिक यू. के. इंस्टीट्यूट ऑफ एकच्युअरी या फैकल्टी ऑफ एकच्युअरी से अध्ययन किया करते थे। भारत के बीमांकिक संस्थान ने 1975 में यू.के. के बीमांकिक संस्थान

विद्यार्थियों के लिए प्रवेश परीक्षाएँ कराना आरम्भ कर दिया। 1989 में भारतीयों के लिए इसने एसोसिएट स्तर तक की और 1992 में फेलोशिप स्तर तक की परीक्षाएँ करवाना आरम्भ किया। आई.ए.आई.यू.के. परीक्षा नमूनों का अनुसरण करती है। साथ ही इन्टरनेशनल एकच्युअरी संगठन (आई. ए.ए.) द्वारा निर्धारित वैश्विक मानकों पर नजर रखती है।

एक बीमांकिक बनने के लिए व्यक्ति को एकच्युअरी सोसायटी ऑफ इण्डिया (ए.एस.आई.), मुम्बई या इंस्टीट्यूट ऑफ एकच्युअरी, लंदन जैसे पेशेवर संगठन से मान्यता अत्यन्त आवश्यक है। एक बीमांकिक के कार्य में बहुत से महत्वपूर्ण निर्णय लेने के क्षण और कार्य की प्रकृति कई बार काफी थकाने वाली होती है। फिर भी इनाम के सन्दर्भ में बौद्धिक चुनौती, स्तर, कार्य से सन्तुष्टि और कमाई शामिल है। क्योंकि उनका निर्णय बहुत सी व्यापारिक गतिविधियों के लिए निर्णय लेने पर आधारित होता है इसीलिए उनका पेशा प्राय: उच्च प्रबन्धन और आधिकारिक स्तर तक ले जाता है।

योग्यता-एकच्युअरी सोसायटी ऑफ इण्डिया और इंस्टिट्यूट ऑफ एकच्युअरी यू.के. पेशेवर परीक्षा संगठन है, जो सर्टिफिकेट, एसोसिएटशिप और फेलोशिप स्तर की परीक्षाएँ करवाते हैं और इन परीक्षाओं में पास अभ्यर्थी अपने नाम के सामने ए.ए.एस.आई. यानि एन ऐसोसिएट मेम्बर ऑफ सोसायटी लगाने के योग्य मान लिया जाता है, जो कि एक रजिस्टर्ड बीमांकिक पैमाना है।

कोई भी व्यक्ति जिसकी न्यूनतम आयु 18 वर्ष हो, जो गणित और सांख्यिकी में उच्च कौशल रखता हो, वह एक बीमांकिक बनने के लिए इस कोर्स में प्रवेश ले सकता है। कोर्स में एकच्युअरी साइन्स में पोस्ट ग्रेजुएशन डिप्लोमा, एकच्युअरी साइन्स में एम.सी.सी. इत्यादि उपलब्ध है।

संस्थान-एमिटी स्कूल ऑफ इंश्योरेंस एण्ड एकच्युअरी साइन्स (ए.एस.आई.ए. एस.), नोएडा (यू.पी.) ब्लॉक नं.-1, दूसरी मंजिल सेक्टर 44 नोएडा-201303

- बिशप हेबर कॉलेज, तिरूचिरापल्ली (तमिलनाडु), पोस्ट बॉक्स नं.-615 तिरूचिरापल्ली (तरीची) जिला-620017

- डी.एस. एकच्युअरिल ऐजुकेशन सर्विसेज, मुम्बई, जुहू पारले एजुकेशन सोसायटी (जे.पी.इ.एस.), उत्पल सांधवी स्कूल, ईस्ट वेस्ट रोड नं.-3, जे. वी.पी.डी. स्कीम, मुम्बई-400049

- इंस्टिट्यूट ऑफ एकच्युअरी ऑफ इण्डिया, मुम्बई (महाराष्ट्र) 302, इण्डियन ग्लोबल चेम्बर्स, डी.एम.रोड, 142 फोर्ट स्ट्रीट, मुम्बई-400001

- इन्टरनेशनल स्कूल ऑफ एकच्युअरी साइन्स (आइ.एस.ए.एस.) हैदराबाद (ए.पी.) हाऊस नं. 08-02-682/B/13 रोड़ नं. 12 और 13, बंजारा हिल्स, हैदराबाद-500034

विज्ञापन

इस आधुनिक युग में ग्राहक किसी न किसी प्रकार के विज्ञापन से लगातार घिरा रहता है। उत्पाद निर्माता इसे व्यापक अस्त्र के तौर पर प्रयोग करते हैं। अपने उत्पादों की बिक्री बढ़ाने और सम्भावित ग्राहकों का ध्यान आकर्षित करने के लिए इसका प्रयोग करते हैं। इसमें कोई आश्चर्य नहीं है कि विज्ञापन उद्योग लगातार विकास कर रहा है और बेहद प्रतिभाशाली लोगों के लिए रोजगार के अवसर पैदा कर रहा है। जो लोग एक दायरे से बाहर निकलकर सोचते हैं और नवीन परिवर्तनवादी विचार रखते हैं, उनके लिए संभावनाएं सुझा रहा है।

विज्ञापन एजेन्सियाँ वो स्वतंत्र सत्ता है, जो अपने ग्राहकों की सहायता उनके उपभोगकर्त्ताओं के आधार को छूने और उनके सन्देश को विभिन्न मीडिया संयन्त्रों जैसे रेडियो, टेलीविजन और प्रिंट और इन्टरनेट के माध्यम से व्यक्त करते हैं।

 ——————————————————— अपना करियर स्वयं चुने

छोटी बड़ी विज्ञापन एजेन्सियाँ अपने संगठन के विभिन्न स्तरों पर विशेष लक्ष्य के लिए सख्त प्रयास करने वाले व्यक्ति को जोड़ना चाहती हैं। प्रत्येक एजेन्सी का लक्ष्य समान रहता है कि अपने ग्राहकों के लिए खास विज्ञापन करें, जोकि मोटे तौर पर उनकी बाजार सम्बन्धी आवश्यकताओं और लक्ष्यों से मेल खाते हो, उनके बजट के अनुकूल हो और लम्बे समय तक श्रोताओं पर अपना प्रभाव छोड़े, जिससे उनके उत्पाद और सेवा की बिक्री बढ़ सके।

सामान्यत: विज्ञापन ऐजेन्सियाँ उन लोगों को वरीयता देती हैं, जो रचनात्मक और स्वतंत्र सोच रखते हैं लेकिन समूह में अच्छा काम करते हैं। यदि आप विज्ञापन में रोजगार आरम्भ करना चाहते हैं, तो आपको लक्ष्य के लिए कठिन प्रयास करने वाला और दबाव के समय में अच्छा काम करने वाला होना अत्यन्त आवश्यक है। क्योंकि यह उद्योग बहुत ज्यादा प्रतिस्पर्धी है, इसलिए आपकी इच्छा हर समय सर्वोच्च प्रदर्शन करने की होनी आवश्यक है, जिससे आप इस पेशे में सफल हो सकें।

रचनात्मक विभागीय नौकरियाँ

एक विज्ञापन एजेन्सी में मस्तिष्क क्रांति, योजना और विचार के गठजोड़ के द्वारा एक वास्तविक विज्ञापन तैयार करने के लिए रचनात्मक विभाग ही जवाबदेह होता है।

रचनात्मक विभाग की समस्त जवाबदेही की देखरेख और प्रबन्धन के लिए रचनात्मक निदेशक उत्तरदायी होता है, जोकि सामान्यत: एक रचनात्मक मस्तिष्क वाला अनुभवी व्यक्ति होता है।

कॉपीराइटर-जुनियर कॉपीराइटर को शब्दों का स्वामी भी कहा जाता है। सामान्य तौर पर एक व्यक्ति, जिसमें शब्दों के नवपरिवर्तनकारी प्रयोग से विचारों को शब्दों में बदलकर जादू पैदा करने की क्षमता हो। यह विज्ञापन के लिए मुख्य सांचा इत्यादि लिखता है। कला निर्देशक वह कलाकार होता है जिसका चित्रात्मक कौशल व कल्पनाशक्ति मजबूत हो। यह व्यक्ति ग्राफिक्स कलाकार का कार्य करता है। कुछ छोटी एजेन्सियों में कला निर्देशक ही डिजाइनिंग, विचारों को प्रेरणादायक चित्रों में बदलना, किसी भी विज्ञापन के लेआउट से स्टोरी बॉर्डिंग और संकलन तक की सारी जिम्मेदारी लेता है।

ग्राहक व्यापार सेवा

यह विभाग व्यापार पैदा करने और एजेन्सियों के विभिन्न खातों की देखरेख में बहुत महत्वपूर्ण भूमिका अदा करता है। ग्राहक सेवा विभाग ग्राहक और विज्ञापन एजेन्सी के बीच सम्बन्ध बनाता है। इस विभाग का प्रमुख विज्ञापन विभाग का चेहरा होता है और ग्राहको की आवश्यकताओं और आशाओं को स्पष्ट समझने के लिए उत्तरदायी होता है। यह प्रक्रिया होने के उपरान्त, उसका कार्य यह जानना है कि ग्राहक एजेन्सी से क्या चाहता है? यही चीज इस कार्य को बहुत निर्णायक बनाती है। एक उच्च स्तर का व्यक्ति जिसका संवाद कौशल उत्तम हो और व्यक्ति आकर्षक हो वह इस नौकरी के लिए उपयुक्त है।

अनुसंधान और मीडिया प्लानिंग

विज्ञापन के प्रसारण के लिए यह विभाग मीडिया के सर्वश्रेष्ठ संयोजनों का चयन करने के लिए उत्तरदायी होता है। मीडिया प्लानर मीडिया के विभिन्न ढंग के ऐसे मिश्रण का चयन करते हैं, जो सर्वाधिक दार्शनियता प्रदान करें और जिसके परिणामस्वरूप ग्राहकों के उत्पादकों की अधिकतम बिक्री हो। मीडिया प्लानर को ग्राहक के उत्पादों, लक्षित ग्राहकों, उनके खरीदारी के ढंग के साथ प्रत्येक मीडिया प्रकार का ज्ञान होना, उसकी पूरी समझ होना अत्यन्त आवश्यक है।

अनुसंधानकर्ता– बाजार अनुसंधान विभाग अधिकारियों को ग्राहकों की खरीददारी के ढंग और व्यवहार के शोध की जिम्मेदारी दी जाती है। इसे व्यक्ति आंकड़ों का विश्लेषण करने और ग्राहकों के सर्वेक्षण और दूसरे विश्लेषण अध्ययनों के परिणामस्वरूप प्राप्त होने वाली सूचनाओं का विश्लेषण करने में सक्षम होना चाहिए।

विज्ञापन उद्योग एक आकर्षक और रुचिकर क्षेत्र है और उन व्यक्तियों को बहुत से अवसर प्रदान करता है, जो अतिऊर्जावान, रचनाशील और नवीन परिवर्तनकारी होते हैं। आप एक इन्टर्न, ट्रेनी फ्रीलान्स कॉपीराइटर या डिजाइनर के रूप में प्रवेश स्तर पर विज्ञापन विभाग से जुड़ सकते हो।

विज्ञापन, डायरेक्ट मार्केटिंग और व्यापार प्रोत्साहन

भारत में अंग्रेजी भाषा में विज्ञापन संसार के सबसे रचनात्मक विज्ञापनों में आता है टी.वी. विज्ञापन (विशेषकर हिन्दी भाषा में)। इसने पिछले 10 वर्षों में ऊँचे शिखर छुए हैं, खासकर सैटलाइट टी.वी. की खोज के बाद हिन्दी के टी.वी. चैनलों और क्षेत्रीय चैनलों ने पश्चिमी चैनलों का अनुकरण करना शुरू कर दिया। इन चैनल पर ज्यादातर विज्ञापन चमक-धमक वाले, चतुर और मध्यम वर्ग के अनुकूल तैयार किए जाते हैं। ज्यादातर बड़ी अन्तर्राष्ट्रीय विज्ञापन कम्पनियों

ने इस बाजर में काम के लिए क्षेत्रीय भारतीय सहभागियों का चुनाव कर लिया है। मुम्बई, भारत में विज्ञापन उद्योग का केन्द्र बिन्दु बना हुआ है।

भारत में कई प्रकार के दैनिक पत्र भारी मात्रा में उदयमान हो रहे हैं। पिछले दो दशकों में व्यापार की बढ़ोतरी और अंग्रेजी भाषा की आर्थिक समाचार रिपोर्ट और स्थानीय पत्रों को आर्थिक सुधार योजनाओं और स्टॉक मार्केट गतिविधियों के समानान्तर बना दिया है। ज्यादातर बड़े प्रकाशकों के विवरण की लेखा परीक्षा ऑडिट ब्यूरो ऑफ सरक्यूलेशन द्वारा की जाती है। इसके अलावा विज्ञापन की अन्य प्रकार के व्यापार को प्रोत्साहन देने वाली कई गतिविधियाँ भारत में विकसित हैं। पूरे भारतभर में भारी संख्या में प्रदर्शनियाँ आयोजित होती हैं। नई दिल्ली, प्रगति मैदान की प्रदर्शनी सबसे प्रमुख और सुव्यवस्थित होती है। सम्मेलन और सेमिनार भी व्यापक तौर पर आयोजित होते हैं।

प्रत्यक्ष बाजारीकरण मार्केटिंग

भारत में मेल सेवा सामान्यत: भरोसेमंद है। दूरसंचार सेवाएँ भी अच्छी हैं और तेजी से सुधर रही हैं। निजी कोरियर सेवाएँ तेजी से विकास कर रही है और दूरसंचार क्षेत्र कई श्रेणियों और आधुनिक सेवाओं के लिए खुल रहा है। जब तक माल की आवाजाही सुविधापूर्वक ढंग से, निश्चिंतता के साथ नहीं की जा सकती, तब तक प्रत्यक्ष मार्केटिंग कुछ ही घरों तक सीमित रहेगी। क्रेडिट कार्ड कम्पनियाँ भी समान और सेवाओं के प्रत्यक्ष-मेल के प्रस्तावों के द्वारा लक्षित कार्डधारियों में बढ़ोतरी कर रही हैं।

आज भारत में सर्वाधिक सफल प्रत्यक्ष विक्रेता वो है, जो अपने प्रतिनिधियों को बिक्री के लिए लाखों घरों में भेजते हैं, जो भारत भर में पड़ोस और गाँवो में जाते हैं।

आइसक्रीम बेचने वाले से चटाई बेचने वाले व्यापारी तक भारत के रिहायसी क्षेत्रों में लगातार जाकर विभिन्न प्रकार के उत्पादों का प्रस्ताव करते हैं। कुछ सॉफ्ट ड्रिंक कम्पनियों ने सुन्दर बालाओं के साथ इन दरवाजों पर अचानक दस्तक दी है।

आज विज्ञापन में नए क्षेत्रों का विकास हो रहा है जैसे इवेन्ट मैनेजमेंट, इन्टरनेट मार्केटिंग इत्यादि। इवेन्ट मैनेजमेंट में जहाँ इवेन्ट की मार्केटिंग होती है। वहीं किसी विशेष व्यक्ति या संगठन की रूपरेखा को दिखाया जाता है। इन्टरनेट मार्केटिंग से भी विज्ञापन में बहुत से परिवर्तन आए हैं। जबकि इन्टरनेट से तात्पर्य किसी विशाल जनसमूह की बजाय एक खास समूह श्रोताओं की जिम्मेदारी लेना है।

योग्यता- ज्यादातर विज्ञापन एजेन्सियाँ अभ्यर्थियों की नियुक्तियाँ करती हैं, जिन्होंने औपचारिक रूप से प्रबन्धन तथा विज्ञापन में योग्यताएँ हासिल की हों।

संस्थान- प्रशिक्षण संस्थानों की कोई कमी नहीं है क्योंकि प्रत्येक शहर में बहुत से निजी और सरकारी संस्थान हैं और विश्वविद्यालय विभिन्न क्षेत्रों में डिप्लोमा और डिग्री कोर्स करवाते हैं।

एयर होस्टेस

भारत में एयर होस्टेस की मांग तेजी से बढ़ रही है। एयर होस्टेस को विमान परिचायिका के नाम से भी जाना जाता है। जहाजी श्रमिक दल मुख्य रूप से जहाज पर यात्रियों की सुविधा और आराम के लिए होता है। यदि हवाई यात्रा के दौरान खान-पान की कोई सुविधा नहीं है, तो भी सुरक्षा की कानूनी आवश्यकता की पूर्ति के लिए कुछ एयर होस्टेस आवश्यक होती हैं।

एयर होस्टेस की नौकरी में कर्मचारी से यह आशा की जाती है कि वह ग्राहक सेवा में निपुण, हमेशा मित्रवत, उत्साहित, पहुँच के करीब और स्वयं की प्रस्तुति की अच्छी समझ रखने वाला हो। एक एयर होस्टेस की नौकरी शारीरिक रूप से काफी थका देने वाली होती है। आपको वर्ष के किसी भी दिन कार्य करने के लिए तैयार रहना पड़ता है। हालांकि इससे आपको 9 से 5 नौकरी से हट जाने का शानदार अवसर मिलता है। एयर होस्टेस की नौकरी में बहुत-सी अलग-अलग परिस्थितियों का सामना करना पड़ता है। जब तक आप जहाज पर हो, आपको अपने दल का एक शानदार हिस्सा बनना होता है। साथ ही आपमें किसी कार्य को खुद शुरुआत करने की क्षमता, तेज मस्तिष्क और संगठन कौशल भी होना अत्यन्त आवश्यक है।

अन्तर्राष्ट्रीय मानदण्डों के अनुसार प्रत्येक 50 व्यक्तियों के लिए एक एयर होस्टेस का होना अनिवार्य है। एयर होस्टेस की नौकरी में उनको विभिन्न प्रकार की जिम्मेदारियाँ पूरी करनी पड़ती हैं। जिसकी शुरुआत पहले यात्री के चढ़ने से पहले शुरू हो जाती है और पूरी यात्रा के दौरान जारी रहती है। यात्री को जहाज पर चढ़ाने से पूर्व पूरा दल मीटिंग करता है। जहाज का कप्तान उड़ान के समय और सुरक्षा व्यवस्था का पुनर्निरीक्षण करता है और मुख्य एयर होस्टेस प्रत्येक एयर होस्टेस को जहाज का नियत वर्ग प्रदान करती है।

नीचे एयर होस्टेस के मुख्य कर्तव्य दिए गए हैं:-

● यात्रियों का अभिवादन करना और उनको उनकी सीटों तक पहुँचाने का कार्य करना।

- यात्रियों की मदद करना और उनके साथ लाए गए सामान को लगा देना।
- यह तय करना कि आपातकालीन निकास के समय आसपास के यात्री आपात स्थिति में सहायता के लिए तैयार रहें।
- प्रत्येक सीट की जाँच करना और यह सुनिश्चित करना कि सभी यात्री अन्दर प्रसन्न हों और सीटें सही स्थिति में हो।
- दरवाजे बन्द करना ताकि आपात स्थिति में खुल जाएं।

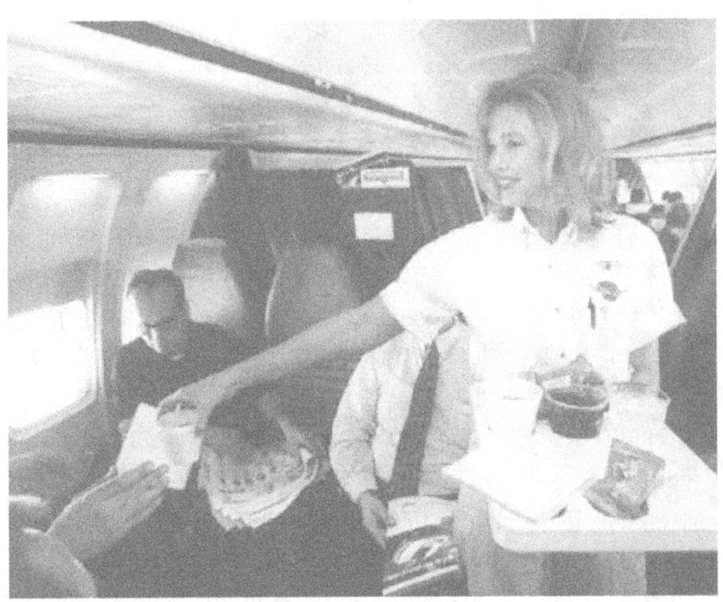

जाँच सूची तैयार करने के बाद एयर होस्टेस स्वयं को जम्पसीट में पट्टी से बाँधती है। एक बार जब विमान अपने स्तर पर आ जाता है, तो एयर होस्टेस खान पान तैयार करती है। भोजन और रिफ्रेशमेन्ट को गाड़ी में रखकर, यात्रियों को परोसना भी उसका कार्य है।

इसके अलावा एयर होस्टेस को यह सुनिश्चित करना आवश्यक है कि सभी यात्री सुरक्षा निर्देशों का पालन करें और यदि आपात स्थिति आती है, तो आप उस परिस्थिति को सम्भाल सकें। विमान में कोई भी दिक्कत आने पर विमान श्रमिक दल का काम यात्रियों को शान्त करना होता है और विमान से बाहर निकलने में उनकी आवश्यक सहायता करनी पड़ती है। एयर होस्टेस को आतंकवादियों, क्रोधी व्यक्तियों और विभिन्न चिकित्सा सम्बन्धी आपात स्थितियों का सामना करने के लिए तैयार रहना आवश्यक है। ऐसी परिस्थिति में जब ज्यादातर व्यक्ति घबरा

कर हाथ पाँव फुला लेते हैं, तो एयर होस्टेस को अपनी बुद्धि से काम लेते हुए आपात परिस्थिति के दौरान काम करना पड़ता है। प्रत्येक उड़ान से पहले एयर होस्टेस जहाज के श्रमिक दल से यात्री सुरक्षा पैमानों की पुनर्निरीक्षण की मांग कर सकती है। इन सभी कर्तव्यों का पालन करने के लिए एयर होस्टेस का व्यक्तित्व कुछ आवश्यक गुणों, योग्यताओं और व्यक्तित्व विशेषताओं से सम्पन्न होना अनिवार्य है। एयर होस्टेस नौकरियों के पदों को भरते समय एयरलाइन्स मित्रतापूर्ण व्यवहार के लोगों को ढूंढ़ती है, जो कि बहुत सी सूचनाओं को याद कर सके और दबाव की परिस्थिति में मस्तिष्क को शान्त रख सकें।

किसी एयरलाइन्स में एयर होस्टेस की नौकरी पाने के लिए सक्षम परिचायिकाओं को साक्षात्कार, चिकित्सा परीक्षा पास करना और अपना कार्य तय समय और निर्देशों के अनुसार करना और परिणामों का पुनर्निरीक्षण आवश्यक है। परीक्षण के समय सम्भावित एयर होस्टेस दूसरे अभ्यर्थियों के साथ रहती है, जहाँ वे भोजन परोसने से लेकर सशस्त्र विमान अपहरण से जुड़ी समस्त कक्षाएँ लेती हैं। इस समय अभ्यर्थियों को साप्ताहिक भत्ते व खर्चे प्राप्त करते हैं, लेकिन वास्तव में वे एयरलाइन्स कर्मचारी नहीं समझे जाते। वे तब तक आधिकारिक तौर पर पारिश्रमिक देकर नहीं रखे जाते, जब तक कि वे अपनी सम्पूर्ण प्रशिक्षण व्यवस्था को पूरी तरह उत्तीर्ण नहीं कर लेती।

प्रशिक्षण मॉड्यूल– बहुत सी एयर होस्टेस प्रशिक्षण मापदण्ड माड्यूल्स प्रतिभागियों के लिए उपलब्ध हैं। यह अल्पकालीन एयर होस्टेस कोर्स हो सकता है, जो 6 महीने तक चलेगा या फिर कोर्स 1 वर्ष या अधिक समय तक खिंच सकता है।

योग्यता– 10+2 या किसी भी मान्यता प्राप्त विश्वविद्यालय से स्नातक हो। आयु 17 से 25 के मध्य हो।

संस्थान– कई एयर होस्टेस प्रशिक्षण संस्थान भारत में हैं, जो बेहतरीन प्रशिक्षण प्रदान करते हैं ताकि एयर होस्टेस का भविष्य बन सके।

- 1 वर्षीय वैमानिकी और अतिथि सत्कार प्रबन्ध डिप्लोमा, एयर होस्टेस अकादमी 48, रिंग रोड, लाजपत नगर-II नई दिल्ली-110024 www.airhostessacademy.com
- 1 वर्षीय 6 माह डिप्लोमा/टिकट वितरण में सर्टिफिकेट कोर्स, एयर होस्टेस प्रशिक्षण अकादमी, पी-33, साउथ एक्स., पार्ट-II, नई दिल्ली-110049
- एयर होस्टेट प्रशिक्षण संस्थान, डी-14, लाजपत नगर-II, सेन्ट्रल मार्केट के पास, नई दिल्ली-110024 www.airhostesstraininginstitute.com
- 3 माह/6 माह एयर होस्टेट प्रशिक्षण, राई विश्वविद्यालय, ए-41, मथुरा रोड, नई दिल्ली-110044ए www.raiuniversity.edu.

एयरनॉटिकल इंजीनियरिंग

यह इंजीनियरिंग की सबसे उन्नत तकनीकी शाखाओं में से एक है। वायुयान और उसके पुर्जों के डिजाइन और निर्माण, परीक्षण और मरम्मत का संबंध एयरनॉटिकल वैमानिक इंजीनियरों से है।

इस क्षेत्र में मुख्य दबाव डिजाइन और विकास पर होता है। जो कि अन्तरिक्ष और उपग्रह शोध तक फैला हुआ है। यह भविष्य की सम्भावनाओं को विकसित करने, रुचिपूर्ण और कार्य की सन्तुष्टि प्रदान करने वाला क्षेत्र है। एक वैमानिक इंजीनियर को पूर्णत: शारीरिक स्वास्थ्य और कार्य के प्रति समर्पित होना चाहिए।

व्यावसायिक सम्भावनाएँ– यह कोर्स इंजीनियरों को व्यवसायिक और सैन्य वायुयानों, मिसाइलों, अन्तरिक्षयानों की डिजाइनिंग, निर्माण, विश्लेषण, जाँच, विकास और उत्पाद आदि में प्रशिक्षित करता है। वैमानिकी इंजीनियर उन सभी तरीकों पर केन्द्रित रहते हैं, जो कि पृथ्वी के वातावरण में कार्य करते हैं, और अन्तरिक्षयात्री अन्तरिक्ष में कार्य करते हैं। प्रत्येक विभाजन के साथ आपका करियर विकल्प आपको विभिन्न अनुशासनों की लम्बी चौड़ी यात्रा पर ले जा सकता है। वैमानिकी इंजीनियर व्यवसायिक और सैन्य वायुयानों, मिसाइलों और अन्तरिक्षयानों के डिजाइन, विकास, परीक्षण और निर्माण में सहायता करते हैं। वे व्यवसायिक उड्डयन सुरक्षा संयंत्रों और अंतरिक्ष फैलाव की नई तकनीकी का विकास करते हैं।

योग्यता– 10+2 विज्ञान विषय में उच्च अंक प्रतिशत के साथ और योग्यता परीक्षा (जेईई) अथवा वैज्ञानिक इंजीनियर बनने के लिए वैमानिकी में बी.ई./बी.टेक. होना चाहिए। मद्रास तकनीकी संस्थान बी.एस.सी. विद्यार्थियों के लिए वैमानिक इंजीनियरिंग में एक वर्ष का स्नातक प्रोग्राम करवाता है। व्यक्ति भारतीय विज्ञान संस्थान, बंगलौर से भी विमानिकी में एम.टेक. और पीएच.डी. की पढ़ाई कर सकता है। वो जिन्होंने ए.एस.आई. (एयरॉनॉटिकल सोसायटी ऑफ इण्डिया) द्वारा आयोजित संयुक्त सदस्यता परीक्षा उतीर्ण की है, जो कि वैमानिकी इंजीनियरिंग की स्नातक डिग्री के बराबर अहमियत रखती है, उसी के समकक्ष है। ये भी वैमानिक इंजीनियर बन सकते हैं, यह भी सम्भव है कि इलेक्ट्रॉनिक्स और भौतिकी में डिग्री लेकर इस क्षेत्र में कार्य करने के अन्य विकल्प खुले छोड़ दें।

शैक्षणिक योजना–स्नातक डिग्री प्रोग्राम पॉपुलेशन, इलेक्ट्रॉनिक और स्वत: नियंत्रित निर्देशन, वायुगतिकी के सिद्धान्त, ढांचागत विश्लेषण, भौतिक विज्ञान और अस्थिर-सक्रियता पर विशेष जोर देता है।

वैमानिक इंजीनियर का काम एयरलाइन और वायुयान निर्माताओं के साथ हो सकता है।

संस्थान– भारतीय तकनीकी संस्थान, पॉवायी, मुम्बई 40076 महाराष्ट्र

- आई.आई.टी., खड़गपुर (पश्चिम बंगाल)
- भारतीय तकनीकी संस्थान, चेन्नई 600036 (तमिलनाडु)
- मद्रास तकनीकी संस्थान, चेन्नई 600044 (तमिलनाडु)
- हिन्दुस्तान इंजीनियरिंग तकनीकी संस्थान, 40 जी.एस.टी. रोड, पोस्ट बॉक्स नं. 1306, एस.टी. थामस माउन्ट, चेन्नई 600016 (तमिलनाडु)
- वैमानिकी और व्यवहारिक विज्ञान, नेहरू कॉलेज, कोयम्बटूर (तमिलनाडु)
- पंजाब इंजीनियरिंग कॉलेज, चण्डीगढ़ 160011
- आई.आई.टी. कानपुर 208016
- भारतीय वैमानिकी संस्थान, पटना एयरपोर्ट, पटना 800014 (बिहार)
- उड्डयन तकनीकी संस्थान, 1265, सेक्टर 6, बहादुरगढ़, हरियाणा 124507
- वी.एस.एम. एयरोस्पेस, चेलेखेड़े गाँव (कम्मानहल्ली के पास) बंगलौर 560008 (कर्नाटक)
- हिन्दुस्तान वैद्युतिकी अकादमी, 61 केम्ब्रिज रोड, पोस्ट बॉक्स नं. 806, उल्सौर, बंगलौर 560008 (कर्नाटक)
- भारतीय वैमानिकी इंजीनियरिंग संस्थान, 179, काली दास रोड, देहरादून 248001 (उत्तराखण्ड)

 ——————————————————————— अपना करियर स्वयं चुने

एक्वाकल्चर

ताजेपानी और खारेपानी में जीवों की कृषि एक्वाकल्चर कहलाती है। जिसमें कोमल कवच वाले, कठोर कवच वाले जीव और जलीय पौधे शामिल हैं। एक्वाकल्चर मछली पालन से भिन्न है। एक्वाकल्चर को जलीय कृषि यानि एक्वाफार्मिंग के नाम से जाना जाता है। जिसमें कृषि शामिल है। मैरीकल्चर से तात्पर्य एक्वाकल्चर का अभ्यास समुद्रीय पर्यावरण में करने से है। एक्वाकल्चर के तय प्रकारों में मछलीपालन, सींगीपालन, सीप की खेती और मोती संस्कृति का विकास शामिल है।

एक्वाकल्चर प्रबन्धकों को प्रबन्ध, कर्मचारियों के निरीक्षण, प्रशासन, लेखा-जोखा, खरीदारी, विशेष प्रजातियों का ज्ञान और प्रासंगिक वैज्ञानिक क्षेत्र का प्राथमिक ज्ञान इत्यादि योग्यताओं का होना आवश्यक है। एक्वाकल्चर तकनीकियों को बाहर काम करने में आनन्द और मछली और प्रकृति से प्यार अवश्य होना चाहिए। उनके पास निर्देश पालन की योग्यता और अच्छा संचार कौशल होना आवश्यक है। दल में काम करने की योग्यता भी आवश्यक है, जिससे वे अन्य तकनीकों और जीव विज्ञानियों के साथ काम कर सकें। मछली पकड़ने और नाव चलाने का अनुभव सहायक होगा।

एक्वाकल्चर जीवविज्ञानिकों को सीमित नौकरियों के लिए प्रतियोगिता का सामना करना पड़ता है। इस प्रतियोगिता में आगे बढ़ने का तरीका गणित विषय में मजबूत पृष्ठभूमि, कम्प्यूटर की योग्यता, जलीय पशुओं व जलविज्ञान का अतिरक्त अध्ययन है। एक्वाकल्चर इंजीनियर विभिन्न क्षेत्रों में जैसे एकोस्टिक, रोबोटिक्स, इलेक्ट्रिकल, मेकेनिकल, सिविल और केमिकल इंजीनियरिंग में विशेषज्ञता प्राप्त कर सकते हैं। एक्वाकल्चर श्रमिक मतस्यक्षेत्र और अंडज उत्पत्ति क्षेत्र चला सकते हैं। जहाँ मछली के अंडों को गर्मी देकर अंडजों की उत्पत्ति की जाती है। इसके बाद मछलियों को खुले में छोड़ दिया जाता है या मछली फार्मो में बेच दिया जाता है। इस कृषि में विभिन्न प्रजातियाँ जैसे मछली, सेलफिश, कछुए, कठोर कवच वाले जीव, शैवाल, सूत्रकर्मी इत्यादि हो सकती है। श्रमिकों के अलावा एक्वाकल्चर प्रोसेसिंग क्षेत्र में उपलब्ध सभी प्रकार की नौकरियों का वर्गीकरण ऑपरेटर/प्रबन्धक और तकनीशियन/ जीवविज्ञानिक/इंजीनियर इत्यादि में किया जा सकता है। सभी प्रकार की जलीय कृषि एक्वाकल्चर मालिकों या प्रबन्धकों के द्वारा चलाई जाती है।

ताजा पानी और समुद्रीय कृषि, अंडज उत्पत्ति प्रबन्धन, कृषि प्रजाति के शोध क्षेत्र में टेक्नीशियन भी शामिल हैं। वे अनुसंधान यंत्र डिजाइन, क्षेत्र के विकास

और कृषि, क्रियाविधि और नावों के गोदाम भरने में शामिल हो सकते हैं। जीवविज्ञानी और समुद्री-जीवविज्ञानी आंकड़ों का विश्लेषण और शोध करते हैं ताकि कोई भी निर्णय अच्छे और वैज्ञानिक तथ्यों पर आधारित हों। मछली और सेलफिश प्रबंधन के क्षेत्र में तकनीकी समस्याओं को हल करने के लिए इंजीनियर जिम्मेदार होते हैं, जैसे कि उपकरणों का ठीक से काम करना, सुविधाओं का ढांचा और उपकरणों और यंत्र निर्माण का नियंत्रण।

प्रबंधन दायित्वों में निम्न दैनिक कार्य शामिल हैं-

- अंडों के भण्डार का विकास और चयन
- नियमित खाने का विकास
- भण्डार का विकास और परिस्थितियों की देखभाल
- बाजार के लिए मछली प्रणाली की देखरेख
- फार्म के ढांचे का निर्माण और रखरखाव करना
- प्रशिक्षण ले रहे कर्मचारियों का निरीक्षण करना
- रिकॉर्ड का रखरखाव
- बेचने और मार्केटिंग का आरम्भ करना

टेक्नीशियनों के ज्यादातर दैनिक कार्य इस प्रकार हैं-

- गोदाम की उत्पत्ति करना और बढ़ाना
- प्रजनन योजनाओं का रिकॉर्ड रखना और स्टॉक के बारे में आंकड़े इकट्ठे करना
- जिन्दा भोजन रखना

- पानी की गुणवत्ता का निरीक्षण करना
- सामान्य बीमारियों की पहचान कर रोकथाम के कदम उठाना
- मीटर व अन्य उपकरणों के उपयोग से जल क्षेत्र की परिस्थितियों का निरीक्षण करना
- परजीवियों पर नियंत्रण, पोषणकारी प्रयोग में सहायता देना इत्यादि।

  ढाँचा तैयार करने, लगाने, पता लगाने और रखरखाव इत्यादि में इंजीनियर नियमित दैनिक आधार पर अपने वैज्ञानिक व तकनीकी ज्ञान का प्रयोग करते हैं-
- पम्प और जल संचालक उपकरण
- जल की गुणवत्ता को नियंत्रित करने के लिए उपकरण
- जल वितरक और प्रतिपादन के लिए सुविधाएँ
- मछली और सेलफिश उत्पादन के उपकरण

अच्छी आय की स्थिति के आने में लिए हमेशा स्नातक डिग्री की आवश्यकता होती है। एक बार डिग्री मिलने पर तो सामान्यत: एक प्रशिक्षु या टेक्नीशियन के रूप में कार्य करके व्यवहारिक अनुभव हासिल करना होता है। इसके बाद छोटे मछली उद्योगों में आप प्रबन्धक, सहायक प्रबन्धक, बड़े मछली उद्योग या अण्डज उत्पत्ति क्षेत्र में एक जीव-वैज्ञानिक, कर्मचारी इत्यादि के रूप में बड़े पदों पर विकास कर सकते हो।

सामान्यत: बड़े मछली उद्योग में प्रबन्धक, बड़े वैज्ञानिक और शोध में बड़े पदो के लिए मास्टर डिग्री की आवश्यकता होती है। बहुत ज्यादा अनुभव प्राप्त करने के बाद जलीय कृषि कर्मी फर्म में एक सलाहकार की योग्यता हासिल कर सकता है या एक बड़े वैज्ञानिक का पद प्राप्त कर सकता है। जलीय कृषि में पीएच.डी. करने से व्यक्ति शुरुआती तौर से ही शोध प्रोजेक्टों में नेतृत्व कर सकता है।

योग्यता- इनमें से ज्यादातर कोर्सों के लिए योग्यता स्कूल में 12वीं कक्षा तक विज्ञान विषय में पढ़ना है। जलीय कृषि में डिग्री एक विज्ञान विषय की डिग्री है। व्यक्ति ने 12वीं कक्षा तक विज्ञान विषय का अध्ययन किया हो। ज्यादातर संस्थानों में 12वीं कक्षा तक जीवविज्ञान के अध्ययन को आवश्यक बना दिया है।

संस्थान- कुछ कॉलेज या संस्थान जो मछली उद्योग में स्नातक डिग्री प्रदान करते हैं-
- शोध मछली उद्योग कॉलेज, नागाव – 7821003, असम
- कृषि विश्वविद्यालय, जोरहट – 785013, असम

- मछली उद्योग कॉलेज, राजेन्द्रा पूसा, बिहार
- कृषि विश्वविद्यालय, सबोर - 813210, बिहार
- मछली उद्योग कॉलेज, बेल्लानिक्कारा - 680654, तरिचुर (केरल)
- मछली उद्योग केन्द्रीय संस्थान, मछली उद्योग विश्वविद्यालय रोड, सात बंगला, अन्धेरी, मुम्बई 400061
- राष्ट्रीय इंदिरा गांधी ओपन विश्वविद्यालय
- मछली उद्योग नॉटिकल और इंजीनियरिंग प्रशिक्षण केन्द्रीय संस्थान, केरल, तमिलनाडु, आन्ध्रप्रदेश

कृषि उद्योग

तेजी से विकसित हो रही भारतीय अर्थव्यवस्था ने जनसाधारण के लिए कृषि उद्योग के पेशे में अवसरों के द्वार खोल दिए हैं। विशेषकर शोध और विकास, कृषि उत्पादों की मार्केटिंग इत्यादि क्षेत्र में परिदृश्य बदला है। कृषि भारतीय अर्थव्यवस्था का मुख्य आधार है। यह करोड़ों का भोजन और हमारे उद्योगों को कच्चा माल उपलब्ध कराती है। भारत में कृषि उत्पादों के निर्यातक के रूप में भी भारी सम्भावनायें हैं। विभिन्न प्रकार का वातावरण और प्राकृतिक परिस्थितियाँ विभिन्न प्रकार के कृषि उत्पादों की कृषि के लिए प्रेरक वातावरण प्रदान करती हैं। कृषि क्षेत्र में कार्य के दायरे में शिक्षा और शोध के पूर्णत: शैक्षणिक अनुसरण से निरीक्षण और दूसरे निरीक्षणात्मक कार्यों, फार्म स्थापित करने की वाणिज्य गतिविधियों, रोपण बगीचे लगाना और उनके उत्पादों का निर्यात के लिए जाना शामिल है।

कृषि करना अब केवल हाथों का कार्य नहीं रह गया है। इसकी बजाय यह अति वैज्ञानिक, सभ्य मशीनीकृत और परिणामस्वरूप काफी लाभदायक हो गया है। बागवानी, डेयरी उद्योग, मुर्गीपालन सम्बन्धित कृषि गतिविधियाँ हैं, जो कि आज आर्थिक रूप से व्यवहारिक अवसर बन गए हैं।

कृषि का प्रभाव केवल खाद्य पदार्थों, सब्जियों के उत्पादन पर ही नहीं बल्कि बहुत सारे कृषि आधारित उद्योगों पर भी पड़ता है, जिनको कृषि क्षेत्र से कच्चा माल मिलता है। एक अच्छा मानसून सेंसेक्स को तेजी से ऊपर खींचता है जबकि बाढ़ और अन्य ऐसी विपदायें इसे तेजी से लड़खड़ा देती हैं।

कार्य की प्रकृति

कृषि क्षेत्र में निम्न मुख्य व्यवसाय क्षेत्र में है-
- कृषि अनुसंधान
- कृषि व्यापार

- कृषि उद्योग
- कृषि सम्बन्धी शिक्षा
- कृषि सम्बन्धी पत्रकारिता
- कृषि में नौकरी
- बैंकिंग
- फार्मिंग
- संरक्षण
- कृषि सम्बन्धी इंजीनियरिंग
- प्रबन्धन

अकेले और समूह में कार्य करने की योग्यता, अच्छा स्वास्थ्य, बार बार मुड़ने के लिए मजबूत कमर, मौसम की अप्रिय परिस्थितियों के प्रति उदासीनता, कई बार गन्द में कार्य करना, व्यवहारिक योग्यता, पौधों, पशुओं, मुर्गियों में बीमारियों के लक्षण जल्दी पहचानने की क्षमता, आपातकालीन विपदाओं का सामना करने की क्षमता और वैज्ञानिक विकास इत्यादि कृषि उद्योग की आवश्यकताएँ हैं।

सलाहकार तथा निरीक्षणात्मक कार्य के अलावा लोगों से घुलने मिलने की योग्यता कार्यकुशलता और कुटनीति की भी आवश्यकता होती है। शिक्षण के लिए बातचीत करने की योग्यता, पढ़ाने में रुचि, व्यवहारिक और तथ्यात्मक सूचनाओं को सरल भाषा में उपलब्ध कराने की क्षमता, धैर्य, विद्यार्थी में सीखने

के लिए उत्साह आवश्यक है। शोधकर्त्ताओं में लम्बे समय तक अत्यधिक गहनता में कार्य करने की योग्यता, विश्लेषणात्मक और उत्सुक बुद्धि और एक मजबूत वैज्ञानिक प्रवृत्ति होनी चाहिए।

कोर्स- देश में सभी कृषि विश्वविद्यालयों में 3 या 4 वर्षीय स्नातक डिग्री कोर्स के दौरान कृषि में आधारभूत प्रशिक्षण प्रदान किया जाता है। बीएससी कोर्स में प्रवेश के लिए 12वीं कक्षा या विज्ञान या कृषि विषय के साथ उसके समानोत्तर किसी परीक्षा में उत्तीर्णता की न्यूनतम योग्यता होनी चाहिए। कुछ विश्वविद्यालयों में योग्यता परीक्षा के लिए कम से कम 50% अंक प्राप्त करना तय कर दिया है।

विभिन्न विश्वविद्यालयों में प्रवेश का आधार प्रवेश परीक्षा में प्रदर्शन अथवा योग्यता क्रम सूची के स्थान पर होता है। कोर्सों की अधिसूचना विभिन्न स्थानों पर जनवरी के आरम्भ से दिखती है जबकि सामान्यत: सत्र का आरम्भ जुलाई और सितम्बर के बीच में होता है।

40 से अधिक कॉलेज बी.एस.सी. (कृषि) कोर्स और एम.एस.सी. (कृषि) कोर्स भी प्रदान करते हैं। कृषि अर्थव्यवस्था, कृषि रसायन, पशुओं के कृषि कर्म और डेरी, मुर्गीपालन, कृषि प्रबंधन व्यवस्था और कृषि के मार्केटिंग प्रबंधन इत्यादि कृषि के विशेषज्ञता क्षेत्रों में शामिल हैं। कृषि क्षेत्र में बी.ई. इंजीनियरिंग कोर्स करवाने वाले 20 के लगभग संस्थान भी हैं।

भारत की भौगोलिक विभिन्नता, वातावरण की विभिन्नता और बहुत सस्ती मजदूरी कृषि और तकनीकी कृषि व्यवसाय को प्राकृतिक लाभ प्रदान करती है। इसमें सबसे बड़ी सहायक भूमि है।

भारत विश्व में फल और सब्जियों के सबसे बड़े उत्पादक देशों में शामिल है। साथ ही समान रूप से पुष्प कृषि में भी मजबूत आधार रखता है। आज भारतीय कृषि वैश्विक और विश्व अर्थव्यवस्था के साथ भारतीय कृषि के एकीकरण के विचार को सरकार से समर्थन प्राप्त हो रहा है। कृषि उत्पादों मशरूम से लेकर, फूलों, मसालों, अनाजों, तैलीय बीजों और सब्जियों के निर्यातक के रूप में भारत में अपार सम्भावनाएँ हैं।

खेती उत्पादों के लिए तेजी से बढ़ रहे सरकार के समर्थन ने बड़े व्यवसायिक घरानों की इसमें तेजी से रुचि पैदा की है, जिसमें तकनीक स्थानांतरण के समझौते, मार्केटिंग, अनुबंध, प्रबंधन और बड़े विदेशी सहयोगियों के साथ व्यापारिक अनुबंध किए जा रहे हैं।

फल और सब्जियों के क्षेत्र में भी भारत में निर्यात की अपार संभावनाएँ हैं। खेती और मुर्गीपालन के व्यवसायीकरण के साथ इन क्षेत्रों में नौकरियों के और

 ————————————————————— *अपना करियर स्वयं चुनें*

उद्यमवृत्ति के विभिन्न अवसर, मौजूद है। विभिन्न सरकारी और निजी कारोबारों से प्राप्त वेतन की नौकरियों से, जहाँ नियमित आय प्राप्त होती है, वहीं उद्यमवृत्ति से अच्छा लाभ कमाया जा सकता है।

योग्यता– एग्रिकल्चर रिसर्च सर्विस/नेशनल एलिजॉबिलिटि टेस्ट परीक्षा एग्रिकल्चर साइन्टिस्ट्स रिक्यूटमेंट बोर्ड या ए.एस.आर.बी. के द्वारा करवायी जाती हैं। एग्रिकल्चर रिसर्च सर्विस (ए.आर.एस.), इण्डियन काउंसिल ऑफ एग्रिकल्चर रिसर्च (आई.सी.ए.आर.) संस्थाएँ वैज्ञानिकों के रिक्त पदों को भरती हैं।

संस्थाएँ– देश के विभिन्न हिस्सों में 29 कृषि विश्वविद्यालय फैले हुए है। इसके अलावा इण्डियन एग्रिकल्चर रिसर्च इंस्टिट्यूट, नई दिल्ली इण्डियन वेटेरिनरी रिसर्च इंस्टिट्यूट, ईटानगर (बरेली), दी नेशनल डेयरी रिसर्च इंस्टिट्यूट, करनाल भी हैं।

एनिमेशन एण्ड कार्टून्स

कम्प्यूटर एनिमेशन सबसे नवीन, तेजी से बदल रही, सबसे फलदायक उद्योग है। एनिमेशन के रोजगार से कई वर्षों के तेज विकास और अनुभव प्राप्त हो रहा है। इसमें अच्छे प्रशिक्षित पेशेवरों की हमेशा मांग होती है। एनिमेशन निर्जीव पदार्थों और चित्रों को खींचकर किसी क्रिया की कल्पना करने की कला है, जो फिल्म बनाने के अनुकूल हो। हाल में यह इतना अधिक आय का व्यवसाय का बन गया है कि यह जल्दी ही सॉफ्टवेयर व्यवसायिकों के आय के पैकेज की बराबरी कर लेगा। टेलीविजन चैनल पारम्परिक दृश्यों से मुक्ति के लिए एनिमेशन तकनीक इस्तेमाल कर रहे हैं। एक अध्ययन के अनुसार भारतीय एनिमेशन उद्योग (घरेलू और निर्यात) अत्यधिक तीव्रता से बढ़ रहा है और रोजगार की भारी सम्भावनाएँ पैदा कर रहा है।

भारतीय एनिमेशन बाजार कुछ वर्ष पूर्व तक काफी स्थिर था। लेकिन अचानक यह वैश्विक अवसरों के जमघट के रूप में उठने लगा। भारत में एनिमेशन उत्पादन की कम कीमत और 2-D और 3-D एनिमेशन आवश्यकताओं की पूर्ति के लिए तकनीक मानवश्रम की उपलब्धता के कारण अन्तर्राष्ट्रीय एनिमेशन स्टुडियो एनिमेशन प्रोडक्शन सर्विस की मांग पूर्ति में प्रेरणा देता है।

भारतीय टी.वी. सेगमेंट को एनिमेशन और स्पेशल इफैक्ट संबंधी कार्यों और इस सेगमेंट को प्रोत्साहित करने का कार्य कर रहा है। इसमें पीछे मुड़कर देखने की कोई आवश्यकता नहीं है। इन सम्भावनाओं को पहचानते हुए कई सॉफ्टवेयर व्यापारियों ने अपना ध्यान एनिमेशन की तरफ मोड़ा। एनिमेशन स्टुडियो अब पूरे

देश भर में है और उद्योग भी ऐसे प्रशिक्षण हाऊसिंस (घरानो) के आगमन का साक्षी है जोकि इस बाजार के लिए कौशल मानवश्रम तैयार करने के लिए समर्पित है। मुम्बई (जो कि भारतीय सिनेमा उद्योग का घर है) चेन्नई, बंगलौर, हैदराबाद और तिरूवंतपुरम् के घराने जैसे भारतीय शहर देश के बड़े एनिमेशन घरानों में से हैं। कई बड़ी भारतीय और जानी मानी कम्पनियों ने स्वयं को एनिमेशन और स्पेशल इफैक्ट्स की दुनिया को समर्पित कर दिया है।

योग्यता– सबसे पहले आपके अन्दर चित्र खींचने की असाध्य बेचैनी होनी चाहिए। यदि आपने 10+2 पूरी कर ली है और चित्रकला में बहुमुखी प्रतिभा है, तो आप विजुअल कम्यूनिकेशन और डिजाइन कोर्स में नामांकन करवा सकते हो। यदि आप पहले से फाइन आर्ट में स्नातक हो और चित्रकला में कौशल रखते हो, तो आप किसी प्रोड्क्शन हाऊस और स्टुडियो से एक प्रशिक्षक के तौर पर जुड़कर अच्छा कर सकते हो। नेशनल इंस्टिट्यूट ऑफ डिजाइन, अहमदाबाद एक एनिमेशन फिल्म डिजाइन में कोर्स भी करवाता है।

आपका सॉफ्टवेयर में उपलब्ध विभिन्न चित्रकला तरीकों की विधियों से परिचित होना अत्यन्त आवश्यक है।

एन.आई.आई.टी., जोकि एक प्रमुख कम्प्यूटर शिक्षण संस्थान है, ने मल्टीमीडिया उद्योग को एक उभरते रोजगार के अवसर के तौर पर पहचानकर और उसके महत्व को जानकर, बाजार के लिए आवश्यक कौशलों/योग्यताओं को ध्यान में रखकर सीखने वाले लोगों की सहायता के लिए विशेष प्रोग्राम तैयार किया है।

 अपना करियर स्वयं चुने

कोर्स– निम्न कोर्स एनिमेशन उद्योग में रोजगार पाने में आपके उपकरण बन सकते हैं–

फाउंडेशन (आधारशिला) कोर्स– इसमें मल्टीमीडिया की दुनिया का परिचय कराते हैं। उसको व्याप्त अवधारणाएँ, उपकरण और तकनीक प्रदान करते हैं।

डिजिटल प्रिंटिंग और पब्लिशिंग– पब्लिशिंग सेगमेंट के लिए डिजाइनिंग उत्पादों पर ध्यान आकर्षित करने वाला मॉड्यूल।

डिजिटल वेब ऑथरिंग– वेबसाइट निर्माण का संपूर्ण कोर्स

डिजिटल फिल्म एनिमेशन– व्यावसायिक एनिमेटर तैयार करने के लिए प्रोग्राम

डिजिटल आकर्षक (प्रभावकारी) मल्टीमीडिया–विद्यार्थियों को नई मीडिया से अवगत कराने का कोर्स

डिप्लोमा इन डिजिटल विजुअल कम्यूनिकेशन– प्रिंट, वेब और प्रभावकारी मल्टीमीडिया जैसे मंचो को प्रदर्शित करना।

एडवांस डिप्लोमा इन विजुअल कम्यूनिकेशन और एनिमेशन–एनिमेशन, मल्टीमीडिया, स्पेशल इफैक्ट्स, गेम्स, सी.बी.टी. (कम्प्यूटर बेस्ड टूटोरियल) और डब्ल्यू.बी.टी. (वेब बेसड टूटोरियल) में रोजगार के लिए तैयार करता है।

इन क्षेत्रों में सफल पेशे के लिए व्यक्ति को वेब ऑथरिंग, डिजिटल चित्र निरूपण (इलसट्रेशन), इमेज एंडिटिंग, पेज लेआउट क्रिएशन, मल्टीमीडिया ऑथरिंग, वेब पब्लिशिंग, पारम्परिक एनिमेशन समसामयिक एनिमेशन, वेब के लिए एनिमेशन, वीडियो ऍडिटिंग और कम्पोजिंग से परिचित होना आवश्यक है।

आपको विभिन्न स्तरों पर अपने कौशलों के आधार पर ग्राफिक डिजाइनर, विजुअल आर्टिस्ट, सुपरवाइजर, डिजिटल फिल्म एनिमेटर, सीनियर एनिमेटर, कनटेंट राइटर, क्लीन-अपआर्टिस्ट, वेब डिजाइनर, वेब ऑर्थर आदि को मिला सकते हैं। वेतन प्रतियोगी और सॉफ्टवेयर उद्योग के तुलनीय है।

संस्थान–एनिमेशन में ऑनलाइन कोर्स प्रदान करने वाली सेवाओं के अलावा देश और विदेश में कई संस्थाएं एनिमेशन में स्नातक और डिप्लोमा कोर्स प्रदान करती हैं।

वास्तुकला/स्थापत्यकला

भारतीय अर्थव्यवस्था में निर्माण उद्योग तेजी से विकसित हो रहे क्षेत्रों में से एक है। पिछले कुछ दशकों में भारतीय अर्थव्यवस्था उत्तेजक और बड़ी निर्माण गतिविधियों का साक्ष्य रही है। नये ढाँचे बनाए गए और नये नगरक्षेत्र विकसित किए गए। यह सब उन लोगों का मार्ग प्रशस्त करता है, जो वास्तुकला के क्षेत्र में पेशा निर्माण करने में रुचि रखते हैं।

वास्तुकला लाइसेंसधारी (लाइसेंस प्राप्त) इमारत की कला और विज्ञान में प्रशिक्षित व्यवसायी होते हैं। वे इमारत निर्माण के विभिन्न चरणों में सम्मिलित होते हैं जैसे कार्यप्रणाली, सुरक्षा, आर्थिक और उन्हें अपने ग्राहकों को संतुष्ट करना होता है। वे घरों, दफ्तरों की इमारतों, भू-स्थलों, गगनचुम्बी भवनों और यहाँ तक की सम्पूर्ण शहरों के निर्माण कार्यों, डिजाइनिंग, प्लानिंग और निरीक्षण के लिए उत्तरदायी होते हैं।

वास्तुकार के सामने यह चुनौती होती है कि उसे तय बजट में कला-कौशल युक्त, सुन्दर डिजाइन तैयार करना पड़ता है। यह सभी के लिए परमावश्यक सेवा है। वास्तुकार विभिन्न प्रकार की इमारतों के स्थायित्व, उपयोगिता और सुन्दरता को ध्यान में रखकर उनके निर्माण, डिजाइन और निरीक्षण का कार्य करता है। वे अपने ग्राहकों या मालिकों की इमारत के लिए आवश्यक, लगभग कीमत, क्षमता, प्रकार और कार्य के सम्बन्ध में निर्देश प्राप्त करते हैं। वे सुझायी गई इमारत स्थल का सर्वेक्षण और निरीक्षण करते हैं और सही स्थल योजना प्राप्त करते हैं। फिर वे फर्श की योजना, उन्नयन और सापेक्ष महत्व की चित्रकारी का स्कैच तैयार करते हैं। इस तरह की परियोजना अंतिम अनुमोदन से पूर्व प्रस्तुत करनी पड़ती है। अगले कदम (स्तर) में अनुबन्धन पत्र तैयार किए जाते हैं, जिसमें चित्रकला, विशेषज्ञता की लगभग कीमत और व्याख्या शामिल है। नगर परियोजना से सम्बन्धित आवश्यक पत्र और सम्बन्धित पक्ष स्थानीय प्रशासन से प्राप्त की जाती है।

एक वास्तुकार का प्रशिक्षण काल पाँच वर्ष का होता है। देशभर में विभिन्न वास्तुकला स्कूलों और कॉलेजों में वास्तुकला डिप्लोमा या डिग्री कोर्स के माध्यम से पढ़ाई व सिखायी जाती है। वास्तुकला कोर्स में प्रवेश का आधार अभ्यर्थी की योग्यता के लिए प्रवेश परीक्षा का मूल्यांकन, भौतिकी, रसायन और गणित और चित्रकला में प्रवीणता (योग्यता) है। इस प्रवेश परीक्षा में बैठने के लिए न्यूनतम शैक्षणिक योग्यता 10+2 में उत्तीर्णता या उसके समान स्तर की शिक्षा है। वास्तुकला में स्नातक प्रोग्राम में चयन का आधार प्रवेश परीक्षा में प्रदर्शन, बारहवीं

कक्षा की परीक्षा की योग्यता सूची, पाठ्यक्रम गतिविधियों में भागीदारी और इन्टरव्यू होता है। ज्यादातर कोर्सो में 16-21 आयुवर्ग की प्रार्थनासूची को वरीयता दी जाती है।

कोर्स (पाठ्यक्रम)- वास्तुकला कोर्स में शामिल विषयों में वास्तुकला का इतिहास, व्यवहारिक गणित, डिजाइन और निर्माण, नगर परियोजना, अर्थशास्त्र, कुछ समाजशास्त्र, पर्यावरण विज्ञान और व्यवसायिक अभ्यास सम्मिलित है। वास्तुकला के प्रशिक्षण में कम्प्यूटर महत्वपूर्ण भूमिका अदा करता है।

औद्योगिक डिजाइन, शहरी डिजाइन, भूस्थल वास्तुकला, नगरीय योजना/शहरी योजना, पर्यावरण योजना, इमारत इंजीनियरिंग और प्रबन्धन, परिवहन योजना इत्यादि में इस क्षेत्र में आगे विशेषज्ञता हासिल की जा सकती हैं। वास्तुशास्त्र में डिग्री या डिप्लोमाधारी के लिए इन कोर्सो में प्रवेश खुला है।

एक नया वास्तुशास्त्र स्नातक, जो किसी स्थापित वास्तुशास्त्री के साथ कार्य की शुरुआत एक प्रशिक्षु के तौर पर करता है, उसकी अच्छे वेतन से शुरुआत होती है और जो वास्तुशास्त्री अपनी फर्म के द्वारा अभ्यास करता है, वह ज्यादा कमाई कर सकता हैं।

संस्थान-वास्तुशास्त्र के स्नातक/स्नातकोत्तर कोर्स प्रदान करने वाले कुछ स्कूल और विश्वविद्यालय है-

- स्कूल ऑफ प्लानिंग एण्ड आर्किटेक्चर, चण्डीगढ़
- स्कूल ऑफ आर्किटेक्चर सी.ई.पी.टी. नवरंगपूरा, अहमदाबाद
- गवर्नमेंट कॉलेज ऑफ आर्किटेक्चर, लखनऊ

- कॉलेज ऑफ आर्किटेक्चर, गोवा
- सर जे.जे. कॉलेज ऑफ आर्किटेक्चर, मुम्बई
- भारतीय शिक्षा समाज का कॉलेज ऑफ आकिटेक्चर, मुम्बई
- जवाहरलाल नेहरू तकनीकी विश्वविद्यालय, हैदराबाद
- कॉलेज ऑफ इंजीनियरिंग, तिरूवंतपुरम्
- अन्ना यूनिवर्सिटी, चेन्नई
- बंगाल इंजीनियरिंग कॉलेज, हावड़ा
- स्कूल ऑफ आर्किटेक्चर एण्ड इंटीरियर डिजाइन, नई दिल्ली

सशस्त्र (सुरक्षा) सेनाएं

भारतीय सुरक्षा सेनाओं में सेना बल, नौसेना और वायुसेना सम्मिलित है, जोकि देश की सीमाओं की रक्षा के लिए जिम्मेदार हैं। भारतीय सेना मोटे तौर पर दो वर्गों में विभाजित की जाती है– सेनाएँ, जोकि देश की लम्बी सीमाओं की सुरक्षा के लिए उत्तरदायी हैं। भारतीय नौसेना भारत की समुद्रीय सुरक्षा के लिए जिम्मेदार हैं। साथ ही भारतीय द्वीपों भू-भाग में सतत् विकास को सरल बनाना भी इसका उत्तरदायित्व है। भारतीय वायु सेना की गतिविधियों में काफी विस्तृत क्रियाएँ शामिल हैं जैसे हवा और सतह पर जवाबी हमला करना, रणनीतिक ऑपरेशनों और संघर्ष में साथ देना और आपातकालीन परिस्थितियों में नागरिक प्रशासन को सहायता देना इत्यादि।

व्यक्ति रक्षा सेनाओं में अधिकारी के आधार पर या नियमित आधार पर प्रवेश कर सकता है। नियमित आधार पर आपको नेशनल डिफेन्स ऐकेडमी (एन.डी.ए.) या इण्डियन मिलिटरी एकेडमी से जुड़ना होता है।

नियमित अधिकारी के लिए (एन.डी.ए.) प्रवेश परीक्षा– एन.डी.ए. की प्रवेश परीक्षा के माध्यम से होता है, जो यू.पी.एस.सी. (संघीय लोक सेवा आयोग) द्वारा साल में दो बार समान्यतः अप्रैल और सितम्बर के महीने में करवाई जाती है। $16^{1}/_{2}$ से 19 वर्ष तक के केवल अविवाहित पुरुष, जिन्होंने 12वीं की परीक्षा विज्ञान विषय से उत्तीर्ण की हो या 12वीं की परीक्षा देने जा रहे हों, वो इस परीक्षा को दे सकते हैं। चयन की प्रक्रिया तीन चरणों में विभाजित होती है–

1. यू.पी.एस.सी. द्वारा करायी जाने वाली लिखित परीक्षा
2. अभ्यर्थी की अधिकारिक सम्भावनाओं का मूल्यांकन करने के लिए सेवा चयन बोर्ड द्वारा लिया जाने वाला इन्टरव्यू (साक्षात्कार)
3. सर्विसज मेडिकल बोर्ड द्वारा चिकित्सीय परीक्षा

लिखित परीक्षा में गणित और सामान्य योग्यताओं पर आधारित वस्तुनिष्ठ प्रश्न होते हैं। लिखित परीक्षा उत्तीर्ण करने के बाद आप पाँच दिन की साक्षात्कार प्रक्रिया से गुजरते हैं, जिसमें राज्य चयन बोर्ड अधिकारिक क्षमताओं का मूल्यांकन बुद्धिमता और व्यक्तित्व परीक्षण से करते हैं। इसके अलावा साक्षात्कार के दौरान मौखिक और अमौखिक दोनों बुद्धिमता जाँच से गुजरा जाता है, जोकि आधारभूत बुद्धिमता के मूल्यांकन के लिए तैयार की जाती है। साक्षात्कार चरण में उत्तीर्ण होने के उपरांत आपको चिकित्सकों की परीक्षा से गुजरना पड़ता है, जो सर्विस मेडिकल बोर्ड द्वारा ली जाती है।

सेना में करियर

भारतीय सेना में अधिकारी के लिए कई लाभ उपयोगी होते हैं। एक अधिकारी के तौर पर आप मुफ्त राशन, चिकित्सीय इलाज और आर्मी ग्रुप इंश्योरेंस फण्ड का लाभ उठा सकते हैं। सवारी भत्ता और घर इमारत भत्ता आदि भी दिए जाते हैं। सेना में 60 दिन की वार्षिक और 20 दिन की आकस्मिक छुट्टियाँ दी जाती हैं। प्रथम तीन पदों के लिए पदोन्नति समय के मानक (पैमाने) पर आधारित होती है। 2 वर्ष की सेवा के बाद आप लैफ्टिनेन्ट, 4 साल की सेवा के बाद कैप्टन और 13 वर्ष की सेवा के उपरान्त मेजर बनते हैं। इसके उपरान्त पदोन्नति चयन के आधार पर होती है कि कितनी जल्दी कोई पद खाली/रिक्त होता है, इस पर निर्भर करती है।

पद और उससे सम्बन्धित आय मानक निम्न हैं

पद	आय वर्ग	आय श्रेणी/ कोटि	सेना सेवा आय
लैफ्टिनेंट	15600–39100	5400	6000
कैप्टन	15600–39100	6100	6000
मेजर	15600–39100	6600	6000
लैफ्टिनेंट कर्नल	15600–39100	7600	6000
कर्नल	37400–67000	8700	6000
ब्रिगेडियर	37400–67000	8900	6000
मेजर जनरल	37400–67000	10000	NIL
लैफ्टिनेंट जनरल	37400–67000	12000	NIL
उप-प्रमुख और सेना कमांडर के समान	80000 (निश्चित)	NIL	NIL
सेवा प्रमुख	90000 (निश्चित)	NIL	NIL

सेना में अल्पकालीन सेवा आयोग (एस.एस.सी.)–

आप 10 वर्षों के लिए कमीशन अधिकारी के तौर पर सेना से जुड़ सकते हो। 10 वर्ष पूरा करने के उपरान्त, आप चाहे तो नियमित कमीशन का विकल्प चुन सकते हैं या सेना छोड़ सकते हो। अल्पकालीन सेना आयोग में प्रवेश लिखित परीक्षा के द्वारा होता है। इसके बाद राज्य चयन बोर्ड का इन्टरव्यू (साक्षात्कार) और मेडिकल (चिकित्सीय) परीक्षण होता है। यदि आप तकनीकी इंजीनियर हो, तो आपको लिखित परीक्षा देने की आवश्यकता नहीं है।

मेडिकल, डेन्टल और पशु चिकित्सा स्नातकों के लिए विशेष प्रवेश

ए.एम.सी. और ए.डी.सी.:– एक पुरुष एम.बी.बी.एस./एम.डी./एम.एस./डी.एम./बी.डी.एस./एम.डी.एस. डिग्री के साथ नियमित और अल्पकालीन सेवा आयोग के आधार पर सेना से जुड़ सकता है। इसके लिए 30 वर्ष से कम आयु नियमित कमीशन और 45 से कम आयु अल्पकालीन सेवा आयोग के लिए होनी चाहिए। अविवाहित महिलाएँ 18 से 25 आयु के बीच नर्सिंग की स्नातक डिग्री के साथ अल्पकालीन सेवा आयोग में मिलिटरी नर्सिंग सर्विस (एम.एन.एस.) से जुड़ सकती हैं। इसमें प्रवेश लिखित परीक्षा और साक्षात्कार के आधार पर होता है। सफल अभ्यर्थियों को लैफ्टिनेंट के तौर पर आर्मी मेडिकल कोर (ए.एम.सी.) कमीशन में लिया जाता है।

रिमाउंट वेटेरिनरी कॉर्पोरेशन (आर.वी.सी.)–भारतीय सेना में रिमाउंट वेटेरिनरी कॉर्पोरेशन (आर.वी.सी.) से जुड़ने के लिए आपकी आयु 32 वर्ष से कम होनी चाहिए और चिकित्सा विज्ञान या पशु कृषि में स्नातक होना आवश्यक है।

प्रादेशिक सेना–18 से 42 आयु वर्ग के बीच कोई भी भारतीय नागरिक, जो पुरुष हो, प्रादेशिक सेना में कमीशन अधिकारी के तौर जुड़ सकता है। इसमें प्रवेश का आधार स्क्रीनिंग टेस्ट और सीधे सेना चयन बोर्ड में एस.एस.बी. द्वारा साक्षात्कार लिया जाता है।

न्यायधीशों, वकीलों के सामान्य प्रवेश–21 से 27 वर्ष के आयु वर्ग के बीच एल.एल.बी. और एल.एल.एम. डिग्रीधारी न्यूनतम 55% अंकों के साथ न्यायधीश और वकील सामान्य प्रवेश के लिए आवेदन दे सकते हैं। प्रवेश एस. एस.बी. साक्षात्कार के द्वारा होता है।

महिलाओं की विशेष प्रवेश योजना–यह योजना अविवाहित, तलाकशुदा या विधवा महिलाओं के लिए है, जिनकी आयु 19 से 25 वर्ष के बीच हो, उनको तकनीकी, गैर-तकनीकी और विशेष प्रवेश प्रदान करती है।

योग्यता-तकनीकी–आप बी.ई.बी.टेक. या उसके समकक्ष या किसी मान्यता प्राप्त विश्वविद्यालय से सिविल/इलेक्ट्रिकल/मेकेनिकल/इलेक्ट्रोनिक्स/कम्प्यूटर साइंस और टेलीकम्यूनिकेशन/प्रोडक्शन/इंफोर्मेशन टेक्नोलॉजी में उच्च योग्यता होनी अत्यन्त आवश्यक है।

गैर-तकनीकी–आपका न्यूनतम 60% अंकों के साथ स्नातक होना अत्यंत आवश्यक है। एन.सी.सी. के सी सर्टिफिकेट धारी को कट ऑफ प्रतिशत में न्यूनतम अंक होना आवश्यक है और न्यूनतम बी सर्टिफिकेट धारी या उच्च ग्रेड के लिए 50% अंक होना आवश्यक है।

विशेष प्रवेश–आप किसी मान्यता प्राप्त विश्वविद्यालय या संस्थान से न्यूनतम 50% अंकों के साथ निम्न शैक्षिक योग्यता अवश्य रखते हों।

➤ कम्प्यूटर साइन्स में कम से कम एक वर्ष के डिप्लोमे के साथ बी.एस.सी. स्नातक हों।

➤ स्नातक होने के साथ कम्यूनिकेशन/जर्नलिज्म/पब्लिक रिलेशन/मनोविज्ञान में एक वर्ष का डिप्लोमा हों।

➤ रिमोट सेंसिंग में बी.ई.

➤ भूमि विज्ञान/कम्प्यूटर साइन्स/इंग्लिश/भूगोल/गणित/रसायनशास्त्र/कम्प्यूटर एप्लिकेशन/वनस्पति विज्ञान/जूलॉजी, बायोकेमिस्ट्री/ओरगेनिक केमिस्ट्री/सांख्यिकी में स्नातकोत्तर डिग्री।

एन.सी.सी. विशेष प्रवेश योजना

यह योजना अविवाहित स्नातक, जिनकी आयु 19 वर्ष से 25 वर्ष के बीच में हो और स्नातक में न्यूनतम 50% अंक रखने वाले पुरुषों के लिए है। इसमें प्रवेश सेवा चयन बोर्ड के अतिरिक्त निर्देशक जनरल से साक्षात्कार के द्वारा होता है। उसके बाद आपको सर्विस मेडिकल बोर्ड की चिकित्सा परीक्षा से गुजरना पड़ता है। इस आयोग के तहत एन.सी.सी. में आपको न्यूनतम बी ग्रेड सी सर्टिफिकेट अल्पकालीन सेवा आयोग में आवेदन देने के लिए आवश्यक है।

अल्पकालीन सेवा आयोग

तकनीकी स्नातक इंजीनियरिंग (सीधे प्रवेश)

यह योजना इंजीनियरिंग स्नातक, जो अविवाहित पुरुषों को अवसर प्रदान करती है। जिन्होंने सिविल/इलेक्ट्रिकल/मेकेनिकल/टेलीकम्यूनिकेशन इंजीनियरिंग/इलेक्ट्रिकल और इलेक्ट्रोनिक्स/कम्प्यूटर साइन्स/इंडस्ट्रीयल इंजीनियरिंग में स्नातक किया हो। जिनकी आयु सीमा 20 से 27 वर्ष के बीच हो भारतीय सेना अकादमी से जुड़ सकता है। इसमें सीधे प्रवेश केवल सेवा चयन बोर्ड के द्वारा करवाये जाने वाले साक्षात्कार के द्वारा होता है।

10+2 के लिए तकनीकी प्रवेश योजना

10+2 की परीक्षा उत्तीर्ण करने वाले अविवाहित पुरुष अभ्यर्थी, जिन्होंने रसायनशास्त्र, भौतिक और गणित में न्यूनतम 70% अंक अर्जित किए हो, वे इस योजना के लिए योग्य है। इस प्रशिक्षण की अवधि 5 वर्ष है।

संयुक्त सुरक्षा सेवा परीक्षा (सी.डी.एस.ई.)

संयुक्त सुरक्षा सेवा परीक्षा (सी.ई.एस.ई.) यू.पी.एस.सी. के द्वारा विश्व विद्यालय स्नातकों या उसके समकक्षों के लिए साल में दो बार करवाई जाती है, जिससे सेना, वायुसेना, नौसेना में अधिकारियों का चयन (नियुक्ति) होता है। 18 से 23 वर्ष के आयुवर्ग के बीच अविवाहित स्नातक पुरुष और 17 से 24 वर्ष के आयुवर्ग के बीच विवाहित पुरुष अभ्यर्थी ओ.टी.ए. के लिए योग्य हैं। लिखित परीक्षा में 3 पेपर होते हैं पहला – अंग्रेज, दूसरा और तीसरा क्रमश: सामान्य ज्ञान और साधारण गणित है। लिखित परीक्षा पास करने के बाद सेवा चयन बोर्ड द्वारा आपका साक्षात्कार लिया जाता है। चयन के बाद आपका नियुक्ति स्थल वरीयता के आधार पर (नियमित या अल्पसेवा) और योग्यता सूची में आपके स्थान के आधार पर तय होता है।

 ———————————————— अपना करियर स्वयं चुने

वायु सेना में करियर

भारतीय वायुसेना की तीन शाखाएँ हैं– उड़ान शाखा, तकनीकी शाखा और स्थल ड्यूटी शाखा।

तकनीकी शाखा– इसमें इंजीनियरिंग के सभी विभाग शामिल हैं, जोकि विमानों और वायु सेना उपकरणों की मरम्मत के लिए उत्तरदायी हैं।

उड़ान शाखा–यह शाखा वास्तव में उड़ान आपरेशनों से संबंधित है। इसमें लड़ाकू विमान और लड़ाकू विमान उड़ाने वाले पायलेट, व्यक्तियों और पदार्थों को ले जाने वाले परिवहन पायलेट और हेलिकॉप्टर पायलेट शामिल हैं, जो आगे बढ़ रही सेना को हवाई सहायता प्रदान करते हैं।

स्थल कर्त्तव्य शाखा–यह शाखा उड़ान और तकनीकी शाखाओं को प्रशासनिक शैक्षणिक, मौसम विज्ञान विषयक और सैन्य तन्त्र संबंधी सहयोग प्रदान करती है।

योग्यता–बारहवीं स्तर पर (10+2)– की योग्यता वाले पुरुष अभ्यर्थी वायुसेना की 'उड़ान शाखा' से जुड़ सकते हैं। इसका चयन एन.डी.ए. परीक्षा से होता है। इस चयन के बाद अभ्यर्थी को तीन वर्ष के कठोर प्रशिक्षण के लिए राष्ट्रीय सुरक्षा अकादमी (एन.डी.ए.) के सैन्य दल में भेजा जाता है। उसके बाद वायुसेना अकादमी पर विशेष प्रशिक्षण दिया जाता है। इस प्रशिक्षण की सफलतापूर्वक समाप्ति के उपरान्त वे अधिकारी बनने के योग्य होते हैं और जिनकी नियुक्ति किसी भी वायु सेना स्टेशन पर पायलेट के तौर पर की जाती है।

स्नातक स्तर–भारतीय राष्ट्रीय (पुरुष या महिला) स्नातक जो 19 से 23 वर्ष की आयु वर्ग के बीच हो, वह भारतीय वायु सेना की तीनों शाखाओं से जुड़ सकता है।

उड़ान शाखा में प्रवेश

एक व्यक्ति निम्न तरीकों से उड़ान शाखा में प्रवेश कर सकता है: **संयुक्त सुरक्षा सेवा परीक्षा (सी.डी.एस.ई.):** पुरुष अभ्यर्थी संयुक्त सुरक्षा सेवा परीक्षा देकर नियमित आयोग पर शाखा से जुड़ सकते हैं। मेडिकल परीक्षा पास करने के बाद अनुस्थापन प्रशिक्षण वायुसेना अकादमी, बेगमपत, हैदराबाद से गुजरना पड़ता है।

नेशनल केडेट कार्पोरेशन–पुरुष व्यक्ति नेशनल केडेट कार्पोरेशन सीनियर डिवीजन 'सी' सर्टिफिकेट के साथ भारतीय वायुसेना की उड़ान शाखा में नियमित आधार (कमीशन) पर जुड़ने की योग्यता प्राप्त कर लेता है।

महिला (अल्पकालीन सेवा आयोग)–एक महिला अभ्यर्थी अल्पकालीन सेवा आयोग की उड़ान शाखा में प्रवेश के लिए योग्य है।

तकनीकी शाखा में प्रवेश–एयरोनॉटिकल इंजीनियरिंग (वैज्ञानिक) स्ट्रीम इलेक्ट्रानिक और मेकेनिकल के द्वारा सीधे प्रवेश योजना के तहत तकनीकी शाखा में अधिकारी के रूप में नियुक्त हो सकते हैं। इसके लिए महिला और पुरुष दोनों आवेदन कर सकते हैं।

एयरोनॉटिकल इंजीनियरिंग (इलेक्ट्रॉनिक)

योग्यता–इस डिवीजन में वायु सेना स्टेशन के लिए आवश्यक संचार और संकेतों की जिम्मेदारी आप पर होगी। आप 18-28 की आयुवर्ग के बीच 60% अंकों के साथ निम्न में से एक योग्यता रखते हों।

➤ कम्यूनिकेशन/इलेक्ट्रॉनिक्स एण्ड कम्यूनिकेशन/इंस्ट्रूमेंटेशन/कम्प्यूटर साइन्स एण्ड इंजीनियरिंग में बी.ई.या बी.टेक

➤ मद्रास तकनीकी संस्थान से इलेक्ट्रॉनिक्स मे डिप्लोमा

➤ रेडियो भौतिकी और इलेक्ट्रॉनिक या ऑप्टिक्स और ऑटोइलेक्ट्रॉनिक्स या कम्प्यूटर साइन्स या कम्प्यूटर एप्लिकेशन या एम.सी.ए. गणित के साथ, भौतिकी और इलेक्ट्रॉनिक्स स्नातक स्तर पर या इलेक्ट्रॉनिक्स या रेडियो इंजीनियरिंग में एम.एस.सी. हो।

➤ इंस्टीट्यूट ऑफ इलेक्ट्रॉनिक्स एण्ड टेलीकम्यूनिकेशन की स्नातक सदस्यता परीक्षा के साथ सेक्शन 'ए' के विषयों और सेक्शन 'बी' के सारे विषयों के साथ वास्तविक अध्ययन (गणित, एपलाइड इलेक्ट्रॉनिक्स एण्ड सरकिट, प्रिंसिपल ऑफ कम्यूनिकेशन इंजीनियरिंग, ट्रांसमिशन लाइन और नेटवर्क)

एयरोनॉटिकल इंजीनियरिंग (मेकेनिकल)

योग्यता-इस प्रभाग में आप विमान के मरम्मत निवारक और सेवा संबंधी या सामान्य उपयोगीकर्ता और वाहन के विशेषज्ञ एप्लिकेशन में शामिल होते हो। आप 18 से 28 की आयुवर्ग के बीच निम्न योग्यताओं में से किसी में 60% से अधिक अंक रखते हों–

> बी.ई. या बी.टेक में एयरोनॉटिकल/मेकनिकल/प्रोडक्शन/इंडस्ट्रीयल प्रोडक्शन या इन विषयों का संयोजन

> एयरोनॉटिकल सोसायटी ऑफ इण्डिया द्वारा एविओनिक्स में वास्तविक अध्ययन या कम्यूनिकेशन स्ट्रीम ने एक और बी. सेक्शन की परीक्षा

> इंस्टीट्यूट ऑफ इंजीनियरिंग (इंडिया) के साथ मेकेनिकल और एयरोनॉटिकल विषयों के वास्तविक अध्ययन के साथ सेक्शन ए और बी का एसोसिएट मेम्बरशिप परीक्षा

> एयरोनॉटिक्स सोसाइटी ऑफ इण्डिया ग्रुप-1 (डिजाइन और प्रोडक्शन) या ग्रुप-2 (मेनटेनेंस, रिपेयर एण्ड आवरहाउल) विषयों का वास्तविक अध्ययन इसके सेक्शन ए और बी की एसोसिएट मेम्बरशिप परीक्षा

स्थलीय शाखा में प्रवेश-20-25 वर्ष की आयु के बीच आप महिला या पुरुष, जो भी हों, लेकिन आपका स्नातक होना आवश्यक है। आप अधिकारी के रूप में स्थल शाखा से जुड़ सकते हो।

प्रशासनिक शाखा-एक अधिकारी के रूप में प्रशासनिक विभाग में आप मानव और भौतिक पदार्थों, संसाधनों के सक्षम प्रबन्धन के लिए उत्तरदायी हैं।

अकाउन्ट शाखा-लेखा-जोखा (हिसाब) शाखा में एक अधिकारी के तौर पर आप वायुसेना के कर्मचारियों की आय और भत्तों की अदायगी और जमा धन के सक्षम प्रबन्धन के लिए उत्तरदायी होते हैं।

सैन्य तंत्र शाखा-सैन्य तंत्र विभाग में अधिकारी के तौर पर वायु सेना के सभी भौतिक पदार्थों के संसाधनों के प्रबंधन का भार आपके ऊपर होता है।

इंजीनियरिंग स्तर पर

योग्यता-आप 19-23 आयु वर्ग के बीच 60% अंकों के साथ इंजीनियरिंग की डिग्री रखते हों।

आप उड़ान शाखा में निम्न तरीकों से प्रवेश कर सकते हैं– संयुक्त सुरक्षा सेवा परीक्षा देकर नियमित कमीशन शाखा में नियुक्ति पा सकते हैं। चिकित्सा परीक्षा पास करने के बाद आपको वायु सेना अकादमी, बेगमपत, हैदराबाद में अनुस्थापन प्रशिक्षण से गुजरना पड़ता है।

नेशनल केडेट कॉर्पोरेशन-पुरुष व्यक्ति नेशनल केडेट कॉर्पोरेशन सीनियर डिवीजन 'सी' सर्टिफिकेट के साथ भारतीय वायुसेना की उड़ान शाखा में नियमित कमीशन (आधार) पर जुड़ने की योग्यता प्राप्त कर लेता है। इस प्रकार के प्रवेश माध्यम से ऐसा होता है।

महिला (अल्पकालीन सेवा आयोग)-एक महिला अभ्यर्थी शाखा में अल्पकालीन सेवा आयोग की उड़ान शाखा में प्रवेश प्राप्त करने के योग्य हैं।

विमान शाखा में आप लड़ाकू या हेलीकॉप्टर पायलेट या ट्रांसपोर्ट (परिवहन) पायलेट के तौर पर प्रशिक्षित किए जाओगे।

तकनीकी शाखा में प्रवेश-आप एयरोनॉटिक इंजीनियरिंग स्ट्रीम या सीधे प्रवेश योजना या विश्वविद्यालय प्रवेश योजना के द्वारा नियमित कमीशन (केवल पुरुषों के लिए) या अल्पकालीन सेवा कमीशन (महिला और पुरुषों के लिए) के तहत अधिकारी पद के लिए आवेदन कर सकते हैं। विश्वविद्यालय प्रवेश योजना केवल पुरुषों के लिए खुली होती है।

सामान्य योग्यता-आप 18 से 28 वर्ष की आयुवर्ग के बीच कोई इंजीनियरिंग डिग्री (सीधे प्रवेश करते समय) रखते हों या इंजीनियरिंग के अंतिम वर्ष में हो (विश्वविद्यालय प्रवेश योजना के लिए/आप नीचे दी गई सूची की स्ट्रीम से हो)।

एयरोनॉटिक्स इंजीनियरिंग इलेक्ट्रॉनिक्स

इलेक्ट्रॉनिक्स/ कम्यूनिकेशन/ इलेक्ट्रिकल/ इलेक्ट्रिकल कम्यूनिकेशन/ इलेक्ट्रॉनिक्स एण्ड कम्यूनिकेशन कम्प्यूटर साइन्स एण्ड इंजीनियरिंग

एयरनॉटिकलइंजीनियरिंग(मेकेनिकल)-एयरोनॉटिकल/ मेकेनिकल/ प्रोडक्शन/ इंडस्ट्रीयल प्रोडक्शन

एयरोनॉटिकल इंजीनियरिंग (इलेक्ट्रॉनिक्स) नियमित या अल्प सेवा कमीशन, इलेक्ट्रॉनिक्स क्षेत्र में आप वायु सेना स्टेशन के लिए आवश्यक संचार और संकेतों के लिए उत्तरदायी होते हैं।

एयरोनॉटिकल इंजीनियरिंग (मेकेनिकल) नियमित या अल्प सेवा कमीशन-मेकेनिकल क्षेत्र में आप वायुयान की संरक्षणात्मक मरम्मत और सर्विस या स्पेशल एप्लिकेशन वाहन और आम उपयोगकर्ता के साथ शामिल रहते हैं।

स्थल शाखा में प्रवेश-मेट्रोलॉजिकल विभाग में अधिकारी के रूप में जुड़ने के लिए आप 10 से 20 वर्ष नियमित कमीशन की नौकरी या अल्पकालीन सेवा कमीशन में नौकरी कर सकते हो। इसमें आप नये कल्पित उपग्रह और कला के राज्य नियंत्रण उपकरणों की देखरेख करते हैं।

स्नातकोत्तर स्तर पर-स्नातकोत्तर स्तर पर कोई भी महिला या पुरुष वायु सेना की तकनीकी या स्थलीय शाखा में अधिकारी के रूप में जुड़ सकता है।

तकनीकी शाखा में प्रवेश-भारत का कोई भी स्नातकोत्तर महिला या पुरुष 18-22 आयुवर्ग के बीच वायु सेना की तकनीकी शाखा के अधिकारी के रूप में सदस्य बन सकता है।

एयरनॉटिकल इंजीनियरिंग (इलेक्ट्रॉनिक्स)-इसमें आप वायु सेना स्टेशन के लिए आवश्यक संचार व संकेत के लिए उत्तरदायी होते हैं। विमान की सर्विस और संरक्षणात्मक मरम्मत के कार्यान्वयन के अध्यक्ष होते हो।

स्थल शाखा में प्रवेश-आप स्नातकोतर के साथ 20-25 आयुवर्ग के बीच हो तो आप स्थल कर्तव्य शाखा की किसी उपशाखा में प्रशासन, लेखा-जोखा, शिक्षा, सैन्य और मौसम विज्ञान शाखा में नियमित कमीशन (केवल पुरुषों के लिए) या अल्पकालीन सेवा आयोग (महिला और पुरुषों के लिए) में प्रवेश पा सकते हैं।

प्रशासनिक विभाग-इस क्षेत्र में प्रवेश के लिए आपके 50% अंकों के साथ निम्न में से किसी एक की योग्यता रखते हो-

➤ एम.बी.ए. या व्यवसाय प्रशासन में स्नातकोत्तर डिप्लोमा

➤ मनोविज्ञान या सुरक्षा अध्ययन या गणित या भौतिक या सांख्यिकी में दो वर्ष (नियमित रूप से) या तीन वर्ष (अनियमित रूप से) की गई स्नातकोत्तर की डिग्री।

अकाउन्ट डिवीजन- अकाउन्ट डिवीजन में आप आन्तरिक लेखा परीक्षक के रूप में कार्य करोगे और बाहर की एजेन्सियों से जीरो डिफेक्ट ऑडिट को सुनिश्चित करेंगे। इस क्षेत्र में प्रवेश के लिए आप 50% अंको के साथ एम. काम. आई.सी.डब्ल्यू.ए. या रजिस्ट्रीकृत या नियमित अकाउन्टेंट एम.काम. के साथ होने चाहिए।

शिक्षा प्रभाग-शिक्षा शाखा में आप वायु सेना केन्द्र द्वारा आयोजित विभिन्न शिक्षा योजनाओं के सफलतापूर्ण आयोजन के लिए उत्तरदायी होते हैं। इस प्रभाग में प्रवेश के लिए आपके निम्न में से किसी कोर्स में 50% से अधिक अंक होने अनिवार्य है।

➤ इंग्लिश या मनोविज्ञान या सुरक्षा अध्ययन या गणित या भौतिकी या सांख्यिकी या कम्प्यूटर साइन्स में एम.ए./एम.एस.सी.

➤ एम.ऐड.

➤ व्यवसाय प्रशासन में स्नातकोत्तर डिप्लोमा या एम.बी.ए.

➤ पीएच.डी.

सैन्य प्रभाग-सैन्य प्रभाग में आपकी जिम्मेदारी वायुसेना के संसाधनों के प्रबन्धन की होगी। इस विभाग में प्रवेश के लिए आपके निम्न में से किसी कोर्स में 50% से अधिक अंक होने अनिवार्य है।

➤ एम.बी.ए.ओ.बी.जी. डिप्लोमा व्यवसाय प्रबन्धन में हो

➤ मनोवैज्ञानिक या सुरक्षा अध्ययन या गणित या भौतिकी या सांख्यिकी में दो वर्ष (नियमित रूप से) या तीन वर्ष (अनियमित रूप से) की मास्टर डिग्री यानि स्नातकोत्तर

➤ एल.एल.बी.

मौसम विज्ञान प्रभाग-इस शाखा में आपको मौसम में परिवर्तन की भविष्यवाणी लघु या दीर्घ अवधि के लिए उपग्रह चित्रों और स्टेट ऑफ दी आर्ट निरीक्षण उपकरणों के माध्यम से करनी होती है। इस विभाग में आपके प्रवेश के लिए निम्न में से किसी कोर्स में 50% से ज्यादा अंक होने आवश्यक है-

➤ भौतिकी या व्यवहारिक भौतिकी या मौसम विज्ञान या भूगोल में एम.एस.सी. के साथ मौसम विज्ञान और समुद्रविज्ञान या समुद्रविज्ञान के साथ मौसम विज्ञान में विशेषज्ञता

➤ व्यवहारिक गणित या गणित में एम.ए./एम.एस.सी.

➤ आई.आई.टी. से मौसम विज्ञान में एम.टेक.

वायु सेना में विमान चालक के रूप में करियर

एयरमेन कैडेट नवयुवक को इन तीनों लड़ाकू समूहों में अवसर प्रदान करता है। दसवीं या उससे कम, 10+2, स्नातक, डिप्लोमा धारी और स्नातकोत्तर को अवसर प्रदान करता है। आरम्भिक चयन प्रक्रिया के बाद आपको एक अनुकूल ऐड (पेशा) प्रदान करती है। आपको किसी प्रशिक्षण संस्थान पर कठोर प्रशिक्षण से गुजरना पड़ता है। इसके बाद आपको विमान चालक के रूप में भर्ती करके किसी भी वायु सेना स्टेशन पर तैनात किया जाता है।

योग्यता-10वीं की कक्षा उत्तीर्ण या दसवीं कक्षा से कम पुरुष भी विमान चालक तकनीकी या गैर तकनीकी रूप से इससे जुड़ सकता है।

तकनीकी और गैर तकनीकी ट्रेड के लिए सामान्य योग्यता-आप 16 से 20 आयुवर्ग के बीच हों। 'Y' ग्रुप के लिए आयु सीमा 17-35 वर्ष के बीच है।

दसवीं से कम-दसवीं से कम स्तर की शिक्षा होने पर आप केवल संगीतकार के तौर पर वायुसेना बैण्ड से जुड़ सकते हो। इस बैण्ड में आपको विभिन्न प्रकार के संगीत उपकरण बजाने का प्रशिक्षण दिया जाता है।

➤ आपको गणित का मूलभूत ज्ञान होना चाहिए

➤ अंग्रेजी लिखने पढ़ने योग्य हों

➤ निम्न में से कम से कम वाद्ययंत्र बजाने में निपुण हो: ट्रंपेट, बास, वायलिन, सैक्सोफोन, क्लैरिनेट, यूफोनियम, जैज ड्रम, पियानो, बास ट्रोमबोन या की-बोर्ड

दसवीं स्तर-एक दसवीं स्तर पास व्यक्ति लड़ाकू 'Y' ग्रुप के तहत तकनीकी या गैर तकनीकी ट्रेड के तहत शामिल हो सकता है।

तकनीकी ट्रेड-तकनीकी ट्रेड के तहत आप एक विमान चालक के रूप में सम्पूर्ण शस्त्रीकरण और स्थल उपकरणों और मरम्मत के लिए उत्तरदायी होते हैं।

गैर तकनीकी ट्रेड-गैर तकनीकी ट्रेड में विमान चालक के रूप में आप वायुसेना के अधिकारियों की सहायता और सहयोग करोगे।

योग्यता-10+2 बारहवीं

बारहवीं कक्षा 50% अंकों से अधिक उत्तीर्ण करने वाला व्यक्ति, जिसकी आयु 16-22 वर्ष के बीच हो, वह 'X' ग्रुप में विमान चालक के रूप में तकनीकी ट्रेड के तहत शामिल हो सकता है। तकनीकी ट्रेड में आप रेडियो/राडार/मिशाइल/कार्यशाला/वाद्ययंत्र/इलेक्ट्रिकल/इंजन/एयरफ्रेम/प्लांट मैनटेनेंस/वैपन फिल्टर इत्यादि के रूप में कार्य कर सकते हो। बाद में आप वायु सेना में विशेष ट्रेड कमीशन अधिकारी बन सकते हो।

योग्यता-स्नातक

आप 20-25 आयुवर्ग के स्नातक हो, तो शिक्षा निरीक्षक के तौर पर लड़ाकू ग्रुप 'X' की गैर तकनीकी ट्रेड के तहत शामिल हो सकते हो। आपको सरजेन्ट (एस.जी.टी.) के रूप में वायुसेना के किसी भी स्टेशन पर भर्ती कर तैनात किया जा सकता है। आप कक्षा की परीक्षाएँ आयोजित करवाने, पुस्तकालय प्रबन्धन स्कूलों की सूचना कक्षा और मरम्मत की जिम्मेदारी आप पर होती है।

योग्यता-स्नातकोत्तर

आप लड़ाकू 'X' ग्रुप के तहत गैर तकनीकी ट्रेड में शिक्षा निर्देशक के रूप में शामिल होने के लिए 20-28 आयु वर्ग के स्नातकोत्तर व्यक्ति होना चाहिए। आपको सरजेन्ट (एस.जी.टी.) के रूप में वायुसेना के किसी भी स्टेशन पर भर्ती और तैनात किए जा सकते हैं। आप कक्षा और परीक्षा आयोजित करवाने, पुस्तकालय प्रबन्धन, स्कूलों के सूचना कक्षों और मरम्मत की जिम्मेदारी भी आप पर होती है।

योग्यता-इंजीनियरिंग में डिप्लोमा

केवल पुरुष अभ्यर्थी ग्रुप 'X' की तकनीकी ट्रेड के तहत वायुचालक के

रूप में सम्मिलित हो सकते हैं। इसके लिए 16–22 आयुवर्ग के बीच इंजीनियरिंग में डिप्लोमा होना आवश्यक है। तकनीकी ट्रेड में आप रेडियो/राडार/मिशाइल/कार्यशाला/वाद्ययंत्र/इलेक्ट्रिकल एयरफ्रेम/प्लान्ट मेनटेनेंस/इंजन/वेपन फिल्टर का कार्य कर सकते हो। बाद में आप वायुसेना की विशेष ट्रेड और कमीशन में अधिकारी बन सकते हो।

आप किसी सरकारी मान्यता प्राप्त पॉलीटेक्नीक या संस्थान से निम्न में से किसी विषय में इंजीनियरिंग डिप्लोमा रखते हो।

मेकेनिकल/इलेक्ट्रिकल/इलेक्ट्रॉनिक्स/ऑटोमोबाइल/कम्प्यूटर साइंस/इंस्टूमेन्टेशन टेक्नोलॉजी

नौसेना में करियर

नाविक–पुरुष व्यक्ति नाविक के रूप में नौसेना में शामिल हो सकता है।

योग्यता–आप 17–20 आयुवर्ग के अविवाहित भारतीय नागरिक हो और आपने 10वीं या उसके समकक्ष परीक्षा 55% अंको से उत्तीर्ण की हो। जिसमें गणित और विज्ञान विषय को वरीयता दी जाती है। लिखित परीक्षा में चार विषय गणित, विज्ञान, अंग्रेजी और सामान्य ज्ञान और वस्तुनिष्ठ प्रश्न होते हैं। लिखित परीक्षा पास करने के बाद, आपको शारीरिक उपयुक्तता परीक्षा से गुजरना होता है, जिसमें 106 कि.मी. की दौड़ 7 मिनट में पूरी करने के अलावा 10 पुशअप और 20 स्क्वॉट शामिल होते हैं।

शारीरिक मापदण्ड

न्यूनतम ऊँचाई – 157 से.मी.

छाती का माप – आपकी छाती अच्छी तरह से विकसित हो, जो कम से कम 5 से.मी. का फुलाव रखती हो।

दृष्टि – बिना चश्मे के 6/12, चश्मे के साथ 6/9 और अन्य के लिए 6/12 रंगबोध – सी.पी. II

भारतीय नौसेना में नाविक ढाँचे की निम्न वर्गों में नियुक्ति की जाती है।

आर्टिफिशर अप्रेन्टिस (ए.ए.)–आर्टिफिशर अप्रेन्टिस बनने के लिए आप 17–20 आयुवर्ग के बीच हों और शैक्षणिक योग्यता में विज्ञान विषय से 10+2 की परीक्षा उत्तीर्ण की हो।

डिप्लोमाधारियों को सीधे प्रवेश–आप 16–22 आयुवर्ग के पुरुष हो। नाविक के रूप में शामिल होने के लिए भारतीय सरकार द्वारा मान्यता प्राप्त संस्थान या पॉलीटेक्नीक में तीन वर्षीय डिप्लोमा 50% से अधिक अंकों से मेकेनिकल/इलेक्ट्रिकल/ इलेक्ट्रॉनिकल/टेलीकम्यूनिकेशन/एयरोनॉटिकल/जहाज निर्माण/

इन्स्ट्रूमेन्टेशन इंजीनियरिंग या धातु विज्ञान या अन्य किसी विषय में होना चाहिए।

मैट्रिक रिक्रूटमेंट (एम.आर.)-आपकी आयु 17-21 हो और आपने 10वीं पास की हो।

म्यूजिशियन (एम.यू.एस.)-व्यक्ति की आयु 17-21 हो और 10वीं परीक्षा संगीत कौशल के साथ पास की हो।

नॉन मैट्रिक रिक्रूटमेंट (एन.एम.आर.)-आप 17-21 आयु के बीच हो और आपने छठी कक्षा की परीक्षा पास की हो।

भारतीय नौसेना में अधिकारी-आप नौसेना में प्रवेश या तो नियमित कमीशन या अल्पकालीन कमीशन से कर सकते हो।

नौसेना की बड़ी शाखाएं हैं-

अधिकारी शाखाः सवारियों को जहाज पर चढ़वाने का कार्य करते हैं, जो कि गनेरी, नेविगेशन कम्यूनिकेशन एविएशन, हाइड्रोग्रॉफी, ड्राइविंग, लॉजिस्टिक इत्यादि में विशेषज्ञ होते हैं।

इंजीनियरिंग शाखा-जहाज के इलेक्ट्रॉनिकल, राडार रेडियो, कम्प्यूटर के प्रबन्धन का कार्य करती है।

एजुकेशन शाखा-अधिकारियों के साथ साथ मौसम विज्ञान और समुद्र विज्ञान के विशेष क्षेत्रों में प्रशिक्षण का कार्य करते हैं।

अधिकारी शाखा-आप 19-25 आयुवर्ग के बीच भारतीय अविवाहित पुरुष नागरिक हो। अल्पकालीन सेवा आयोग (एस.एस.सी.) की अधिकारी शाखा (सामान्य सेवा) में शामिल होने के लिए निम्न योग्यताएँ होनी अत्यन्त आवश्यक

है। आप गणित या भौतिक के साथ विज्ञान स्नातक/भौतिकी या गणित के साथ एम.एस.सी. द्वितीय श्रेणी से कम से कम 55% अंको के साथ/इलेक्ट्रॉनिकल या इलेक्ट्रिकल में 4 वर्ष की डिग्री रखते हों। भौतिकी व गणित के साथ विज्ञान स्नातक एम.सी.सी. नौसेना विंग सीनियर सी डिवीजन सर्टिफिकेट रखता हो। इनमें से कोई एक योग्यता रखने वाला व्यक्ति आवेदन कर सकता है।

इलेक्ट्रिकल या इंजीनियरिंग शाखा-आप 19-25 की आयुवर्ग के बीच अविवाहित भारतीय नागरिक हों व निम्न योग्यता रखते हों, तो अल्पसेवा आयोग (एस.एस.सी.) की एग्जिक्यूटिव शाखा (सामान्य सेवा) से जुड़ सकते हो।

इंजीनियरिंग शाखा-मेकेनिकल/मरिन/एयरोनॉटिकल/प्रोडक्शन/मेटलर्जिकल में इंजीनियरिंग डिग्री या उपरोक्त विषयों में इंस्टिट्यूशन ऑफ इंजीनियरिंग (इण्डिया) द्वारा मान्यता प्राप्त अन्य कोई योग्यता या डिग्री के समकक्ष में कोर्स किया होना चाहिए।

इलेक्ट्रिकल शाखा-इलेक्ट्रिकल/टेलीकम्यूनिकेशन/इलेक्ट्रॉनिक्स में इंजीनियरिंग डिग्री या उपरोक्त विषयों में इंस्टिट्यूशन ऑफ इंजीनियरिंग (इण्डिया) से मान्यता प्राप्त कोई अन्य योग्यता या इंस्टिट्यूट ऑफ इंजीनियरिंग (इण्डिया) की डिग्री के समकक्ष कोई अन्य कोर्स किया होना चाहिए।

एजुकेशन शाखा-आप 21-25 आयुवर्ग के भारतीय अविवाहित नागरिक महिला अथवा पुरुष हो तो आप नियमित कमीशन (एस.एस.सी.) की अधिकारी शाखा (सामान्य सेवा) में निम्न में से कोई एक योग्यता रखते हो तो आप इस शाखा से जुड़ सकते हो।

➤ इलेक्ट्रॉनिकल/इलेक्ट्रिकल/मेकेनिकल/आई.टी./कम्प्यूटर साइन्स में 60% से अधिक अंकों के साथ बी.ई./बी.टेक.

➤ कम से कम 50% अंको के साथ भौतिकी (बी.एस.सी. के साथ गणित) गणित (बी.एस.सी. भौतिकी के साथ), कम्प्यूटर एप्लिकेशन (बी.एस.सी. के साथ भौतिकी या गणित) कम्प्यूटर साइन्स (बी.एस.सी. के साथ गणित या भौतिकी) में स्नातकोत्तर होना चाहिए।

➤ ऑपरेशन एनालिसेस और ऑपरेशन रिसर्च क्वानटेटिव मेथर्ड से कम से कम 70% अंको के साथ स्नातक या स्नातकोत्तर हो।

➤ गणित में प्रॉबेबिलिटी के साथ या सांख्यिकी में कम से कम 75% अंकों के साथ स्नातक या स्नातकोत्तर हो।

आय के मानक लगभग सेना के अफसरों के समान ही होते हैं। तनख्वाह के अलावा कई अन्य भत्ते भी मिलते हैं जैसे सबमरिन भत्ता, ड्राइविंग भत्ता, एक्सपर्टिएशन भत्ता, यूनिफार्म भत्ता इत्यादि। नौसेना विभिन्न विशेषज्ञ और

स्नातकोत्तर कोर्सों को प्रोत्साहित भी करते हैं, यानि उन्हें करवाने में सहयोग करती है।

सभी सुरक्षाकर्मी अपने स्पेशलाइजेशन (एम.डी.ए. या नौसैनिक विभिन्न प्रशिक्षण अकादमी) के बाद वेतन भोगी अधिकारी हो जाते हैं।

ऑडियो इंजीनियरिंग

प्रत्येक व्यक्ति संगीत सुनना पसन्द करता है, चाहे वह रिकॉर्डिंग हो या लाइव। 19वीं शताब्दी के दौरान यूरोप और यू.एस.ए. में आवाज को रिकॉर्ड करने के कई प्रयास किए। ऑडियो इंजीनियरिंग, ऑडियो साइन्स की एक शाखा है, जो उन लोगों के लिए करियर है, जो संगीत पसंद करते हैं और इस उद्योग का हिस्सा बनना चाहते हैं। इलेक्ट्रॉनिक और मेकेनिकल यंत्रों का उपयोग करके आवाज की केपचरिंग, रिकॉर्डिंग, कॉपिंग, एडिटिंग मिक्सिंग और रिप्रोड्यूसिंग ही ऑडियो इंजीनियरिंग है। इसमें प्रोडक्शन और पोस्ट प्रोडक्शन दोनों तरह के कार्य शामिल हैं। निर्माण (प्रोडक्शन) में सेट-अप से लेकर वास्तविक रिकॉर्डिंग तक सभी चीजें शामिल हैं। ऑडियो इंजीनियरिंग विभिन्न प्रकार के उपकरणों का प्रयोग करते हैं, जो हल्की-सी भी ध्वनि विभिन्नता को भी रिकॉर्ड कर लेता है। इलेक्ट्रॉनिक मिक्सिंग बोर्ड (कंसोल बोर्ड) में कई तरह के स्विच, डायल, लाइट और मीटर लगे होते हैं, जो कि ऑडियो इंजीनियरिंग का बहुत महत्वपूर्ण हिस्सा होते हैं। यह मिलने वाली ध्वनि को नियंत्रित, रिकॉर्ड व एडिट करता सकता हैं। निर्माण के बाद, रिकॉर्डिंग मेटेरियल की पॉलिश और ध्वनि का रूप प्रदान किया जाता है। डिजिटल ऑडियो वर्क-स्टेशन, सिग्नल प्रोसेसर और सिक्वेंसिंग सॉफ्टवेयर, ये सभी अन्य अभाज्य पदार्थ ऑडियो, इंजीनियरिंग में प्रयोग किए जाते हैं।

ऑडियो इंजीनियर मेकेनिकल और डिजिटल उपकरणों के द्वारा ध्वनि के निर्माण और उत्पादन प्रशिक्षण

का अनुभव रखता हो। ऑडियोग्राफी और साउन्ड रिकॉर्डिंग के कोर्स का अध्ययन करने वाले ऑडियो इंजीनियर बन सकते हैं। वे उस अंतिम ध्वनि के लिए उत्तरदायी होते हैं, जो हम संगीत, गानों, पार्श्व संगीत, वीडियो, फिल्मों, विज्ञापनों इत्यादि में सुनते हैं, एक ऑडियो इंजीनियर के पास संगीत के लिए अच्छे कान होने चाहिए जैसे कि पत्रकार के लिए समाचार सूंघने वाली नाक होनी चाहिए। इनको कई बार रिकॉर्डिंग इंजीनियर या साउण्ड इंजीनियर के तौर पर भी जाना जाता है; हालांकि ये व्यक्ति वो होते हैं, जो ऑडियो इंजीनियर के लिए उपकरणों का विकास करते हैं।

ऑडियो इंजीनियरिंग आधुनिक पीढ़ी के लिए सबसे लोकप्रिय और भरोसेमन्द पेशों में से एक है जोकि फिल्म, वीडियो निर्माण, साउन्ड बोर्ड कास्टिंग और विज्ञापन के क्षेत्र में भारत और विदेशों में अत्यधिक अवसर प्रदान करता है। इस क्षेत्र में अच्छा कार्य करने के लिए बहुत अधिक निष्ठा और रुचि की आवश्यकता होती है।

योग्यता-सफल ऑडियो इंजीनियर बनने के लिए व्यक्ति को साउण्ड रिकॉर्डिंग, ऑडियोग्राफी साउन्ड, इंजीनियरिंग, ऑडियो इंजीनियरिंग के किसी डिप्लोमा या डिग्री कोर्स में अच्छी तरह प्रशिक्षित होना चाहिए। इस क्षेत्र में प्रशिक्षण के लिए कोई विशेष शैक्षणिक योग्यता की आवश्यकता नहीं होती। हालांकि ऑडियो इंजीनियरिंग के स्नातकोत्तर कोर्स के लिए स्नातक की डिग्री चाहिए। ज्यादा से ज्यादा व्यवहारिक प्रशिक्षण व्यक्ति को अच्छा ऑडियो इंजीनियर बना देता है।

संस्थाएं-भारत और विदेश में कई संस्थान ऑडियो इंजीनियरिंग का कोर्स करवाते हैं।

बी.पी.ओ. (कॉल सेन्टर जॉब)

बिजनेस प्रोसेस आउटसोर्सिंग (बी.पी.ओ.), तीसरी पार्टी से सम्पर्क करके कुछ विशेष कार्य करना, विशेष प्रक्रियाएं कम्पनी की तरफ से करना ही है। आउटसोर्सिंग के द्वारा व्यापार करने के निश्चित तरीकों पर कम्पनी ध्यान केन्द्रित करती है। कम्पनी का अपना एक प्राथमिक लक्ष्य होता है, वह कुछ भी हो सकता है।

- भारत बिजनेस प्रोसेस आउटसोर्सिंग में अग्रणी है। इस उद्योग ने लाखों बी. पी.ओ. नौकरियाँ पैदा की है।

- हम में से ज्यादातर समान चीजें चाहते हैं - हम अच्छी तनख्वाह वाली नौकरी, भारी धन कमाना, बड़े शहर में बसना और अपने परिवार और दोस्तों के लिए एक अच्छा लाइफस्टाइल चाहते हैं।

बी.पी.ओ. पेशा बिजनेस प्रोसेस आउटसोर्सिंग प्रदान करने वाली सेवाओं की केन्द्रीय गतिविधियों के आस-पास घूमता है। इसमें वॉइस (टेलीफोन), नॉन वाइस (ई-मेल चेट) आधारित ग्राहक से बातचीत की सेवायें, टेलीमार्केटिंग, ट्रांजेक्सन, तकनीकी सहयोग और ग्राहक के विशेष डाटा का विश्लेषण शामिल है। इसमें प्रोसेसिंग और वित्तीय और एकाउंटिंग लेन-देन की प्रोसेसिंग जैसी बैक एण्ड जॉब भी शामिल हैं।

रोजगार की सम्भावनाएँ-बढ़ते बी.पी.ओ. संगठन में रोजगार की सम्भावनाएँ व्यवसाय बढ़ाने के विभिन्न पक्षों के रूप में मौजूद हैं। मुख्य सम्पर्क केन्द्र एच. आर., कानूनी, मार्केटिंग, क्वालिटी प्रशासन इत्यादि सहायक क्रियाओं से व्यवसाय बढ़ता है। सम्पर्क केन्द्र के अवसरों में सहयोग टेलीमार्केटिंग, तकनीकी सहयोग; बहुभावी सहायता, जिसमें विदेशी भाषा का ज्ञान रखने वाले लोगों की आवश्यकता होती है जैसे फ्रैंच, स्पेनिश इत्यादि शामिल है। विभिन्न पृष्ठभूमियों और उद्योगों जैसे हॉस्पिटेलिटी, सर्विस और रिटेल उद्योग के अनुभवी लोगों के लिए भी अवसर मौजूद हैं।

बी.पी.ओ. में करियर आपको अपनी योग्यता का परीक्षण करने का मौका देने के साथ बहुत ही प्रतिफलक भी है। कई बी.पी.ओ. लाभकारी आय और शिक्षा के काफी अवसर प्रदान करते हैं। ये बी.पी.ओ. नौकरियाँ एक तरह का शुरुआती बिन्दु हो सकता है, जिसका आप इन्तजार कर रहे हो।

भारत में कॉल सेन्टर

काल सेन्टर एक ऐसी अद्भुत चीज है, जिसने भारत के बड़े शहरों में रहने वाली भीड़ में तूफान ला दिया है। टेलीकम्यूनिकेशन में धमाके के साथ देशों की सीमायें इंटरनेट के कारण तेजी से अदृश्य हो रही हैं। दुनिया का आकार छोटा होते होते सिकुड़ रहा है। यह प्रतिदिन, प्रतिघण्टा हल्का होता जा रहा है। चाहे यह संस्कृति हो, कला हो, अर्थव्यवस्था हो, अब आप अपने राष्ट्र क्षेत्र में नहीं हैं। इस सिकुड़ती अर्थव्यवस्था में भारत ने कई क्षेत्रों में अपनी उपस्थिति दर्ज करायी है, कॉल सेन्टर उद्योग उनमें से एक है। यह एक सेवा प्रबन्ध के रूप में शुरू हुआ और बाद में परिवर्तित होकर स्वयं एक नया उद्योग बन गया। काल सेन्टर देश के ऐसे संगठन हैं, जहाँ समुद्रपार की कम्पनियाँ अमेरिकी ग्राहकों को अमेरिकी क्लाईन्ट की सेवाएँ देती हैं। आस्ट्रेलिया, कनाडा और यूनाइटेड किंगडम जैसे देशों ने भी भारत में आउटसोर्सिंग का काम शुरू कर दिया है। विभिन्न उद्योगों से आउटसोर्स किया जाने वाला काम है जैसे क्रेडिट कार्ड, स्वास्थ्य उत्पाद, व्यक्तिगत देखभाल के उत्पाद और शिक्षा।

विशाल इंग्लिश भाषी जनसंख्या के कारण भारत अमेरिका के आउटसोर्सिंग के लिए आदर्श स्थान बन गया है। जहाँ यू.एस. का कार्यभार बिजनेस प्रोसेस आउटसोर्सिंग के द्वारा किया जाता है। आउटसोर्सिंग की इस बहस में एक मान्य तथ्य यह भी है कि भारतीय मजदूरी अमेरिका की तुलना में ज्यादा सस्ती है। भारतीय मजदूरी अमेरिका की तुलना में 1/10 है, कॉल सेन्टर उद्योग के विशेष सन्दर्भ में। इन तथ्यों से यह बात साफ हो जाती है कि भारतीय जीवन स्तर अमेरिकनों की तुलना में नीचा है। भारतीय सहकर्मियों की आय उनके अमरीकियों सहकर्मियों से काफी भिन्न है। इस प्रकार अमेरिका भारत में आउटसोर्सिंग के कार्य से धन बचा कर लाभ भी कमा रहा है।

यदि आप बी.पी.ओ. की बात कर रहे हैं तो आप 9-6 की नौकरी की बात नहीं कर रहे होते। आप कार्य पर शिफ्ट की बात करते हो, यह शिफ्ट दोपहर से शुरु होकर रात तक या रात से शुरु होकर सुबह तक हो सकती है। शिफ्ट आपको अपने सामाजिक समूह से अलग करने की सम्भावना पैदा कर सकती है। आपको अपने दोस्तों और रिश्तेदारों, सगे सम्बन्धियों से सम्पर्क रखने में मुश्किलों का सामना करना पड़ सकता है। समय पर छुट्टी न मिलने पर आपको परिवार के कुछ समारोह भी छोड़ने पड़ सकते हैं।

योग्यता- इंग्लिश और खास तौर पर यू.एस. एक्सेंट में फर्राटेदार अंग्रेजी बोलने की आवश्यकता होती है। इसके अलावा अत्यधिक परेशानी भरे माहौल में काम करना पड़ता है।

संस्थान-राजधानी शहरों में कई निजी संस्थान कॉल सेन्टर में नौकरियों का मूलभूत प्रशिक्षण प्रदान करते हैं।

बायोइन्फॉरमेटिक्स

बायोइन्फॉरमेटिक्स एक ऐसा क्षेत्र है, जिसमें गणित, सांख्यिकी, कम्प्यूटर साइंस, इन्फरमेटिक्स, आर्टिफिशियल इन्टेलीजेंस और मोलीक्यूलर लेवल पर शोध के लिए रसायन शास्त्र जैसे विषय लागू होते हैं। बायोइन्फरमेटिक्स क्षेत्र में कुछ बड़े क्षेत्र में शोध किए जा रहे हैं। उनमें सिक्यूनस एलाइनमेंट, जीनो का पता लगाना, जीनो में एसेंबली, प्रोटीन स्ट्रक्चर एलाइनमेंट और इवोल्युशन के प्रारूप आदि हैं।

बायोइन्फरमेटिक्स का सम्बन्ध आण्विक जीवविज्ञान के क्षेत्र में सूचना तकनीकी के प्रयोग से है। इसमें कम्प्यूटर टेक्नोलॉजी का प्रयोग जैविक डाटा के विश्लेषण और प्रबन्धन में किया जाता है। कम्प्यूटर के उपयोग से जैविक आंकड़ों को इकट्ठा, करना विश्लेषण करना, जोड़ना इत्यादि किया जाता है। बायो-इन्फरमेटिक्स का उद्देश्य जैविक सूचनाओं का संग्रह करके, उसका उपयोग करके मानव के जीवन स्तर में सुधार करना है।

बायो इन्फरमेटिकल का उपयोग विभिन्न क्षेत्रों जैसे मानव स्वास्थ्य, पर्यावरण, कृषि, जैव तकनीकी और जैव चिकित्सकीय शोध और विकास में ऊर्जा बढ़ना इत्यादि में किया जाता है। इसका उपयोग आण्विक दवाइयों के उत्पादन क्षेत्र में, मनचाही दवाइयों के उपयोग से बीमारियों के इलाज व बचाव

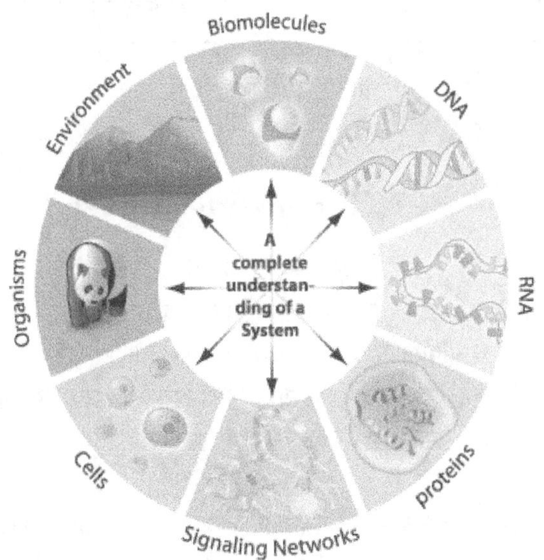

के क्षेत्र में किया जाता है। बायोइन्फॉरमेटिकल दुनिया भर में आज तेजी से विकसित होता क्षेत्र है। इस प्रकार आप बायोइन्फरमेटिकल में करियर शुरु करके बायोटेक्नोलॉजी, बायोमेडिकल, फार्मास्यूटिकल साइन्स, उद्योगों, हास्पिटलों और शोध संस्थानों में रोजगार प्राप्त कर सकते हैं।

रोजगार की सम्भावना- आज भारत में बायोइन्फॉरमेटिक्स करियर तेजी से युवाओं को आकर्षित कर रहा है। बायोइन्फरमेटिकल सम्भावनाओं के क्षेत्र में जैसे डाटाबेस डिजाइन और मेन्टेनेंस, सिक्यूरेंस एसेंबली, प्रोटोमिक्स, क्लीनिकल फार्माकॉलॉजिस्ट, सिक्यूएंस विश्लेषण, इनफॉरमेटिक डेवेलॉपर और जैविक विश्लेषण शामिल है। जैव तकनीक और फार्मास्यूटिकल कम्पनियों में नौकरी के भारत में शानदार अवसर उपलब्ध हैं।

योग्यता- जेनेटिक, भौतिकी, आण्विक जीवविज्ञान, माइक्रोबायलॉजी, वेटेरिनरी साइंस, फार्मेसी, गणित रसायन, आई.टी. प्रोफेसनल्स, इंजीनियर और मेडिकोस इत्यादि में स्नातक या स्नातकोत्तर करने वाले के लिए बायोइन्फॉरमेटिक्स एक उपयुक्त करियर है।

बायोइन्फरमेटिक्स में विभिन्न कोर्स उपलब्ध हैं। जैसे बायोइन्फॉरमेटिक्स में बी. टेक., बायोइन्फरमेटिक्स में मास्टर डिग्री, बायोइन्फरमेटिकक्स में एडवान्स डिप्लोमा और बायोइन्फरमेटिक्स में एम.टेक.।

संस्थान- भारत में ये कोर्स बहुत से प्रसिद्ध संस्थानों द्वारा करवाये जाते हैं। जिसमें कोलकाता में कलकता विश्वविद्यालय, चेन्नई में एस.आर.एम. विश्वविद्यालय, बंगलौर में बायोइन्फरमेटिक्स और एप्लाइड बायोटेक्नोलॉजी संस्थान, मदुरई में मदुरई कामराज यूनिवर्सिटी, इलाहाबाद में भारतीय सूचना तकनीकी संस्थान, पाण्डिचेरी में पाण्डिचेरी यूनिवर्सिटी और दिल्ली में जामिया मिलिया इस्लामिया यूनिवर्सिटी शामिल हैं।

बायोटेक्नोलॉजी

बायोटेक्नोलॉजी में करियर अवसर के बारे में सोचते समय ज्यादातर व्यक्ति लेबोरेटरी में दवाइयों के विकास, जिससे जीवन गुणवत्ता में सुधार हो, में कार्यरत सफेद कोट पहने वैज्ञानिक के बारे में सोचते हैं। हालांकि बायोटेक्नोलॉजी (जीव प्रौद्योगिकी) में सेल एण्ड मार्केटिंग शोध और विकास, उत्पादन और गुणवत्ता नियंत्रण और गुणवत्ता आश्वासन तक विभिन्न प्रकार के बहुत से करियर अवसर प्रदान करती है।

राष्ट्रभर में जैव तकनीकी (बायोटेक्नोलॉजी) उद्योग का लगातार तेजी से (फल-फूल) विकास हो रहा है। न केवल बायोटेक्नोलॉजी कम्पनियों की संख्या

बढ़ी हैं। अपितु बायोटेक्नोलॉजी के क्षेत्र में रोजगार भी लगातार विकसित हो रहे है, बायोटेक्नोलॉजी एक तेजी से उभरता हुआ शोध विज्ञान है, यह जीव विज्ञान और तकनीक का सम्मिश्रण है। यह जेनेटिक, बायोकेमिस्ट्री, माइक्रोबायोलॉजी, इम्युनोलॉजी, विरोलॉजी, भौतिकी और इंजीनियरिंग जैसे विभिन्न विषयों को समेटे हुए है। इससे कई अन्य विषय जैसे हैल्थ एण्ड मेडिसिन, एग्रीकल्चर एण्ड ऐनिमल हसबेन्डरी, क्रोपिंग सिस्टम एण्ड क्रोप मैनेजमेंट, इकोलॉजी, सेल बायोलॉजी, सोइल साइंस एण्ड सॉइल कंजरवेसन, जैव-सांख्यिकी, प्लांट साइकोलॉजी सीड टेक्नोलॉजी इत्यादि भी सम्बन्ध रखते हैं। बायोटेक्नोलॉजी जीवित वस्तुओं का उपयोग है, खासकर औद्योगिक प्रक्रिया में सेल्स और बेक्ट्रिया। इस क्षेत्र में व्यापक सम्भावनाएं व्याप्त हैं। बायोटेक्नीक्स की मांग भारत के साथ साथ विश्व भर में बढ़ रही है।

बायोटेक्नोलॉजी के बहुत सारे उपयोग हैं जैसे दवाओं का निर्माण, उत्पादकता बढ़ाना, ऊर्जा के उत्पादन और संरक्षक को बेहतर बनाना, निदानकारी टीके बनाना। बायोटेक्नोलॉजी के हस्तक्षेप ने पशुओं के कृषिकर्म से पशु प्रजनन को बेहतर बनाया है। इससे बीजों, उर्वरकों, कीटनाशकों की गुणवत्ता के सुधार में भी मदद मिली है। पर्यावरण जैव तकनीक से प्रदूषण नियंत्रण और अपशिष्ट पदार्थों के प्रबन्ध में भी मदद मिलती है।

ज्यादातर वे सूचनायें बायोटेक्नोलॉजी के उत्थान का कारण बनी, उनको पिछले पाँच दशकों में पैदा किया गया है। विज्ञान और तकनीकी मंत्रालय के तहत जैव तकनीकी (डी.बी.टी.) का अलग से डिपार्टमेंट 1986 में स्थापित होने से भारत में आधुनिक बायोलॉजी और बायोटेक्नोलॉजी को नया प्रोत्साहन मिला है। एच.आर.डी. मंत्रालय की रिपोर्ट के अनुसार भारत में 6000 से अधिक उच्च कौशल वाले बायोटेक्नोलॉजिस्ट की आवश्यकता है। इतनी विशाल आवश्यकता की पूर्ति के लिए (डी.बी.टी.) डिपार्टमेंट ऑफ बायोटेक्नोलॉजी ने 'आल-इण्डिया बोर्ड ऑफ बायोटेक्नोलॉजी एजुकेशन एण्ड ट्रेनिंग (ए.आई.सी.टी.ई.) बनाने की आवश्यकता पर जोर दिया जोकि शिक्षा के स्तर को बनाये रखने और नियामक संगठन के रूप में कार्य को करे।

योग्यता-यदि आप बायोटेक्नोलॉजी कोर्स में प्रवेश पाना चाहते हो, तो आपका विज्ञान पृष्ठभूमि से संबंध होना अत्यन्त आवश्यक है। जिसमें भौतिकी और कृषि, भौतिकी और जीवविज्ञान बारहवीं कक्षा तक होने चाहिए, तभी आप बी.टेक कर सकते हो। भारत में कुछ विश्वविद्यालय बी.एस.सी. बायोटेक्नोलॉजी करवाती है जोकि 12वीं या उसके समतुल्य परीक्षा भौतिकी, रसायन और गणित में पास करने के बाद की जा सकती है। विज्ञान/इंजीनियरिंग टेक्नोलॉजी/मेडिसिन में स्नातक एम.एस.सी. (स्नातकोत्तर) बायोटेक्नोलॉजी कार्य में प्रवेश के योग्य हो जाते हैं।

संस्थान-आई.आई.टी. दिल्ली और खड़गपुर संयुक्त प्रवेश परीक्षा के द्वारा एम.टेक कोर्स करवाती है। जवाहर लाल नेहरू विश्वविद्यालय, नई दिल्ली, एम्स (ए.आई.आई.एम.एस.) जादवपुर विश्वविद्यालय, कोलकता और अन्ना विश्वविद्यालय भी एकीकृत एम.टेक. का कोर्स प्रदान करते हैं। स्नातक कोर्सों (बी.ई./बी.टेक.) में चयन योग्यता सूची पर आधारित होता है।

पुस्तक प्रकाशन

प्रत्येक को कभी-कभी पुस्तकों से कोई न कोई मतलब अवश्य पड़ता है। विद्यालय, कॉलेज या यूनिवर्सिटी स्तर के पाठ्यक्रम में इसकी आवश्यकता पड़ती है। कुछ को मजबूरी में किताबें पढ़नी पड़ती हैं जबकि कुछ किताबी कीड़े होते हैं। उस समय आपके पसन्दीदा विषय से सम्बन्धित किताबे आकर्षक होती थीं जबकि आगे के जीवन में उपन्यास और अन्य पत्रिकाएं खान-पान से लेकर अन्य रुचि के क्षेत्रों की पत्रिकायें पसन्दीदा शौक बन जाता है। ज्यादातर लोग सोचते हैं कि किताबे लेखकों द्वारा लिखी जाती है और वे उसे बाजार में बेच देते हैं। हालांकि वास्तव में पुस्तकें लेखकों द्वारा लिखी जाती है, लेकिन वे बहुत सारी प्रक्रियाओं से होकर बाजार तक का रास्ता तय करती हैं। पुस्तक में लेखक का विचार होता है और यह प्रकाशक का कौशल होता है जो उस विचार को बाहर लाता है।

जब लेखक एक कार्य पूरा कर चुका होता है, तो लेखक प्रकाशन हाऊस के पास जाता है, जो पुस्तकों के प्रकाशन का कार्य करता है। दूसरी तरफ लेखक यदि प्रमुख (विशिष्ट) होता है, तो पब्लिशिंग हाऊस उससे किसी मुद्दे पर लिखवाते हैं। प्रकाशक का व्यापार पुस्तकें प्रकाशित करना है। प्रकाशक के कार्यों में चलने योग्य पाण्डुलिपि का चयन, पुस्तक के अन्तिम स्वरूप के लिए मुद्रण, डिजाइन के लिए पाण्डुलिपि तैयार करना, मुद्रण बाइंडिंग और अन्तत: मार्केटिंग

का निरीक्षण करना। प्रकाशन की प्रक्रिया मुख्यत: सम्पादकीय, डिजाइनिंग, प्रोडक्शन, विज्ञापन, पब्लिसिटी और मार्केटिंग में विभाजित होती है। प्रकाशक निजी अथवा सरकारी द्वारा चालित उद्यमी हो सकता है, पाठ्यपुस्तकों, कागज चढ़ी पुस्तक, तकनीकी साहित्य, कला पुस्तकें और बच्चों की पुस्तकों में स्पेशलाइजेशन (विशेषज्ञता)। प्रकाशक को यह भी ध्यान रखना होता है कि प्रकाशित किया गया कार्य बाजार में बिक सके।

सम्पादकीय विभाग- प्रकाशन हाऊस में सम्पादकीय विभाग सबसे महत्वपूर्ण विभागों में से एक होता है। जो पुस्तकों की पाण्डुलिपि स्तर से लेकर उसके बनने और अन्तत: बाजार में उसे ताक पर रखने तक का कार्य करता है। सम्पादक को लेखकों को पहचानने, अलग-अलग विषय पर विशेष सलाहकारों के विचार, प्रिंटर के लिए टाइप प्रति तैयार करने और कॉपीराइट और औपचारिक समझौता के सम्बन्ध में लेखकों से सम्बन्ध स्थापित करने के कार्य करने होते हैं।

ज्यादातर प्रकाशन हाऊस विभिन्न विषयों में विशेषज्ञ रखते हैं, जो विषय सामग्री विशेषज्ञ (एम.एम.एस.) कहलाते हैं, यदि वे किसी व्यक्ति को अर्थशास्त्र की किताब के कार्य के लिए अपने खर्चे पर बुलवाते हैं, तो वे ऐसे व्यक्ति को वरीयता देते हैं जो उस विषय में विशेषज्ञता रखता है।

उत्पादन विभाग (प्रोडक्शन डिपार्टमेंट)-पुस्तक को अंतिम स्वरूप देने की जिम्मेदारी प्रोडक्शन विभाग की होती है। इस विभाग का सम्पादकीय विभाग से करीबी सम्पर्क होता है और यह विभाग तय करता है कि पुस्तक का स्वरूप कैसा हो? टाइपकेस और कागज कैसा हो? वे उपयोग में आने वाला कागज भी रखते हैं। वे पुस्तकों की प्रिंटिंग और बाइडिंग में भी सहयोग करते हैं।

मार्केटिंग एण्ड सेल्स-सेल्स और मार्केटिंग विभाग पुस्तकों की बिक्री के लिए उत्तरदायी होता है। वास्तक में उनका कार्य पुस्तक के आदेश से पहले ही शुरू हो जाता है क्योंकि सामान्यत: पुस्तकों का आदेश केवल तभी दिया जाता है, जब सेल्स और मार्केटिंग प्रकाशक को बाजार की आवश्यकताओं से अवगत करा देता है। वे बिक्री और फीड बैक (प्रतिष्ठित) पर शोध करवाकर बाजार की आवश्यकताओं तक पहुँचते हैं। वे बिक्री के लिए प्रचार भी करते हैं। जिसमें वे लाइब्रेरियों, पुस्तक स्टोर्स और आम जनता को आने वाली पुस्तकों के बारे में सूचित करते हैं।

डिजाइनिंग-एक महत्वपूर्ण विभाग डिजाइन विभाग है जोकि किताब के कलात्मक कार्य और ग्राफिक को देखता है। यह विभाग सामान्यत: फ्रीलान्सर की सेवायें लेता है, जो चित्र निरूपण और पुस्तक के दूसरे दिखाई देने वाले तत्वों का डिजाइन तैयार करते हैं।

इन विभागों के अलावा, प्रकाशकों को फ्रीलान्सर, अनुवादक, चित्र निरूपक और लेखकों के विभिन्न निर्धारित कार्यों में आवश्यकता होती है। क्योंकि पुस्तक का प्रकाशन सामूहिक कार्य (टीम वर्क) है। इसलिए अलग अलग कौशलों के लिए शैक्षणिक योग्यताएँ भिन्न होती हैं। इस तरह के कोर्स के लिए न्यूनतम योग्यता किसी भी विषय से स्नातक है।

विभिन्न संस्थान और विश्वविद्यालय पुस्तक प्रकाशन में विद्यार्थियों को कोर्स करवाते हैं जोकि आवश्यक योग्यता रखते हैं। पुस्तक प्रकाशन में स्नातक कोर्स कई कॉलेजों और विश्वविद्यालयों द्वारा करवाया जाता है। कई विश्वविद्यालय पुस्तक प्रकाशन में स्नातकोत्तर डिप्लोमा भी प्रदान करते हैं।

संस्थान

- यूनिवर्सिटी ऑफ देलही (दिल्ली यूनिवर्सिटी), माल रोड, दिल्ली-110007
- कॉलेज ऑफ वोकेशनल स्टडीज, शेख सराय फेस-2, नई दिल्ली
- इंस्टिट्यूट ऑफ बुक पब्लिशिंग, नेशनल बुक ट्रस्ट, ए-5 ग्रीन पार्क, नई दिल्ली-110016
- यूनिवर्सिटी ऑफ कलकत्ता, 87/1, कॉलेज स्ट्रीट कोलकाता-700073, पश्चिम बंगाल
- शकर्स अकादमी ऑफ आर्ट एण्ड बुक पब्लिशिंग 4, बहादुर शाह जफर मार्ग, नई दिल्ली-110002
- अन्नामलाई यूनिवर्सिटी, अन्नामलाई नगर-608002, तमिलनाडु
- महात्मा गांधी यूनिवर्सिटी, प्रियदर्शनी हिल्स, पोस्ट ऑफिस, कोटट्यम-686560, तमिलनाडु

ब्यूटी एण्ड हेयर केयर

काम के स्थान पर न सिर्फ महिलाओं अपितु पुरुषों के लिए भी अच्छा, आकर्षक दिखना और सजना संवरना काफी महत्वपूर्ण हो गया है। आधुनिक जीवन की जटिलता से व्यक्तिगत साज सज्जा के लिए बहुत कम समय बचता है, जिसके कारण ज्यादा व्यक्ति अच्छा बनाने वाले दिखने वाले इलाज के व्यवसाय में तेजी से प्रवेश कर रहे हैं। इसके परिणामस्वरूप सौन्दर्य उत्पादों और सौन्दर्य उपचारों में बढ़ोतरी हुई है। जिससे सौन्दर्य देखभाल या कॉस्मेटोलॉजी एक बड़े उद्योग में बदल चुका है।

आज रूप सज्जा करना संस्कृति का मुद्दा नहीं रह गया है। श्रृंगार उद्योग के विकास के साथ और पैदा किए गए आर्थिक अदायगी से ज्यादा से ज्यादा महिलायें यहाँ तक कि पुरुष भी ब्यूटी केयर (सौन्दर्य की देखरेख) करवाने वालों को उपलब्ध हो रहे हैं।

सौन्दर्य की देखरेख के दायरे में आकर्षक दिखने की सभी शर्तें आ जाती हैं। इस प्रकार इसमें ब्यूटी थेरेपी से हेल्थ क्लब तक सभी चीजें शामिल होती हैं। प्रायः दो या दो से अधिक सेवायें एक छत के नीचे प्रदान की जाती हैं। सेवाओं और सुविधाओं की गुणवत्ता की सीमा शानदार (राजसी) सैलून पाँच सितारा होटल से व्यवसायिक कार्यकारी स्थापित और के व्यक्तिगत चलाये जाने वाले पार्लर तक है। कुछ ब्यूटीशंस ग्राहक के घर पर भी काम करते हैं जबकि दूसरे महिला और पुरुष दोनों की जिम्मेदारी लेते हैं।

जिन्होंने ब्यूटी और हेयर केयर में कोर्स पूरा किया है, वे ब्यूटी पार्लर या सैलून में कार्य कर सकते हैं। सौन्दर्य उत्पादों के व्यवसाय में तेज विकास और अन्तर्राष्ट्रीय ब्रांड के प्रवेश, प्रशिक्षित और दिलचस्पी रखने वाली घरेलू महिलाओं से बाजार और उनके सौन्दर्य उपकरणों के बारे में जानकारी ली जाती है। सौन्दर्य और त्वचा की देखभाल करने वाले उत्पादों की बिक्री और मार्केटिंग के काफी अवसर हैं। हेल्थ क्लब और फिटनेस सेन्टर में काम करना भी एक उभरता हुआ करियर विकल्प है इनकी संख्या हर वर्ष दुगुनी होती जा रही है। टेलीविजन के विकास के साथ मेक-अप-आर्टिस्ट की मांग भी बढ़ी है।

स्वरोजगार भी एक आकर्षक विकल्प है, लेकिन कुछ वर्षों के अनुभव, पार्लर के लिए स्थान का अध्ययन, व्याप्त प्रतियोगिता आरम्भ करने के लिए धन का जोखिम उठाने की क्षमता इन सभी चीजों के बारे में सोचना चाहिए। ब्यूटी और हेयर केयर के क्षेत्र में कार्य कई क्षेत्रों में सफल हो सकता है:-

ब्यूटी थेरेपी के अन्तर्गत चेहरे, त्वचा, नाखूनों और शरीर की देखभाल, चेहरे की रूप-सज्जा से आगे बढ़कर मालिश और नियमित भोजन इत्यादि आता है। इसके ग्राहकों का मेक-अप और देखभाल के विज्ञापन, उनकी त्वचा सम्बन्धी शिकायतों पर कार्यवाही करना जिसमें चिकित्सीय इलाज की आवश्यकता नहीं होती इत्यादि शामिल हैं।

बालों की साज-सज्जा में बालों की स्कैल्प (सिर की त्वचा)और बाल दोनों के उपचार के साथ-साथ कटिंग और स्टाइलिंग शामिल है। बाल संवारने वाले बालों को आकर्षक और स्वस्थ बनाने के लिए कई तरह की तकनीकों का उपयोग करते हैं। उनको बालों की देखभाल, विग, बालों में लगाये जाने वाले पदार्थों का अनुप्रयोग और अन्य सहायक तत्वों को जानना आवश्यक है। वे ग्राहकों को हेयर स्टाइल के सही विकल्प, देखभाल और बालों की देखरेख की सलाह भी देते हैं।

टी.वी. के बढ़ते महत्व के साथ इस क्षेत्र में मेकअप और हेयर-ड्रेसिंग की विशेषज्ञता प्राप्त करने वाले कलाकारों (आर्टिस्ट) का फिल्म और टी.वी. उद्योग, मॉडलिंग और विज्ञापन में महत्व बढ़ा है।

अभ्यर्थी के लिए ब्यूटी/हेयर केयर में कम से कम डिप्लोमा होना आवश्यक है।

योग्यता-इस क्षेत्र में प्रवेश के लिए कोई विशिष्ट योग्यता की आवश्यकता नहीं है। लेकिन एक खास कौशल होने के नाते इसके न केवल व्यवसाय के

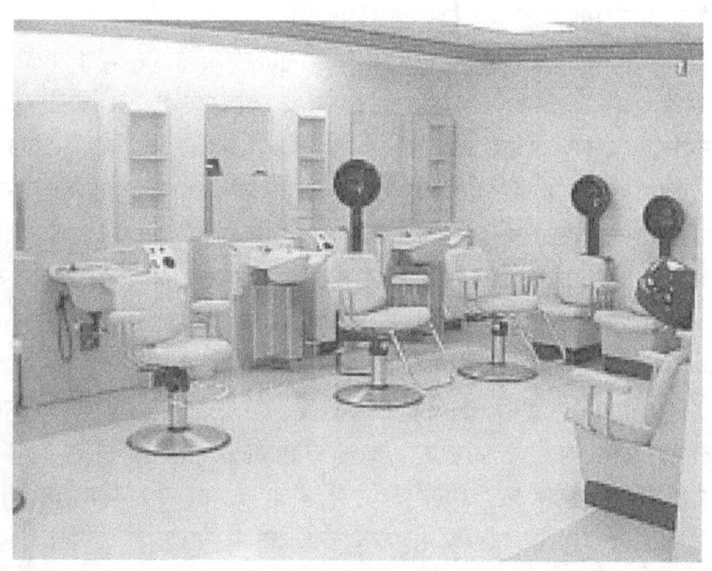

 _______________________________ *अपना करियर स्वयं चुनें*

विशेषों की आवश्यकता है, बल्कि बहुत अधिक व्यवहारिक प्रशिक्षण और योग्यता हासिल करने की आवश्यकता है। ब्यूटी और हेयर केयर कोर्सों का प्रशिक्षण देने वाले कई स्कूल मौजूद हैं। ज्यादातर इसमें कोई विशेष शैक्षणिक योग्यता की आवश्यकता नहीं है। हालांकि 10+2 या कम से कम 10वीं स्तर की योग्यता को वरीयता दी जाती है।

अवधि-कोर्स की अवधि संस्थान के अनुसार और विशेषज्ञता के आधार पर अलग-अलग है।

संस्थान-ब्यूटी और हेयर केयर में प्रशिक्षण प्रदान करने वाले कुछ प्रमुख संस्थान की सूची निम्न है-

- शहनाज हुसैन वुमैन ब्लड इन्टरनेशनल, बी-40, ग्रेटर कैलाश-1, नई दिल्ली (इसकी शाखायें और फ्रैंनचाइजिज पूरे देश भर में हैं।)
- हबीब्स हेयर ऐकेडमी, एम-3, साउथ एक्सटेंशन, पार्ट-2, नई दिल्ली (इसकी शाखायें और फ्रैंनचाइजिज देशभर में है।)
- ब्लॉसम कोचर्स पिवट प्वाइंट, नई दिल्ली
- स्माइल, ए-160, आजाद नगर, एम.आई.जी. कालोनी, वीरा देसाई रोड, अन्धेरी (पश्चिम) मुम्बई
- वी.एल.सी.सी. इंस्टिट्यूट ऑफ हैल्थ एण्ड मैनेजमेंट, नई दिल्ली
- आर.वी.वी.आई. फॉर वुमैन इन जयपुर, इलाहाबाद, बड़ोदरा और नोएडा।

ब्राण्ड मैनेजमेंट

ब्राण्ड मैनेजमेंट कोर्स ब्राण्ड मैनेजर के महत्व को पहचानने के फायदे को दिखाता है, जो ब्राण्ड को पहचानकर ब्राण्डों को बाजार में स्थापित करने के लिए मार्केटिंग योजनाएं बनाता और ग्राहकों को तैयार करता है। इसमें बाजार में मौजूद प्रतियोगी ब्राण्डों के विस्तृत विश्लेषण, ग्राहकों की आवश्यकता की पहचान, ब्राण्ड के बेजोड़ बिक्री के लिए आवश्यक प्रोत्साहन, उपकरणों की योजनाओं को प्रकाश में लाना शामिल है।

ब्राण्ड मैनेजर किसी खास ब्राण्ड या उत्पाद के लिए योजनाएं बनाता है, ब्राण्ड को विकसित करता है और उसकी मार्केटिंग के लिए प्रयास करता है। ब्राण्ड मैनेजर के लिए उत्पादन, बिक्री, विज्ञापन, प्रोत्साहन (प्रामोशन), शोध और विकास, मार्केटिंग रिसर्च, खरीदारी, वितरण, पैकेज डेवेलपमेंट और फाइनेन्स जैसी विशेषज्ञतापूर्ण क्रियाओं के तालमेल की जिम्मेदारी असामान्य नहीं है।

अभ्यर्थी ने अपनी स्नातक किसी भी विषय से पूरी कर ली हो और केट (कामन एडमिशन टेस्ट) या मेट (मैनेजमेंट एडमिशन टेस्ट) जैसी भारत में एम.

बी.ए. करने वाली प्रवेश परीक्षाओं में उपस्थित हो, मार्केटिंग में एम.बी.ए. ब्राण्ड मैनेजर बनने के लिए पहली अपेक्षा होती है।

ब्राण्ड मैनेजमेंट कोर्स के दायरे में निम्न क्षेत्र आते हैं:-

- ब्राण्ड मैनेजमेंट के सिद्धान्त
- बाजार अनुसन्धान
- बाजार प्रवृति का विश्लेषण
- उपभोक्ताओं की मांग (ग्राहकों)
- ब्राण्ड लांच और यू.एस.पी.
- ब्राण्ड अनुसन्धान
- विज्ञापन और मार्केटिंग
- ब्राण्ड प्रोमोशन (प्रोत्साहन)
- वितरण, ब्राण्ड की पैकेजिंग और मार्केटिंग

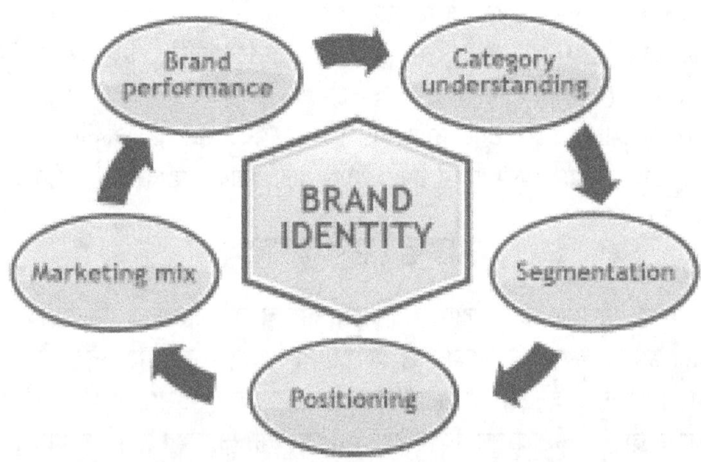

सर्वोच्च ब्राण्ड मैनेजर परिणामों पर ध्यान केन्द्रित करता है। रचनात्मकता के उच्च स्तर, बहु विश्लेषणात्मक, अच्छे कम्यूनिकेटर, उद्यम की प्रवृतियाँ इत्यादि योग्यताएं रखता है।

ब्राण्ड मैनेजर बनने के लिए व्यक्ति की मार्केटिंग के मूल तत्व में मजबूत आधारशिला होनी अत्यन्त आवश्यक है। ये मूल पक्ष विज्ञापन, शोध, उपभोक्ता व्यवहार और योजनाएँ इत्यादि हैं। इसके अलावा व्यक्ति फाइनेंस और अकाउन्टिंग के द्वारा इस कोर्स का आरम्भ कर सकता है और विश्लेषणात्मकता होना अत्यन्त आवश्यक है।

संस्थान

- इण्डियन इंस्टिट्यूट ऑफ मैनेजमेंट, कोलकाता, अहमदाबाद, बंगलौर, लखनऊ और इंदौर, खोजिखोड़े, शिलॉग।
- इण्डियन इंस्टिट्यूट ऑफ साइन्स एण्ड मैनेजमेंट, पुनदाग रांची-834004
- सिम्बोसिस इंस्टिट्यूट ऑफ मैनेजमेंट स्टडीज, 15बी लेन प्रभात रोड, अन्धेरी (पश्चिम) मुम्बई-58
- जैवियर इंस्टिट्यूट ऑफ मैनेजमेंट एण्ड इंटरप्रेनर, सेव सदन कैम्पस, ब्लाक नं. 3, कोरामनगला, बंगलौर-560034
- इंस्टिट्यूट ऑफ मैनेजमेंट भुवनेश्वर, ज्ञान विहार, रसूलगढ़ भुवनेश्वर-751010
- एम.पी. बिरला इंस्टिट्यूट ऑफ मैनेजमेंट, 43, रेस कोर्स रोड, बंगलौर-560001
- इण्डियन इंस्टिट्यूट ऑफ प्लानिंग एण्ड मैनेजमेंट, आई.आई.पी.एम. टावर, सी-10, कुतुब इन्स्टीट्यूसनल एरिया, नई दिल्ली-110016
- इण्डियन इंस्टिट्यूट ऑफ सोशल वेलफेयर एण्ड बिजनेस मैनेजमेंट, मैनेजमेंट हाऊस, कॉलेज, कॉलेज स्केवर (पश्चिम) कोलकाता-700073
- भारतीय विद्या भवन, ब्लाक एफ ए, सैक्टर III, साल्ट लेक, कोलकाता-700097, और 77, आशुतोष मुखर्जी रोड, कोलकता-700025

बिजनेस मैनेजमेंट (एम.बी.ए.)

बिजनेस मैनेजमेंट आज अपने उच्च गुणों के कारण प्रसिद्ध करियरों में से एक हैं। इसने रोजगार बाजार में सीमाविहीन अवसरों को खोल दिया है। साथ ही यह व्यवसायिक और व्यक्तिगत विकास के लिए विभिन्न क्षेत्रों में अच्छे पारिश्रमिक, प्रतिष्ठा और सम्भावनाओं के रूप में पुरस्कार का भरोसा भी दिलाता है। खासकर इस सफलता दिलाने वाले व्यवसाय में, जहाँ सालों के अनुभवों से ज्यादा महत्वपूर्ण परिणाम गिना जाता है, वहाँ योग्य और

परिश्रमी नवयुवक उच्च पदों पर काफी देर से पहुँच सकते हैं।

प्रोफेशनल (व्यवसायिक) मैनेजर व्यक्तिगत कौशल और विशेषज्ञता के आधार पर सामान्यत: पाँच क्षेत्रों में से किसी एक में कार्य करते हैं:-

- पर्सनल डेवेलपमेंट या ह्यूमन रिसोर्स डेवेलपमेंट
- फाइनेंस
- प्रोडक्शन एण्ड आपरेशन
- सेल्स और मार्केटिंग
- मैनेजमेंट ऑपरेशंस सिस्टम (एम.आई.एस.)

योग्यता-बिजनेस स्टडीज में स्नातक के लिए किसी भी स्ट्रीम से 12वीं कक्षा में अच्छा अंक प्रतिशत होना आवश्यक है। हालांकि कॉमर्स, अर्थशास्त्र और गणित जैसे विषय अभ्यर्थी को बिजनेस स्टडीज के लिए अच्छी तरह तैयार करते हैं। चुनाव का आधार 12वीं परीक्षा में प्राप्त अंक या प्रवेश परीक्षा किसी भी तरह से हो सकता है। स्नातकोत्तर के अध्ययन के लिए किसी भी विषय में स्नातक (बी.ए., बी.एस.सी. या बी. टेक.) की डिग्री और प्रवेश चयन प्रक्रिया उत्तीर्ण करना आवश्यक है। स्नातकोत्तर प्रोग्राम को अन्तर्राष्ट्रीय प्रबन्धन कोर्सों के समतुल्य रखने के लिए कम से कम दो वर्ष का वांछिक कार्य अनुभव आवश्यक है।

मैनेजमेंट कोर्स की अवधि

स्नातक अध्ययन (बी.बी.ए.) 3 वर्ष

स्नातकोत्तर अध्ययन (एम.बी.ए.) 2 वर्ष

अंशकालीन कोर्स (एम.बी.ए.) 1-3 वर्ष

भारत में बिजनेस मैनेजमेंट (एम.बी.ए.) कॉलेज – लगभग प्रत्येक शहर में बिजनेस मैनेजमेंट के लिए यू.टी. कॉलेज हैं–

संस्थान-आई.आई.एम.एम.एस. भारतीय सरकार द्वारा स्थापित स्वायत संस्थान है। इनकी गणना देश के प्रमुख बिजनेस स्कूलों के रूप में होती है, जो अपने भूतपूर्व छात्रों की योग्यता के लिए विदेशों में भी प्रसिद्ध हैं। बहुत से अन्य राज्य विश्वविद्यालय और निजी संस्थान भी एम.बी.ए की डिग्री हासिल करने की सुविधायें उपलब्ध कराते हैं।

सामान्यत: नये प्रबन्धक छात्रों का चयन कैम्पस से ही होता है। कॉर्पोरेट संगठन (सामूहिक संगठन), बहुराष्ट्रीय कम्पनियों, विदेशी बैंक, विदेशी आर्थिक संस्थान और अन्य मुख्य प्रबन्धन स्कूलों के छात्रों के पीछे लुभावनी/लाभकारी नौकरियों के प्रस्ताव लेकर लगे रहते हैं। ज्यादातर बड़े बिजनेस स्कूलों ने करियर प्लेसमेंट योजनाओं का आरम्भ स्नातक अभ्यर्थियों के लिए किया है। एम.बी.ए. डिग्रीधारी निम्न में से किसी में सभी कार्यकारी प्रबन्धक या सहायक प्रबन्ध के रूप में जुड़ सकते हैं।

- बैंक
- आर्थिक संगठन

 ———————————————————— *अपना करियर स्वयं चुनें*

* सरकारी क्षेत्र उद्यम
* औद्योगिक घराने
* व्यवसायिक घराने
* निर्यात कम्पनियाँ
* बहुराष्ट्रीय कम्पनियाँ
* मार्केटिंग संगठन

एम.बी.ए. का पैकेज आज सर्वाधिक है क्योंकि अभी भी कुशल-प्रशिक्षित प्रबन्धकों की प्रबल कमी है। आरम्भिक तनख्वाह और अनुलाभ चयनित संगठन के आकार और प्रतिष्ठा, अभ्यर्थी की योग्यता और प्रशिक्षण संस्थान के अनुसार भिन्न-भिन्न होते हैं। एम.बी.ए. डिग्री के साथ अतिरिक्त व्यवसायिक योग्यता जैसे चार्टेड एकाउन्टेंट (सी.ए.), इण्डियन कोस्ट एण्ड वर्क एकाउन्टेन्सी (आई.सी. डब्ल्यू.ए.), कम्पनी सेकरेटरी (सी.एस.) या चार्टेड फाइनेंस एनालिस्ट (सी.एफ. ए.) इत्यादि से अभ्यर्थी की कमायी की क्षमता बढ़ जाती है।

चार्टेड एकाउंटेंट

भारतीय अर्थव्यवस्था में तेज विकास के साथ चार्टेड एकाउन्टेन्ट की मांग बढ़ी है। चार्टेड एकाउन्टेंट परिश्रमी और बुद्धिमान होते हैं। यदि आप स्वयं को परिश्रमी के साथ बुद्धिमान समझते हो, तो शायद आप इस पेशे के लिए सही व्यक्ति हो। भारत में इंस्टिट्यूट ऑफ चार्टेड एकाउन्टेंट ऑफ इण्डिया (आई.सी.ए.आई.) है, जो कि चार्टेड एकाउन्टेंट के पेशे की नौकरियों को नियन्त्रित करता है। यह 1949 चार्टेड एकाउन्टेंसी एक्ट के तहत स्थापित किया गया।

कोर्स का विवरण-भारत में चार्टेड एकाउन्टेंसी कोर्स के तीन स्तर हैं। कॉमन प्रोफिसियन्सी टेस्ट एक प्रवेश स्तर का प्रोग्राम है। एक विद्यार्थी बारहवीं की परीक्षा के बाद सी.पी.टी. की परीक्षा दे सकता है। दूसरे स्तर में प्रोफेशनल कॉम्पिटेंस कोर्स (पी.सी.सी.), आर्टिकल्ड ट्रेनिंग और 100 घंटो की सूचना तकनीक प्रशिक्षण (आई.टी.टी.)। तीसरे स्तर में अन्तिम कोर्स होता है, जिसके

लिए विद्यार्थी पी.सी.सी. की परीक्षा पास करके ही रजिस्ट्रेशन कर सकता है। विद्यार्थियों को अन्तिम कोर्स के दौरान या उसके बाद जनरल मैनेजमेंट एण्ड कम्यूनिकेशन स्किल्स कोर्स (जी.एम.एस.सी.) से भी गुजरना पड़ सकता है। अन्तिम (आखिरी) परीक्षा उत्तीर्ण करने के बाद विद्यार्थी इंस्टिट्यूट ऑफ चार्टेड एकाउन्टेंट बनने के लिए नामांकन करवाने के योग्य हो जाते हैं।

करियर में सम्भावनायें- प्रोफेशनल चार्टेड एकाउन्टेंट को कम्पनियों में ऑडिटर के रूप में नियुक्त होने का विकल्प होता है। वे प्रबन्धन और कार्पोरेट के रूप में भी सेवा दे सकते हैं। वे अपना निजी ऑडिट का अभ्यास या परामर्शदाता का कार्य करने का भी विकल्प रखते हैं। परामर्शदाता का कार्य इन दिनों अधिक से अधिक मुनाफे का पेशा बनता जा रहा है। इनमें वित्तीय गणना शामिल है, जिसमें खातें चालू करना, निरीक्षण करना, नियंत्रित करना और आय और व्यय को सुव्यस्थित करना और करों को परिमार्जन करना शामिल है। चार्टेड एकाउन्टेंट व्यवसाय के तौर पर अपना निजी ऑडिट का कार्य अपना सकता है। इसमें पुस्तकों को सत्यापित करना और एकाउन्ट्स और कम्पनी की आर्थिक स्थिति के बारे में सर्टिफिकेट जारी करना शामिल है। परामर्शदाता के अन्य कार्य क्षेत्र कीमत का लेखा-जोखा कॉस्ट एकाउटिंग करना है, जिसमें किसी निश्चित कार्य के लिए लगने वाली कीमत पता लगाना, कीमत को कम से कम करना और भविष्य का पूर्वानुमान करना शामिल है। कर प्रबन्धन भी एक तरह से परामर्श का कार्य है, जो कि चार्टेड एकाउन्टेंट अपनाते हैं। प्रत्यक्ष व अप्रत्यक्ष करों का भार कानूनी तरीके से न्यूनतम करना इसके अन्तर्गत आता है। इसके अलावा चार्टेड एकाउन्टेंट प्राय: वित्तीय और एकाउन्ट क्षेत्र से सम्बन्धित सेवाओं को परामर्श देने का कार्य भी करते हैं। वे कॉर्पोरेट कानूनों, प्रोजेक्ट प्लानिंग एण्ड फाइनेंस व्यापार और संलयन के क्षेत्र में सलाह देने में सक्षम हैं।

संस्थान- भारत के चार्टेड एकाउन्टेंट संस्थानों में ''एपेक्स रेगुलेटर ऑफ प्रोफेशन ऑफ सी.ए. इन इण्डिया'' है। इसका मुख्यालय दिल्ली में है, और इसके चार क्षेत्रीय कार्यालय मुम्बई, चेन्नई, कोलकता और कानपुर में है। इसकी देशभर में 87 शाखायें और 7 देश के बाहर हैं। जोकि नामांकन, परीक्षा कराने, प्रशिक्षण और सी.ए. की प्रेक्टिस सर्टिफिकेट प्रदान करती हैं। इसके अलावा भारत में सी. ए. का कोर्स करवाने वाले अन्य संस्थान भी है। बदरूका इंस्टिट्यूट ऑफ प्रोफेशनल स्टडीज, कोचिगुड़ा (आन्ध्र प्रदेश), जे.जी. कॉलेज ऑफ कॉमर्स, अहमदाबाद; इलाहाबाद डिग्री कॉलेज, उत्तर प्रदेश; अग्रवाल पी.जी. कॉलेज, हरियाणा; ए.वी.एस. कॉलेज ऑफ आर्ट एण्ड कॉमर्स, सलेम और कई अन्य हैं।

चार्टेड एकाउन्टेंट ऐसा पेशा है, जिसमें व्यवसायिक लाभ काफी ऊँचे हैं। चाहे वह सरकारी क्षेत्र हो या निजी या फिर परामर्शदाता फर्म। सरकारी और निजी क्षेत्रों की कम्पनियों में सी.ए. का वेतन उनकी योग्यता और अनुभव के आधार पर भिन्न-भिन्न होता है। परामर्शदाता और निजी अभ्यास (कार्य) में लगे चार्टेड एकाउन्टेंट भी ग्राहकों की संख्या और प्रकार के आधार पर अच्छा व्यवसायिक लाभ कमा रहे हैं।

केमिकल इंजीनियरिंग

हमारे आस-पास प्रत्येक वस्तु केमिकल्स से बनी हुई है। जब केमिकल्स (पदार्थ) आपस में प्रतिक्रिया करते हैं, तो नई चीजों का निर्माण करते हैं। इस प्रकार इंजीनियरिंग की यह शाखा रसायन शास्त्र के सिद्धान्तों के साथ गणित, भौतिकी और मेकेनिकल इंजीनियरिंग को भी प्रयोग में लाती है। इस प्रकार केमिकल इंजीनियरिंग नई चीजों के निर्माण का यंत्र है जो कि मानवता की उपयोग की चीजें खोजने में हमारी मदद करती है। इन दिनों केमिकल्स क्रियाओं का प्रयोग विभिन्न उद्योगों में बढ़ रहा है इसलिए रसायनिक अब केमिकल्स इंजीनियरों की भारी आवश्यकता है। केमिकल इंजीनियर कच्चे पदार्थों और केमिकल (रसायनों) को उपयोगी उत्पादों में बदलते हैं। और नए पदार्थ और तकनीकों की खोज और उनके उपयोग में मदद करते हैं। वे बड़ी निर्माण इकाइयों की रासायनिक क्रियाओं को तय और डिजाइन करते हैं। प्राकृतिक पदार्थों व कम संसाधन के बदले कृत्रिम पदार्थ के निर्माण में इनकी आवश्यकता होती है।

केमिकल इंजीनियर बनने के लिए व्यक्ति को बी.ई./बी.टेक. की डिग्री केमिकल इंजीनियरिंग में या केकिमल इंजीनियरिंग में एम.ई. की डिग्री की आवश्यकता होती है। इसमें डिग्री और डिप्लोमा कोर्स दोनों होते हैं। व्यक्ति दसवीं के बाद 3 वर्ष का डिप्लोमा कोर्स कर सकते हैं। (एस.एस.सी.)। व्यक्ति आई. आई.टी. द्वारा कराये जाने वाला 5 वर्षीय एकीकृत कोर्स कर सकता है, जो एम. टेक. बायोकैमिस्ट्री इंजीनियरिंग की ओर ले जाता है।

केमिकल इंजीनियरिंग की शैक्षणिक योजना औद्योगिक रसायन, पॉलिमर टेक्नोलॉजी, पॉलिमर प्रोसेसिंग, पॉलिमर टेस्टिंग, पॉलिमर सिन्थेसिस इत्यादि जैसे विषय पर विशेष जोर देती है। एम.ई. स्तर के कोर्स में कम्प्यूटर ऐडीज प्लान्ट डिजाइन, तेल शोधन, उर्वरक, तकनीक, फूड प्रोसेसिंग, कृषि उत्पाद, कृत्रिम भोजन, पेट्रोकेमिकल्स, कृत्रिम रेशा खान और कोयला आधारित उद्योग जैसे क्षेत्रों में विशेष प्रशिक्षण दिया जाता है।

करियर सम्भावनाएं/प्रत्याक्षाएं-ये इंजीनियर रासायनिक और शुद्धिकरण क्रियाओं से अच्छे प्लास्टिक, पेन्ट, ईंधन, रेशे, दवाइयाँ, उर्वरक, कागज, सेमिकण्डक्टर और अन्य प्रकार के रसायनों का निर्माण करते हैं। ये शोधित तकनीकों का आविष्कार करके पर्यावरण संरक्षण में भी महत्वपूर्ण भूमिका अदा करते हैं। इनमें से कुछ इंजीनियर व्यर्थ पदार्थों के पुनर्चक्रण के कार्य से जुड़े हुए हैं। कुछ केमिकल इंजीनियर (रिसाइकलिंग) कारखानों में काम करते हैं तो कुछ प्रयोगशालाओं में नौकरियाँ पाते हैं। कुछ विश्वविद्यालयों सलाहकार फर्मों, खनिज आधारित उद्योगों, पेट्रोकेमिकल प्लांटों, कृत्रिम रेशा उद्योग, फूड प्रोसेसिंग इकाइयों विस्फोटक निर्माण उद्योग, उर्वरक उद्योग, प्लास्टिक उद्योग, तेल शोधन प्लांटो, फार्मस्यूटिकल्स (औषधीय निर्माण), कानून दफ्तरों, सरकारी एजेन्सियों और कई अन्य प्रकार की नौकरियों में रोजगार पाते हैं। इस प्रकार हम देखते हैं इन इंजीनियरों के पास विभिन्न प्रकार के विकल्प पेशे के रूप में होते हैं। जिनके पास अतिरिक्त प्रबन्धन डिग्री होती है, वे निजी उद्योगों द्वारा खोजे जाते हैं। प्रोसेस (प्रक्रम उद्योग) इन्डस्ट्रीज में वे निरीक्षक या प्रबन्धक, तकनीकी विशेषज्ञ, प्रोजेक्ट मैनेजर या प्राजेक्ट इंजीनियर के पद पर कार्य कर सकते हैं। रसायन निर्माण उद्योग के अलावा वे विभिन्न प्रकार के अन्य निर्माण उद्योगों जैसे विद्युत निर्माण, फोटोग्राफी उपकरण निर्माण, कपड़ा निर्माण, कागज और लुगदा निर्माण और यहाँ तक की विमान निर्माण में भी रोजगार प्राप्त करते हैं।

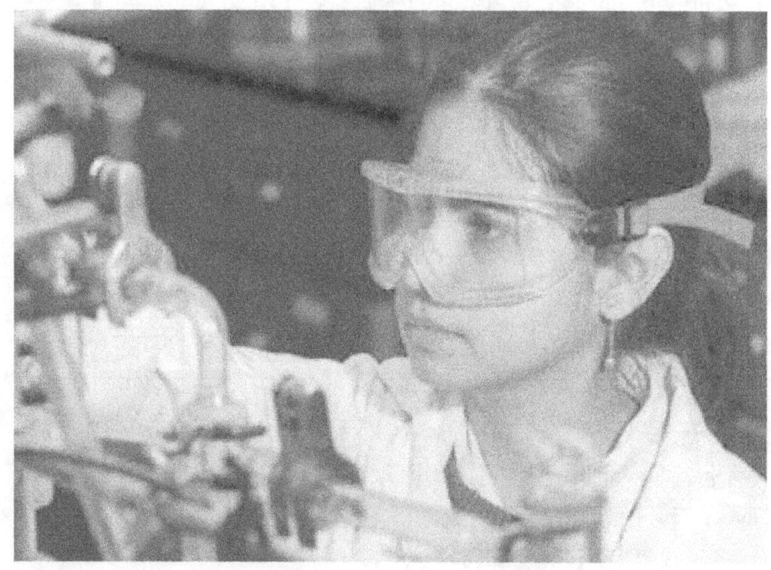

 ————————————————— अपना करियर स्वयं चुनें

सरकार में गेजेटिड पद प्राप्त करने के लिए व्यक्ति को यू.पी.एस.सी. और एस.पी.एस.सी. द्वारा वार्षिक आयोजित करायी जाने वाली इंजीनियरिंग सेवा परीक्षाओं को पास करना आवश्यक है।

सरकारी क्षेत्र में ये सुरक्षा और आणविक शक्ति प्लांट स्थापित करने, जल और अपशिष्ट निपटारा विभाग, पर्यावरण नियंत्रण और पुनर्चक्रण विभाग, स्वास्थ्य सम्बन्धित शोध प्रोजेक्ट, ऊर्जा संरक्षण प्रोजेक्ट इत्यादि ये रोजगार प्राप्त करते हैं। ये सेवा उद्योगों में भी नियोजित किए जाते हैं जैसे वैज्ञानिक शोध और विकास सेवायें, खासतौर पर जैव तकनीकी और नेनो तकनीकी ऊर्जा और विकास क्षेत्रों में नियोजित किए जाते हैं।

योग्यता– इंजीनियरिंग में डिप्लोमा करने के लिए व्यक्ति को अपनी 10वीं की परीक्षा कम से कम 50% अंकों से उत्तीर्ण करनी आवश्यक है। विभिन्न पॉलीटेकनीक विभिन्न इंजीनियरिंग विषय में डिप्लोमा कोर्स करवाते हैं।

बी.ई. या बी.टेक. की स्नातक डिग्री करने के लिए व्यक्ति को अपनी 12वीं की परीक्षा कम से कम 50% अंकों (आई.आई.टी. में 60% अंकों) के साथ उत्तीर्ण करनी अनिवार्य है, जिसमें विज्ञान स्ट्रीम के साथ भौतिकी, रसायन और गणित विषयों का होना अनिवार्य है। कई राज्य और आई.आई.टी. इंजीनियरिंग में प्रवेश के लिए प्रवेश परीक्षा करवाते हैं, जबकि अन्य राज्यों में 12वीं कक्षा के अंकों खासतौर पर भौतिकी रसायन और गणित विषयों के अंकों के आधार पर प्रवेश प्रदान करते हैं। इंजीनियरिंग में डिप्लोमा करने वाले विद्यार्थी को उसी विषय में डिग्री कोर्स में सीधे द्वितीय वर्ष में प्रवेश मिल जाता है।

स्नातकोत्तर स्तर के कोर्स के लिए व्यक्ति भी अपनी स्नातक डिग्री सफलतापूर्वक पूरी करना आवश्यक है। स्नातक विद्यार्थी आगे अध्ययन के लिए एम.ई. या एम.टेक. जैसे स्नातकोत्तर कोर्सों के लिए जा सकते हैं।

अनुसंधान और शिक्षण में रुचि रखने वाले व्यक्ति के लिए आगे पीएच.डी. स्तर तक के विकल्प खुले हुए हैं। इंस्टिट्यूट ऑफ इंजीनियरिंग (ए.एम.आई.ई.) एसोसिएट मेम्बरशिप परीक्षा करवाता है, जोकि निजी और सरकारी क्षेत्र में कार्यरत लोगों, डिप्लोमा धारियों को इंजीनियरिंग की स्नातक डिग्री अनियमित शिक्षा के रूप में प्राप्त करने का अवसर प्रदान करती है। विशेष क्षेत्रों में फ्लूड मेकेनिक ठोस कणीय तकनीक, पॉलिमर्स, गैर संरचनात्मक पदार्थ, प्रोटीन इंजीनियरिंग, बायोकटलिसिस और जैव चिकित्सीय उपकरणों में अनुसंधान और अध्ययन शामिल हैं। विशेषज्ञता की एक अन्य शाखा मूर्तिकला (सिरैमिक) और पदार्थ इंजीनियरिंग है। विशेषज्ञता के अन्य क्षेत्र प्रदूषण नियंत्रण, जैवतकनीकी, फार्मास्युटिकल्स, धातु, उर्वरक, कीटनाशक, प्लास्टिक, विनिर्माण, ऑटोमेटिव,

फॉरेंसिक (न्यायालयिक), थर्मोडायनमिक (उष्म गणिकी खाद्य विज्ञान, कास्मेटिक, कैमिकल्स सेफ्टी, शिक्षा और प्रशिक्षण, मिसाइल और अन्तरिक्ष, धातु और खनिज, प्लास्टिक और रेजिन, वेस्ट मैनेजमेंट है।

कॉरियोग्राफी (नृत्यरचना)

नृत्य भारतीय संस्कृति का सहज (अन्तर्निहित) अंग है। कई प्रसिद्ध क्लासिकल और फोक, नृत्य है। इन नृत्यों का प्रारूप शास्त्रीय और काफी हद तक लोक, उस क्षेत्र की प्रकृति (संरचना) और रंगरूप को लिए होता है। कुछ कलाकार जो नृत्यों पर सावधानी से (ध्यानपूर्वक) अधिकार कर लेते हैं, वे कला को अपना करियर बनाकर सन्तोषजनक धन कमाते है। लेकिन इनकी संख्या काफी कम है। इस प्रकार के मामले में उनके पेशे में सफलता उनके क्षेत्र में निपुणता पर निर्भर करती है।

करियर सम्भावनाये- नृत्य में प्रशिक्षण 6 वर्ष या इससे कम की आयु से प्रारम्भ कर देना चाहिए, व्यवसायिक प्रशिक्षण से काफी समय पहले आरम्भ कर देना चाहिए। जन्मजात प्रतिभा के अलावा, सर्वकालीन व्यवासायिक प्रशिक्षण के लिए दसवीं या बारहवीं कक्षा उत्तीर्ण करना मूलभूत आवश्यकता है। कुछ संस्थान प्रवेश के समय उन विद्यार्थियों को वरीयता देते हैं, जो प्रतिभाशाली होते है। इस क्षेत्र में आप एक परफॉर्मर, टीचर या कोरियोग्राफर का करियर अपना सकते हो। परफॉर्मर देखने में आकर्षक, मजबूत कमर, लचीलापन, सहजबोध, भावनात्मक गहरायी, मजबूत संरचना, सम्पूर्ण समर्पण रचनात्मकता, ताल और लय, बहुमुखी प्रतिभा, संगीत और नाटक के लिए प्रशंसा, बिना नाराजगी के आलोचना स्वीकार करना, नृत्य के लिए उपयोगी हाव-भाव की क्षमता इत्यादि गुण होने चाहिए।

वो जो शिक्षण और कॉरियोग्राफी में करियर बनाना आरम्भ करना चाहते हैं, उनमें अन्तहीन धैर्य, सुर-ताल का अच्छा ज्ञान, हर आयु के लोगों को पसन्द करना, नशत्य के हर स्टेप को हर गतिविधि को बोलकर समझाने और करके दिखाने की क्षमता, संगीत का ज्ञान, सुन्दरता, व्यवहार-कौशल, मित्रतापूर्ण व्यवहार, ऊर्जा और उत्साह होना चाहिए।

कॉरियोग्राफी में नृत्य संयोजन, नृतकों के समूह और नृत्य का क्रम तय करना और नर्तकियों का समूह बनाना इत्यादि शामिल है। नर्तक जिनमें शानदार (खास) काल्पनिक शक्ति, नशत्य के सम्बन्ध में संगीत की व्याख्या करने की क्षमता होती है, वो आखिरकार कॉरियोग्राफी को अपना लेते हैं।

कॉरियोग्राफर फिल्मों, स्टेज पर, टेलीविजन और म्यूजिक वीडियो शो के

 ———————————————— अपना करियर स्वयं चुने

लिए काम करा सकता है। इस क्षेत्र में ज्यादा से ज्यादा स्टेज शो, टी.वी. शो और सदाबहार फिल्मी दुनिया के कारण सम्भावनायें बढ़ रही हैं। एक नौसिखिए को करियर के लिए प्रशिक्षित करना आसान नहीं है। नृत्य का अनुभव और संगीत के लिए अच्छा काम आवश्यक है। इस प्रशिक्षण के ज्यादा संगठित कोर्स नहीं है। ध्यान देने योग्य बैले डायरेक्सन और कॉरियोग्राफी के लिए संगीत अकादमी, दिल्ली। जबकि नाट्य इंस्टिट्यूट ऑफ कथक एक कॉरियोग्राफी, बंगलौर कॉरियोग्राफी में 3 वर्ष की डिग्री प्रदान करता है।

इस क्षेत्र में आने के लिए व्यक्ति में सीखने का कौशल, शुरुआत या पहल करने की शक्ति और धैर्य का होना आवश्यक है। उनको नृत्य के सभी स्वरूपों का सम्पूर्ण व्यवहारिक व सैद्धान्तिक ज्ञान होना अत्यन्त आवश्यक है। उन्हें सुर ताल की पूरी समझ और संगीत में कौशल हासिल हो। नर्तक, जो शिक्षक के व्यवसाय को अपनाते हैं, वो और यहाँ तक कि वो स्कूलों, कॉलेजो, विश्वविद्यालयों, नृत्य संस्थानों स्वयं अपने ओपन स्कूल आदि खोल कर ये अवसर प्राप्त कर सकते हैं।

परफॉर्मिंग (प्रदर्शक) कलाकार के लिए आकर्षक बनावट, चेहरे के हाव-भाव, भूमिका और स्टेज उपस्थिति को समझाना, आवश्यक है। प्रदर्शक को प्रतिदिन खाली समय में अभ्यास करना होता है। उनको आम जनता की रुचि से भी सम्पर्क बनाए रखना पड़ता है। उनको अत्यधिक यात्रा करनी पड़ती है और लोकप्रिय होने के लिए अच्छा प्रदर्शन करना पड़ता है। प्रशिक्षण के अलावा समर्पण, प्रतिभा और सही सम्पर्क प्रदर्शक को स्थापित होने में मदद कर सकता है।

प्रदर्शक कलाकार अपनी मण्डली या दल बना सकता है या दूसरी मण्डली अथवा दल के लिए कार्य कर सकता है। उनके पास खुद का स्कूल खोलने और शिक्षण को समय देने का विकल्प भी होता है। गम्भीर व्यवसायिक प्रशिक्षण जल्दी आरम्भ करना अनिवार्य है, जो शिक्षा के समानान्तर चलना चाहिए। कम से कम 10 वर्ष की आयु में अवश्य आरम्भ कर देना चाहिए। एक योग्य शिक्षक

को प्रशिक्षण देने का कार्य प्रदान किया जाना चाहिए। पूर्णकालीन अधिकारिक प्रशिक्षण 10वीं के तुरन्त बाद आरम्भ कर देना चाहिए, जिसमें स्कूली दिनों के दौरान प्रशिक्षण की पिछली पृष्ठभूमि होनी चाहिए।

नर्तक के व्यवसायिक प्रशिक्षण में सैद्धान्तिक और व्यवहारिक प्रशिक्षण, शामिल है। विद्यार्थियों को मूल-भूत संगीत, लय-ताल, उपकरण, नृत्य और नृत्य स्वरूपों का इतिहास और विकास, नृत्य स्वरूपों की विशेष प्रवृत्तियाँ, एक विशेषज्ञता और कई अन्य चीजें सिखायी जाती हैं। कोर्स का प्रशिक्षण नृत्य के विभिन्न व्यवसायिक स्कूलों द्वारा प्रदान किया जाता है। जिसमें विस्तृत, नृत्य की प्रदर्शन कला के सभी पहलुओं का विवरण देना शामिल है। यह उनके अनुकूल है, जो प्रदर्शक या शिक्षक को करियर के तौर पर अपनाना चाहते है।

सिविल सर्विस

राज्य प्रशासन को चलाने वाली सरकारी मशीनरी के सभी गैर-सैनिक विभाग मिलकर नागरिक सेवाओं का निर्माण करते हैं। केन्द्र और राज्य सिविल सेवक यह सुनिश्चित करते हैं कि संविधान द्वारा प्रदान किए गए अधिकार प्रत्येक नागरिक की पहुँच में लाए जाएं। बाजार अर्थव्यवस्था के वर्तमान युग में सिविल सर्विस की चमक कुछ फीकी पड़ी है, लेकिन फिर भी यह नवयुवकों में अभी भी एक उच्च करियर विकल्प के रूप में मानी जाती है। सिविल सेवक को मिलने वाली शक्ति, सामाजिक रुतबा के साथ नौकरी की सुरक्षा, कहीं और मिलना कल्पना से परे है। शक्ति और अनुलाभ के प्रलोभन के अलावा यह सेवा एक परिवर्तनशील व्यक्ति के जोश और इच्छा के साथ सरकार की कार्यप्रणाली में गुणात्मक बदलाव ला सकती है। यहाँ तक की ऐसे अवसर भी मिलते हैं, जिससे वह करोड़ो भारतीयों के जीवन को सुधार सकता है।

आज की सिविल सेवा ब्रिटेन की देन है। ब्रिटिश राज के दौरान आई. ए.एस. अधिकारियों को अत्यधिक प्रशासनिक शक्तियाँ प्रदान की गई थी। इनके मुख्य कार्य कानून और व्यवस्था का संरक्षण, कर संग्रहण और न्याय प्रदान करना था। हालांकि, आज सिविल सेवक प्रजातांत्रिक कल्याणकारी राज्य

के ढाँचे के अन्दर कार्य करते हैं। जिसका मुख्य कार्य विकास और प्रगति है। इस प्रकार, अन्य पेशों की तुलना में सिविल सर्विस एक नौकरी की बजाय कर्त्तव्य अधिक है। सिविल सेवा परीक्षा यूनियन पब्लिक सर्विस कमीशन (यू.पी.एस.सी.) द्वारा करवायी जाती है, जो विभिन्न केन्द्रीय सेवाओं के लिए अभ्यर्थियों का चुनाव करती है। इसमें सबसे लुभावनी इण्डियन एडमिनिस्ट्रेटिव सर्विस (आई. ए.एस.), इण्डियन पुलिस सर्विस (आई.पी.एस.) और इण्डियन फॉरेन सर्विस (आई.एफ.एस.) के ढाँचे शामिल हैं।

आई.ए.एस. और आई.पी.एस. संविधान के अनुच्छेद 312 के तहत बनायी गई आल इण्डिया सेवायें हैं। इस तरह की सेवाओं के निर्माण से राष्ट्रीय एकता की सुरक्षा और पूरे देश में प्रशासनिक प्रणाली की एकरूपता के न्यूनतम प्रशासनिक मानकों को बनाए रखने की विश्वसनीयता प्रदान करता है। इन दोनों सेवाओं के लिए चयनित अभ्यर्थियों को विभिन्न राज्यों के ढाँचों (संगठनों) में नियुक्त किया जाता है और आवश्यकता पड़ने पर उनको केन्द्रीय सरकार की नौकरियों में नियुक्त किया जाता है। बची हुई सेवाओं का वर्गीकरण दो केन्द्रीय सेवाओं ग्रुप 'ए' और ग्रुप 'बी' में किया गया है। ग्रुप 'ए' की सेवायें हैं–

- भारतीय रेलवे परिवहन सेवा (आई.आर.टी.एस.)
- भारतीय रेलवे एकाउन्ट सेवा (आई.आर.ए.एस.)
- भारतीय रेलवे कर्मचारी सेवा (आई.आर.पी.एस.)
- भारतीय रेलवे सुरक्षा बल (आई.आर.पी.एफ.)
- भारतीय डाक सेवा
- भारतीय ऑडिट और एकाउन्ट सेवा (आई.ए. और ए.एस.)
- भारतीय सुरक्षा एकाउन्ट सेवा (आई.डी.ए.एस.)
- भारतीय राजस्व सेवा (आई.आर.एस.)
- भारतीय सूचना सेवा (आई.आई.एस.)
- भारतीय आयुद्ध विभाग फेक्टरी सेवा (आई.ओ.एफ.एस.)
- भारतीय पी. एण्ड टी. एकाउन्ट वित्त सेवा
- केन्द्रीय औद्योगिक सुरक्षा बल में सहायक कमांडेंट

सिविल सर्विस के द्वारा चयन की गई ग्रुप 'बी' की सेवाएं निम्न हैं–

- केन्द्रीय सचिवालय सेवा, (सेक्शन ऑफिसर ग्रेड)
- रेलवे बोर्ड सचिवालय सेवा (सेक्शन ऑफिसर ग्रेड)
- सशस्त्र सेना मुख्यालयों सिविल सेवा ग्रुप 'बी' (सहायक सिविलियन स्टाफ ऑफिसर ग्रेड)
- सीमा शुल्क समीक्षा सेवा ग्रुप 'बी'

- दिल्ली अण्डमान और निकोबार द्वीप, लक्षद्वीप, दमन और दीव और दादरा और नगर हवेली सिविल सेवायें ग्रुप 'बी'
- पाण्डिचेरी सिविल सर्विस ग्रुप 'बी'

योग्यता- किसी भी विषय में मान्यता प्राप्त विश्वविद्यालय या संस्थान से स्नातक जिसकी आयु 1 अगस्त को परीक्षा वाले वर्ष 21–28 के बीच हो, सिविल सेवा परीक्षा में बैठने की योग्यता रखता है।

यू.पी.एस.सी. सिविल सेवा परीक्षा संयुक्त रूप से तीन चरणों में करवाती है जिसमें प्रारम्भिक परीक्षा, मुख्य परीक्षा और साक्षात्कार अथवा व्यक्तित्व जाँच शामिल है। इस प्रक्रिया को पूरा होने में वर्षभर का समय लगता है। जून में होने वाली प्रारम्भिक परीक्षा की सूचना सामान्यत: दिसम्बर माह के दूसरे रविवार को दी जाती है। परिणामों की घोषणा जुलाई के अन्त या अगस्त के पहले सप्ताह में की जाती है। इस परीक्षा में दो प्रकार के वस्तुनिष्ठ बहुवैकल्पिक प्रश्न पत्र होते हैं। पहला पेपर, सामान्य ज्ञान से 150 अंक लिए होता है। दूसरे पेपर को 'वैकल्पिक' कहा जाता है, जोकि अभ्यर्थी द्वारा चुने गए विषय पर होता है। 300 अंक लिए होता है। प्रारम्भिक परीक्षा मुख्यत: उन सभी को निकाल देती है, जो अच्छी तरह तैयार और गम्भीर नहीं थे। प्रारम्भिक परीक्षा में सफलता का प्रतिशत 10% से कम रहता है।

मुख्य परीक्षा हर वर्ष नवम्बर के आसपास होती है। जिसमें 8 पेपर प्रारम्भिक परीक्षा की तरह के शामिल होते हैं। प्रत्येक पेपर 300 अंक का होता है। इसमें से दो भाषायी पेपर होते हैं, जिसमें एक अंग्रेजी और दूसरा अभ्यर्थी द्वारा चुनी गई किसी भी मान्यता प्राप्त भारतीय भाषा का होता है। इन दोनों पेपरों को उत्तीर्ण करना अनिवार्य होता है। हालांकि इनमें प्राप्त किए गए अंक कुल अंकों में नहीं जोड़े जाते। दूसरे शब्दों में इन पेपरों का प्रदर्शन योग्यता सूची में अन्तिम स्थिति को प्रभावित नहीं करता।

तीसरा और चौथा पेपर सामान्य ज्ञान का 600 अंक का होता है। बचे हुए चार पेपरों में दो वैकल्पिक विषयों पर होते हैं, जिनकी कुल अंक संख्या 1200 होती है। मुख्य परीक्षा का परिणाम फरवरी या मार्च तक घोषित किया जाता है, योग्य उम्मीदवार चयन प्रक्रिया के तीसरे स्तर, जो व्यक्तित्व परीक्षण होता है, तक पहुँच जाता है। साक्षात्कार या व्यक्तित्व परीक्षण 250 अंकों का होता है, और अप्रैल, मई के लगभग होता है। अन्तिम परिणाम जून तक घोषित किया जाता है। सफल अभ्यर्थियों को अन्तिम सूची में रैंक के अनुसार विभिन्न सेवायें प्रदान की जाती हैं। अभ्यर्थी की व्यक्तिगत वरीयता को भी सेवा प्रदान करते समय ध्यान में रखा जाता है। योग्यता सूची में ऊपर स्थान रखने वालों को आई.ए.एस., आई. पी.एस., आई.एफ.एस. मिलता है और इसी प्रकार आगे क्रम बढ़ता है।

 —————————————————— अपना करियर स्वयं चुने

व्यापारिक/वाणिज्यिक विमान चालक
(कामर्शियल पायलेट)

भारत में विमान उद्योग के दो अलग-अलग क्षेत्र हैं- वाणिज्यिक और सैन्य। वाणिज्यिक वैमानिकी में सवारी वायुयान और मालवाहक वायुयान, अन्तर्राष्ट्रीय वायु सेवायें, एयर टैक्सी और चार्टर ऑपरेशन मुख्य कार्य होते हैं। सैन्य वैमानिकी में भारतीय वायु सेना और नौसेना और सशस्त्र सेना के लड़ाकू विमान शामिल होते हैं।

वाणिज्यिक हवाई कम्पनियों का जटिल संगठनात्मक ढाँचा होता है इसमें हवाई कम्पनियों की परिचालन, (मैनेजमेंट) अनुरक्षण, विपणन (मार्केटिंग) और वित्तीय विभाग शामिल होते हैं। विमान चालक का कार्य (फाइनेंसिंग) विमान कम्पनी के परिचालन विभाग के अन्तर्गत आता है।

यह व्यवसाय/पेशा विमान चालक और सहविभाग चालकों से मिलकर बना होता है। इसकी गणना उच्च श्रेणी के और सबसे साहसिक पेशों में होती है। यह एक विशेषज्ञतापूर्ण कार्य होता है, जिसमें गहन प्रशिक्षण की आवश्यकता होती है। यह पेशा बहुत सारे समय, समर्पण, धैर्य और त्याग की मांग करता है।

वायुयान चालक लम्बी और कम दूरी की उड़ान के विमान चलाते हैं। उड़ान भरने से एक घण्टा पहले विमान चालक उड़ान-पूर्व की योजनाओं की जाँच करता है, जिसमें अपनाया जाने वाला मार्ग, निर्धारित की गई ऊँचाई और मौसम सम्बन्धी सूचनाएं शामिल होती हैं। विमान चाल को उड़ान भरने और विमान उतारने की जटिल गणनायें, यात्रा की दूरी तय करने के लिए आवश्यक ईंधन और निर्धारित ऊँचाई और वजन आदि को देखना होता है। वे यन्त्रों और उपकरणों की जाँच करते हैं और जहाज कर्मियों के कार्य का विवरण देते हैं। उड़ान में वायुयान चालक को उपकरणों और नियंत्रण के आंकड़ों का विवरण करना होता है। विमान चालक के कार्य का सबसे मुश्किल हिस्सा उड़ान भरना और विमान को उतारना होता है। विमान चालक पूरी उड़ान के दौरान एयर ट्रैफिक कंट्रोल और विमान कर्मियों से सम्पर्क बनाए रखता है। वे बीच बीच में यात्रियों से भी बात करते रहते हैं, उनको पब्लिक एड्रेस सिस्टम (जन सम्बोधन प्रणाली) पर गति और ऊँचाई की सूचनायें देते हैं, जिस भूमि क्षेत्र के ऊपर उड़ रहे हो, उसका विवरण देते हैं। सामान्यत: विमान चालक अपनी ड्यूटी को सह-विमान चालक के साथ करते हैं। विमान को उतारने के बाद विमान को उसके अन्तिम स्थान पर लगा दिया जाता है और विमान चालक उसके इंजन बन्द कर देता है। बाद

में वे एक उड़ान की रिपोर्ट तैयार करते हैं, जिसमें उड़ान के दौरान आने वाली परेशानियाँ और उपकरणों की समस्याओं को लिखा जाता है।

विमान का पेशा अनुशासन, धैर्य, उत्तरदायित्व, समय की पाबन्दी, वचनबद्धता और समर्पण का पेशा होता है। इस कार्य के लिए कड़ी मेहनत, दिमागी सचेतता, ऊर्जाशक्ति, कठिन समय-सारणी का अनुसरण करने की अनुकूलनशीलता, संकट के समय सोच-विचार करने की क्षमता और अच्छी टीम भावना की काफी अधिक क आवश्यकता होती है। इन गुणों पर अधिकारी के अलावा, जो व्यक्ति इस पेशे को अपनाना चाहता है, उसे शान्त, प्रसन्नचित, समझदार, सहानुभूतिपूर्ण और तकनीक का अच्छा ज्ञान होना चाहिए।

योग्यता-भारत में वाणिज्यिक विमान चालक बनने के लिए व्यक्ति को सबसे पहले एस.पी.एल. (स्टूडेंट पॉयलेट लाइसेन्स) प्राप्त करना होता है, एस.पी.एल. प्राप्त करने के लिए विज्ञान विषय से 10+2 की परीक्षा पास करने वाले विद्यार्थियों को, जिनकी आयु कम से कम 16 वर्ष हो, को फ्लाइंग क्लब में रजिस्ट्रेशन (पंजीकरण) कराना पड़ता है। जोकि डायरेक्टोरेट जनरल ऑफ सिविल एविएशन (डी.जीसी.ए.) भारत सरकार द्वारा मान्यता प्राप्त है।

भारत में प्रशिक्षण केन्द्र

- अकेडमी ऑफ कारवेर एविएशन प्राइवेट लिमिटेड 201/202, कॉमेट, ब्रांदा तलाऊ की विपरीत दिशा में, तुरनेर रोड, बांद्रा (पश्चिम), मुम्बई 400050
- आन्ध्र प्रदेश फ्लाइंग क्लब, बेगमपत एयरपोर्ट, हैदराबाद
- असम फ्लाइंग क्लब, गुवाहाटी एयर पोर्ट, गुवाहाटी-7
- बंगलौर ऐरोनॉटिक्स टेक्निकल सर्विस, मैसूर एरोड्रोम, कर्नाटक
- बिहार फ्लाइंग इंस्टिट्यूट, सिविल एरोड्रोम, कोयम्बटूर, तमिलनाडु
- फैक्लटी ऑफ फ्लाइट सर्विसेस, दिल्ली फ्लाइंग क्लब, सफदरजंग एयरपोर्ट, नई दिल्ली-110003

- फ्लाइंग क्लब, सिविल ऍअरोड्रोम, इन्दौर-452005, मध्य प्रदेश
- फ्लाइटेक एविएशन अकेडमी, 102, अल-कौसर, रोड नं. 10, पश्चिम मारेड़पल्ली, सिकन्दराबाद-500026
- गवर्नमेंट एविएशन ट्रेनिंग इंस्टिट्यूट, सिविल ऍरोड्रोम, भुवनेश्वर, उड़ीसा
- गवर्नमेंट फ्लाइंग ट्रेनिंग स्कूल, जक्कुर ऍरोड्रोम येलाहन्का पोस्ट, बंगलौर-560064
- गुजरात फ्लाइंग क्लब, सिविल ऍरोड्रोम, झाँसी रोड़ बड़ोदा-390006, गुजरात
- इंदिरा गाँधी राष्ट्रीय उड़ान अकादमी, फुरसतगंज एयरफील्ड, रायबरेली-224302, उत्तर प्रदेश
- जमशेदपुर कॉपरेटिव फ्लाइंग क्लब लिमिटेड, सोनारी ऍअरोड्रोम, जमशेदपुर, बिहार।
- लुधियाना एविएशन क्लब, सिविल ऍरोड्रोम, पी.ओ. संसवल, लुधियाना, पंजाब
- नागपुर फ्लाइंग क्लब, सोनेगाँव ऍरोड्रोम, नागपुर, महाराष्ट्र
- ओरिएंट फ्लाइट स्कूल, प्रशासनिक कार्यालय-40, जी.एस.टी. रोड़, सेंट थॉमर माउन्ट, चेन्नई-600016, ऑपरेशंस सिविल एयरोड्रोम, पांडूचेरी-605008
- दी बॉम्बे फ्लाइंग क्लब, जुहु ऍरोड्रोम, जुहू, मुम्बई 400049
- उड़ान फ्लाइंग स्कूल, इन्दौर-452005, मध्य प्रदेश
- वेस्ट बंगाल फ्लाइंग ट्रेनिंग इंस्टिट्यूट, बेहला, कोलकाता 700060
- करियर एविएशन, 102 वी.बी.एफ. प्लाजा, एयरपोर्ट रोड, बंगलौर-560008
- चाइम्स एविएशन ऐकेडमी (सी.ए.ए.), धाना हवाई पट्टी, पोस्ट ऑफिस धाना, सागर, मध्य प्रदेश-470228
- एयरोनॉटेक्स फ्लाइट ट्रेनिंग, 402 बेलफेर, मुम्बई, महाराष्ट्र-400050

कम्पनी सेक्रेटरी (सचिव)

विशेषज्ञता के नाम पर सचिव शब्द का उपयोग उन लोगों के लिए थोड़ा भ्रामक है, जो इस अवधारणा के लिए नये हैं। एक कम्पनी सचिव को नियमित सचिव कार्यों से कोई लेना-देना नहीं होता। कम्पनी सचिव वह पेशेवर है, जिसका कार्य कॉर्पोरेट ढाँचे के कानूनी विषयों में सलाहकार की भूमिका निभाना है। कम्पनी एक्ट के अनुसार, जो कम्पनी कम से कम 50 लाख के पूंजी के शेयरों की अदायगी करती हो, उसे कानूनी, रूप से

कम्पनी सचिव नियुक्त करना आवश्यक है। कम्पनी सचिव कम्पनी प्रबन्धन का बहुत महत्वपूर्ण व्यक्ति होता है।

कम्पनीज सेक्रेटरीज ऑफ इण्डिया संस्था का निर्माण कम्पनी सचिव एक्ट 1980 के तहत हुआ, जिसका कार्य कम्पनी सचिव के पेशे को भारत में विकसित एवं नियंत्रित करना है। इस पेशे का उद्भव 1960 में हुआ, जब कम्पनी लॉ बोर्ड ने गवर्नमेंट डिप्लोमा इन कम्पनी सेक्रेटरीशिप के कार्स की शुरुआत की। कम्पनी सचिवों की संख्या मे भारी विकास ने इंस्टिट्यूट ऑफ कम्पनी सेक्रेटरीज ऑफ इण्डिया नामक संस्था को 1969 में जन्म दिया, जोकि कम्पनी एक्ट 1956 की धारा 25 के तहत बनी। इंस्टिट्यूट ऑफ कम्पनी सेक्रेटरीज ऑफ इण्डिया कम्पनी सचिव एक्ट 1980 के तहत एक कानूनी संस्था में बदल गई।

कम्पनी सचिव को जिन कार्यों को करने का प्रशिक्षण दिया जाता है, उसकी सीमा बहुत व्यापक है। वास्वत में व्यवहार में यह कम्पनी के आकार पर निर्भर करता है, जिसके साथ वह कार्य कर रहा/रही है। कम्पनियों की गतिविधियाँ और क्रियाकलापों की प्रकृति कम्पनी सचिवों की सेवाओं के प्रकार को तय करती हैं कि कम्पनी सचिव को क्या सेवायें प्रदान करनी हैं?

कम्पनी सचिव के कार्य- कानून के द्वारा कम्पनी सचिव को कम्पनी के प्रमुख अधिकारियों के रूप में मान्यता दी है। उसके द्वारा प्राप्त प्रशिक्षण के दौरान उसको आर्थिक, लेखा जोखा सम्बन्धित, कानूनी प्रशासन और व्यक्तिगत प्रभाग जैसे क्षेत्रों के विभिन्न कार्यों को करने की बहुमुखी योग्यता प्रदान की जाती है। कम्पनी सचिव का प्रशिक्षण व्यक्ति को निम्न सेवायें देने में समर्थ बनाता है। निगमन में आने वाले सभी कानूनी पहलुओं की देखरेख करना, रचना, प्रोत्साहन, पुनर्व्यवस्था, सम्मिश्रण कम्पनी बन्द करना कम्पनी सचिव की जिम्मेदारियाँ हैं।

यदि कम्पनी सार्वजनिक हो जाती है, तो इन मुद्दों का प्रबन्धन कम्पनी सचिव की जिम्मेदारियों की परिधि में आता है। अन्तर्निगमन निवेश के साथ सभी कानूनी संलग्नतायें और ऋणों के लिए कम्पनी सचिव की मांग होती है। निदेशक मण्डल की सभी वार्ताओं से जुड़े उत्तरदायित्व कम्पनी सचिव के होते हैं। कम्पनी

सचिव अन्य सदस्यों व प्रबन्धक टीम के साथ सहमति करके इन मीटिंगो (बैठकों) (वार्ताओं) की व्यवस्था करता है, इनको करवाता व इन मीटिंग बैठकों से सम्बन्धित सभी रिकॉर्ड तैयार करता है। कम्पनी की आवश्यकताओं के अनुसार उस कम्पनी के केन्द्रीय/राज्य बिक्री कर मजदूरी कानूनों उत्पादन शुल्क कानूनों और निगमन कानूनों से जुड़े विषयों को देखता है।

प्रबन्धन बैठकों और उनकी क्षतिपूर्ति के क्रियावन्नन के विवरण को देखना भी कम्पनी सचिव का उत्तरदायित्व है। कम्पनी सचिव संस्थान के आर्थिक विषयों से सम्बन्धित मामलों को देखता है। इस सम्बन्ध में उसके उत्तरदायित्व में प्रोजेक्ट का अनुमोदन पाना, प्रासंगिक, लाइसेंस और अनुमति पत्र प्राप्त करना, एम.आर.टी.पी. (मॉनॉपलिस एण्ड रिस्ट्रिक्टिस ट्रेड प्रेक्टिस एक्ट) और एफ.ई. आर.ए. (फॉरेन एक्सचेंज रेग्युलेशन एक्ट और अन्य काई प्रासंगिक कानून निर्माण के तहत इन सभी आवश्यकताओं को नगण्य करना शामिल है।

कम्पनी सचिव को कम्पनी की सालाना आय पर हस्ताक्षर करने का अधिकार है और स्थिति के अनुसार कम्पनी का प्रतिनिधित्व भी करता है। उपरोक्त वर्णित कर्तव्य कम्पनी सचिव के अपेक्षित मुख्य दायित्वों का मोटा सा स्वरूप प्रस्तुत करते हैं।

योग्यताएँ-संस्थान का मुख्यालय दिल्ली में है। कलकत्ता, चेन्नई, दिल्ली, मुम्बई के कार्यालय चार अन्य क्षेत्रीय काउन्सिल और विभिन्न शहरों में 36 अध्यायों का संगठन विभिन्न शहरों को मूलभूत संरचना प्रदान करता है जिसके द्वारा यह संगठन कार्य करता हैं। यह कोर्स पोस्टल ट्यूशन और वैकल्पिक कोचिंग कक्षाओं का मिश्रण होता है। विद्यार्थियों को प्रवेश के समय अध्ययन सामग्री प्रदान की जाती है। पोस्टल कोचिंग (शिक्षण) और संपर्क कक्षाओं के पूरा होने पर यदि विद्यार्थी संस्थान द्वारा आयोजित की जाने वाली परीक्षाओं में उपस्थिति के योग्य हो जाता है। परीक्षाओं का रजिस्ट्रेशन, परीक्षा महीने के कम से कम नौ महीने पहले करना आवश्यक है। परीक्षाएँ प्रतिवर्ष जून और दिसम्बर के महीने में आयोजित की जाती हैं। परीक्षाएँ 36 केन्द्रों पर होती हैं।

संस्थान में आधार आधारशिला में नामांकन के लिए योग्यता 12वीं कक्षा या उसके समकक्ष कोई अन्य परीक्षा उत्तीर्ण करना है। स्नातक या जिन्होंने इंस्टिट्यूट ऑफ कॉस्ट एण्ड वर्क एकाउन्टटेंसी या इंस्टिट्यूट ऑफ चार्टेड एकाउन्टेंट ऑफ इण्डिया से उत्तीर्ण हुए हों, उनको इस स्तर में सीधे प्रवेश मिल सकता है। इस दौरान विद्यार्थी को कम्पनी या संस्थान द्वारा मान्यता प्राप्त प्रबन्धन प्रशिक्षण या किसी मान्यता प्राप्त कम्पनी सचिव के साथ अभ्यास करना होता है। इस प्रशिक्षण की अवधि 12 से 24 महीनों की हो सकती है। यह इस बात पर निर्भर है कि यह प्रशिक्षण नियमित रूप से किया गया है या अंशकालीन।

अब विद्यार्थी संस्थान की सदस्यता की योग्यता प्राप्त कर लेता है और उसे एसोसिएट सदस्य के रूप में प्रवेश मिल जाता है। वह अपने नाम के बाद 'ए. सी.एस.' लिखने का अधिकारी हो जाता हैं। इस व्यवसाय में वरिष्ठ सदस्य, सहसदस्य के रूप में प्रवेश करने के योग्य हैं और ये सहसदस्य प्रवेश प्राप्त करने के उपरान्त अपने नाम के बाद 'एफ.सी.एस.' लगाने के योग्य हो जाते हैं।

करियर सम्भावनाएँ-आज का वैश्विक परिदृश्य निगमित क्षेत्र के केन्द्रित विकास को दिखाता है। विकास स्वत: विभिन्न प्रकार के विधानों में शामिल होकर परिणित होता है और यह कम्पनी सचिव की सीमा क्षेत्र के तहत आता है। कम्पनियों को सभी प्रासांगिक कानूनों के संपूर्ण ज्ञान वाले व्यक्ति की आवश्यकता होती है। यह सेवा कम्पनी सचिव प्रदान करता है। इस प्रकार निगमित क्षेत्र में रोजगार की अपूर्व सम्भावनाएं है। सरकारी क्षेत्रों की संस्थाओं ब्यूरो ऑफ पब्लिक इंटरप्राइजेज, सरकारी वाणिज्यिक संस्थाएँ और स्टॉक एक्सचेंजों में भी अवसर उपलब्ध हैं।

कास्मेटोलॉजी (सौन्दर्य विज्ञान)

एक कास्मेटोलॉजिस्ट बाल काटना, नाखून काटना, बालों को विभिन्न स्वरूप प्रदान करना, शैम्पू करना, रूप सज्जा और अन्य व्यक्तिगत सौन्दर्य सेवायें प्रदान करता है। वे हेयर स्टाइलिस्ट, हेयरड्रेसर, मनीक्योरिस्ट, नेल टेक्नीशियन, पेडिक्यूरिस्ट इत्यादि के नाम से भी कार्य करते हैं।

कास्मेटोलॉजिस्ट की सौन्दर्य सेवाओं में बालों को शैम्पू करना, काटना, रंगना, स्टाइलिंग शामिल हैं। वे बालों की देखभाल और देखरेख के बारे में सलाह प्रदान करते हैं इसके अलावा वे नाखून काटना, नाखून शृंगार और चेहरे और सिर की तवचा का उपचार प्रदान करते हैं। कई सौन्दर्य विश्लेषक और सौन्दर्य (रूपसज्जा) सलाह भी प्रदान करते हैं। कुछ विभिन्न प्रकार के नकली बालों और नकली बालों की विग को साफ करते हैं। दूसरी सेवाओं में बालों की देखरेख, फेशियल, मुँह और पूरे शरीर का सौन्दर्य उपचार इलेक्ट्रॉलाइसिस शामिल है।

उनकी विशेषज्ञता के आधार पर एक कास्मेटोलॉजिस्ट निम्न में से कुछ कार्य कर सकता है-

- बालों को रंगना
- बालों और विग की स्टाइलिंग करना
- विग और हेयरपिस्स की फिट करना
- स्केल्प का उपचार और मालिश करना

  अपना करियर स्वयं चुने

- सिर की त्वचा के लिए थेरेपिक उपचारों का निरीक्षण करना
- बालों को काटना, छांटना, सुव्यवस्थित और आकृति प्रदान करना, चेहरे और शरीर की त्वचा पर फेशियल इत्यादि लगाना या इसकी सलाह देना
- आँखों की भौहों, बरौनियों को रंगना या आकृति प्रदान करना
- चेहरे और शरीर के बालों पर इलेक्ट्रोलाइसिस करना
- अंगुलियों और पैरों के नाखूनों की सफाई, पोलिश करना और उनका स्वरूप बदलना (शेपिंग)
- कार्य के क्षेत्र और कार्य के उपकरणों की सफाई करना
- बालों और सौन्दर्य के उत्पादों बिक्री और पूर्ति करना
- ग्राहकों से मुलाकात, ग्राहकों की सूचनाओं के रिकॉर्ड तैयार करना
- सैलून सेवाओं का प्रबन्धन और मार्केटिंग

कास्मेटोलॉजिस्ट

सामान्यत: साफ-सुथरे, प्रकाशवान, हवादार और खुशनुमा माहौल में कार्य करते हैं। ज्यादातर ब्यूटीसेलून, नेल सैलून, डिपार्टमेंट स्टोर, नर्सिंग और अन्य क्षेत्रीय केयर होम और दवाओं और सौन्दर्य उत्पाद स्टोर पर रोजगार पाते हैं। क्योंकि ज्यादातर कार्य खड़े होकर करने पड़ते हैं। इसीलिए स्वास्थ्य का अच्छा होना जरूरी है। रक्षक कपड़ों का  इस्तेमाल किया जाता है क्योंकि लम्बे समय तक रसायनों के साथ लगा रहना पड़ता है। खासतौर पर 'स्वरोजगार कर्मियों के लिए ओवर टाइम और लम्बे घण्टों में काम करना आम बात है।

ज्यादातार सैलून/पार्लर कस्बों में स्थित होते हैं, लेकिन रोजगार ज्यादातर घनी आबादी वाले शहरों, बड़े कस्बों में केन्द्रित होता है।

यदि आप कास्मेटोलॉजी के पेशे में रुचि रखते हैं तो आपको फैशन, आर्ट और तकनीकी डिजाइनों की समझ होनी चाहिए। आपको जनता के साथ काम करने और ग्राहकों के निर्देशों का पालन करने में मजा आना चाहिए। आपका बातचीत कौशल और बाहरी व्यवहार दोनों अच्छे होना आवश्यक है। साथ ही

आपकी छवि भी अच्छी होनी आवश्यक है। प्रारम्भिक प्रशिक्षण, कक्षाओं के द्वारा या काम पर किसी भी तरह संभव है। आपका कास्मेटोलॉजी करियर के दौरान जैसे-जैसे अनुभव बढ़ता जाएगा तो आप अपने कौशल को बढ़ा सकते हैं और कक्षाएँ लेकर अपने को बदलती व्यवसायिक प्रवृत्तियों के अनुरूप बनाए रखने क लिए अच्छा होता है।

संस्थान-एकेडमी ऑफ हेयर स्टाइलिंग, यरि रोड, वरसोवा, अन्धेरी मुम्बई-400102

- अविनाशिलिंगम यूनिवर्सिटी फॉर वूमैन, मेट्टुपलयाम रोड, कोयम्बटूर 641043

- कम्यूनिटी पॉलिटेक्नीक, कपूरथला (पंजाब), दी नेशनल इंस्टिट्यूट फॉर इनटेग्रेटिड रूरल डेवेलपमेंट एण्ड ट्रांसफर ऑफ टेक्नोलॉजी, गाँव और पोस्ट ऑफिस पलाही फगवाड़ा के पास, कपूरथला 144403

- ईव्स ब्यूटी एण्ड हेयर एकेडमी, 194, बी-ब्लॉक, लाजपत नगर, नई दिल्ली

- गवर्नमेंट पॉलिटेक्नीक फॉर वुमैन, अध्यार, चेन्नई

- हबीब्स हेयर एकेडमी, 203/ए, अनुपम गार्डन, नई सराय, सैनिक फार्म, नई दिल्ली-110049

- आई.टी.आई. फॉर वुमैन, के.जी. मार्ग, नई दिल्ली-110001

- इंटरनेशनल पॉलिटेक्नीक फॉर वुमैन, एससीओ 447-48, सेक्टर-35, चण्डीगढ़-160022

- इंटरनेशनल पॉलिटेक्नीक फॉर वुमेन, ए-3, साउथ एक्स., पार्ट-1, रिंग रोड, नई दिल्ली-110049

- न्यू इंस्टिट्यूट ऑफ फैशन डिजाइन (एन.आई.एफ.डी.) बस्तीपुर, खरैय्या पोखड़ा, मेडिकल रोड़, गोरखपुर 273001

- पिवटर प्वाइंट चेन्नई, 32 दे मोहन्ते कलोनी, टी.टी.के. रोड, अलवरपत्त, चेन्नई-600018

- पिवटर प्वाइंट ब्यूटी स्कूल, जे-1 (पहली मंजिल), कैलाश कालोनी, नई दिल्ली-110048

- रीजनल वोकेशनल ट्रेनिंग इंस्टिट्यूट (आर.वी.टी.आई.) फॉर वुमैन, काशीनाथ ध्रुव स्ट्रीट, दादर (पश्चिम), मुम्बई-400028

- सचनेल्ल हंस ब्यूटी स्कूल-111, मिस्त्री चैम्बर्स, कोलाबा, मुम्बई-400005

 अपना करियर स्वयं चुने

रचनात्मक लेखन

रचनात्मक लेखन के लिए बहुत सी काल्पनिकता, निरीक्षण, किसी अन्य चीज के अलावा चित्रों में रंग भरने जैसी सहज योग्यता आवश्यक हैं। कल्पना, नाटक, कविताएं करना और अन्य गैर पत्रकारिता लेखन इन सभी गुणो, विशेषताओं का संलयन रचनात्मक लेखन के लिए होना चाहिए। यदि आपके अन्दर शब्दों का जादूगर बसता है, जो आपके दिल में बन्द है, उसको आजाद कर दो ताकि वह अपनी अद्भुत प्रतिभा को रचनात्मक लेखन में लगा सके। हालांकि आपको यह भी सीखना होता है कि कब उदार शब्दों की छिड़काव नहीं करना है और कब अपनी कला के काम को पाठकों और अपने लिए सुखदायी अनुभव बनाने के लिए अपनी कल्पनाशक्ति का प्रयोग करना है।

योग्यता–हालांकि हम सभी, जिन्होंने औपचारिक शिक्षा ग्रहण की है, जहाँ तहाँ ऊपरी तौर पर शब्दों को लिखते हैं, फिर भी एक रचनात्मक लेखन का कोर्स असंगठित लेखक को धारा रेखीय प्रवाह प्रदान करता है और हमें करियर की सफलता के सही और इच्छित रास्ते को प्रारम्भ करने में मदद करता है।

अभ्यर्थी को रचनात्मक लेखन में स्नातक स्तर के डिग्री कोर्स के लिए आवेदन देने के लिए 12वीं की परीक्षा आर्ट या मानविकी विषयों में उत्तीर्ण करना आवश्यक है। रचनात्मक लेखन में स्नातकोत्तर डिग्री प्राप्त करने के लिए व्यक्ति को इंग्लिश, तुलनात्मक साहित्य या संश्रित विषयों में स्नातक होना अनिवार्य है।

इन मूलभूत शैक्षणिक योग्यताओं के अलावा रचनात्मक लेखक को लेखन की रुझान और समझ होना आवश्यक है। उसको व्यवहारिक, विषयवस्तु को समझना, विषयों की कल्पना, अपने कार्य को बेचना और अपने कार्य के आसपास की दुनिया को समझने के लिए धैर्य और स्नायु (तंत्रिका) का होना भी आवश्यक है।

पर्याप्त योग्यताओं और रचनात्मक लेखन में प्रशिक्षित व्यक्ति कोर्स अपने लेखन की सोच और विचारों में रंग भरने की योग्यता और निपुर्णता से दुनिया भर के लाखों पाठकों के अन्दर अपने लिए प्रेम उत्पन्न करने में सक्षम होना चाहिए। लेखक, जो रचनात्मकता के विभिन्न प्रकार के उपकरणों जैसे कल्पनाओं, जीवनियों, कविताओं, उपन्यासों, अकल्पितों, साइन्स-फिक्शन, नाटकों, काव्यगीतों, यात्रा वृतान्तो, आलेखों और प्रेम प्रसंगों में बदल सकता है। वह फीचर, इन्टरव्यू, आलोचना और विश्लेषण इत्यादि भी समाचार पत्रों, पत्रिकाओं और दैनिक पत्रों के लिए भी लिख सकता है।

औपचारिक प्रशिक्षण के लिए इच्छित विद्यार्थी कई उपलब्ध रचनात्मक लेखन कोर्सों के लिए नामांकित कर सकते हैं।

संस्थान-भारत में कई संस्थानों द्वारा रचनात्मक लेखन के लिए कोर्स करवाये जाते हैं। जिनमें निम्न शामिल हैं–

- ब्रिटिश काउन्सिल, जो कि भारत के सभी बड़े मेट्रो शहरों में स्थित है।
- जॉवियर इंस्टिट्यूट ऑफ कम्यूनिकेशन, मुम्बई
- सेन्ट्रल इंस्टिट्यूट ऑफ इण्डियन लेंगवेजिज, कर्नाटका

करियर सम्भावनाएं-रचनात्मक लेखन का कोर्स करने के उपरान्त लेखक कंटेंट लेखक, समाचार सम्पादक, स्क्रिप्ट लेखक, फ्रीलान्स जर्नलिस्ट या विभिन्न साहित्यिक संगठनों द्वारा आयोजित की जाने वाली रचनात्मक कार्यशालाओं में अध्यापक के रूप में कार्य कर सकता है। यदि आपमें अपने रचनात्मक लेखन को सिद्ध करने की ललक है, तो आप प्रसिद्ध लेखक भी बन सकते हैं।

विदेशों में रचनात्मक लेखन के पेशे में कई विकल्प मौजूद हैं। व्यक्ति रचनात्मक लेखन विश्वविद्यालय में अध्यापन का कार्य या कार्यशाला आयोजन से जुड़ सकता है। बहुत-सी वेबसाइट भी डिजाइन कर सकता है, जो रचनात्मक लेखन को समर्पित हों। व्यक्तिगत प्रकाशन हाऊस, फिल्म कम्पनी या टेलीविजन शो के लिए भी लिख सकता है।

 अपना करियर स्वयं चुने

क्रिमिनालॉजी (अपराध विज्ञान)

पेशवर क्रिमिनोलॉजिस्ट अपराध के विवरण के पुनर्निरीक्षण, उससे सम्बन्धित सामग्री के विश्लेषण और घटना के निष्कर्ष के लिए उत्तरदायी होते हैं। विभिन्न जनसांख्यिकीय समूहों में विभिन्न तरीकों व्यवहार अध्ययन, प्रत्येक अपराध के पीछे व्यक्ति की रूपरेखा बनाना, अपराध के उद्देश्य का खाका बनाना और मूल्यांकन करना और अपराध के अन्तिम मूल्यांकन के लिए वैज्ञानिक तरीकों का इस्तेमाल करना इत्यादि क्रिमिनोलॉजिस्ट के कार्यों में शामिल है। क्रिमिनोलॉजी करियर में काफी हद तक महत्वपूर्ण मनोवैज्ञानिक प्रशिक्षण और सामाजिक व्यवहार का शोध शामिल होता है।

क्रिमिनोलॉजिस्ट अपराध के पीछे के कारणों का अध्ययन, शोध और मूल्यांकन करने के लिए उत्तरदायी होते हैं। उन्हें निरीक्षण करते समय और रिपोर्ट तैयार करते समय मनोवैज्ञानिक और सामाजिक परिस्थितियों दोनों को ध्यान में रखना चाहिए। वे प्राय: अपराध को सुलझाने के लिए कानून लागू करने वाली एजेन्सियों के साथ मिलकर काम करते हैं। घटना का निष्कर्ष निकालने के लिए क्रिमिनोलॉजिस्ट में विश्लेषण, शोध और तर्क की योग्यता होनी चाहिए ताकि वह अपराध की परिस्थितियों, सबूतों का ठीक से मूल्यांकन कर सके। क्रिमिनालॉजी

डिग्री प्रोग्राम प्रत्येक को इन योग्यताओं को सीखने का मौका देते हैं और विभिन्न स्थितियों और परिस्थितियों की छानबीन के लिए नकली (बनावटी) निरीक्षण कराने का अवसर प्रदान करते हैं।

क्रिमिनोलॉजी करियर खोजबीन एजेन्सियों द्वारा प्रयोग किए जाने वाले वैज्ञानिक तरीकों पर आधारित और आपराधिक वातावरण के कई सामाजिक पहलुओं को समझने की आवश्यकता पर भी आधारित होता है। क्रिमिनोलॉजी कार्य क्षेत्र में गुणात्मक और संख्यात्मक आकड़ों (सामग्री) का अध्ययन, शोध और विश्लेषण का गहन अध्ययन करना, अपराध में शामिल व्यक्तियों से साक्षात्कार, अपराध को सुलझाने के लिए वैज्ञानिक तरीकों का उपयोग, निष्कर्ष निकालने और केस बन्द करने के लिए मूल्यांकन उपलब्ध कराने इत्यादि की आवश्यकता होती है।

करियर सम्भावनाएँ-भारत में क्रिमिनोलॉजी कोर्स करने के उपरांत आप विभिन्न प्रकार की नौकरियों के लिए आवेदन दे सकते हैं। इस क्षेत्र में स्नातक और स्नातकोत्तर क्रिमिनोलॉजी, कानूनी अध्ययन, कानून और समाजशास्त्र में अध्यापक के रूप में नियुक्त हो सकता है। सरकारी और निजी क्षेत्र की कंपनियों या पर्यावरण अपराधों या मानव अधिकारों के साथ कार्य करने वाले सामाजिक कल्याण विभागों में क्रिमिनोलॉजी करियर खोजा जा सकता है। एन.जी.ओ., अनुसंधान संगठनों, सुरक्षा की निजी और जासूसी (गुप्तचर) एजेन्सियों में भी क्रिमिनोलॉजी पेशेवरों का चयन किया जाता है। ये जेलों और पुनर्वास केन्द्रों में अपराधियों के लिए सलाहकार/परामर्शदाता की नौकरी पा सकते हैं।

संस्थान

- महात्मा गांधी काशी विद्यापीठ, वाराणसी
- बुंदेलखण्ड विश्वविद्यालय, झांसी
- लखनऊ विश्वविद्यालय
- डॉ. हरि सिंह गौड विश्वविद्यालय, सागर (मध्य प्रदेश)
- जम्मू विश्वविद्यालय

साइबर लॉ

आई.टी. के आगे बढ़ने के साथ ज्यादातर देशों में साइबर अपराध कानून लागू करने का एक महत्वपूर्ण पहलू बन गया है।

साइबर अपराधों का ढांचा इस प्रकार का है कि वे वैश्विक अधिकार क्षेत्र में आते हैं। परिणामस्वरूप एक भारतीय व्यवसायिक सत्ता या एक नागरिक को कई देशों के कानूनों का पालन करना पड़ता है।

सूचना प्रौद्योगिकी और ई-गवर्नेंस की क्रांति के युग में आम आदमी अनजाने में कम्प्यूटर से लेन देन का हिस्सा बन जाता है। ज्यादातर व्यक्ति यह नहीं समझ पाते कि वे यदि किसी भी तरीके से कम्प्यूटर में एकत्रित सूचनाओं से छेड़छाड़ करते हैं तो वे सूचना तकनीक एक्ट की धारा 66 के तहत एक अपराध कर रहे हैं। यह एक्ट 17 अक्टूबर, 2000 से अस्तित्व में आया।

सूचना प्रौद्योगिकी आम आदमी के जीवन में घुस गया है। परिणामस्वरूप बिजनेस, गवर्नेंस और कम्यूनिकेशन में कम्प्यूटर के खुले उपयोग अपने साथ साइबर क्राइम का जोखिम भी लाया। सूचना प्रौद्योगिकी के आगमन से ज्यादातर देशों में 'साइबर अपराध' कानून लागू करने का बहुत महत्वपूर्ण पहलू बन गया।

आई. टी. एक्ट 2000-सूचना प्रौद्योगिकी एक्ट 2000 की स्वीकृति के साथ भारत सूचना समाज को कानूनी प्रवृत्ति के अन्तर्गत लाने वालों में प्रारम्भिक था। उसके बाद से कम्प्यूटर से बनाया गया कोई भी दस्तावेज जिसका स्वरूप डिजिटल/अंकीय हो उसका खास कानूनी महत्व है नेगोशिएबल इन्स्ट्रूमेंट एक्ट, 1881 में संशोधन के साथ (जो 6 फरवरी, 2003 से प्रभाव में आया) समावेशक इलेक्ट्रानिक स्वरूप के चैकों, भारतीय बैंकिंग का एक और क्रांतिकारी चरण शुरू हुआ।

भारत में साइबर कानून- सूचना प्रौद्योगिकी कानून और नेगोशिएबल इन्स्ट्रूमेंट संशोधन एक्ट के अलावा इन्टलेक्चुअल प्रॉपर्टी कानून के कई पहलू जैसे कॉपीराइट, ट्रेडमार्क, इन्टरनेट बैंकिंग संस्थान और इन्टरनेट से किए जाने वाले अन्य हस्तांतरणों की कार्यविधि को प्रत्यक्ष रूप से प्रभावित करने वाले कानून, इसके कई पहलू हैं।

ये सभी साइबर कानून के अन्तर्गत आते हैं। इन कानूनों की संरचना इस प्रकार की है कि ये वैश्विक क्षेत्राधिकार के अन्तर्गत आते हैं। परिणामस्वरूप भारतीय व्यवसायिक सत्ता या विदेशी कई विदेशी कानूनों के अन्तर्गत आते हैं।

कुछ ऐसे भी प्रकारण है, जिनमें रूसी कम्पनियों पर अमेरिकन कानून लागू हुए या ऑस्ट्रेलियाई कानून अमेरिकन हस्ती पर लागू हुए। इन्टरनेट क्योंकि एक वैश्विक लेन देन का माध्यम है इसीलिए साइबर अपराधों का जोखिम, जोकि कम्पनियों और साहूकार को प्रभावित कर रहा है, वह विश्व के किसी भी कोने से उठ रहा है और इन जोखिमों का प्रति उत्तर देने के लिए सभी देशों में साइबर कानूनों की समझ आवश्यक है।

कोर्स- साइबर कानून एक बहुआयामी विषय है। यह ऐसा अध्ययन है, जिसमें कानून और टेक्नॉलॉजी दोनों के मूल्यांकन की आवश्यकता होती है। इसी कारणवश साइबर कानून की पढ़ाई एक बहुआयामी कार्य है।

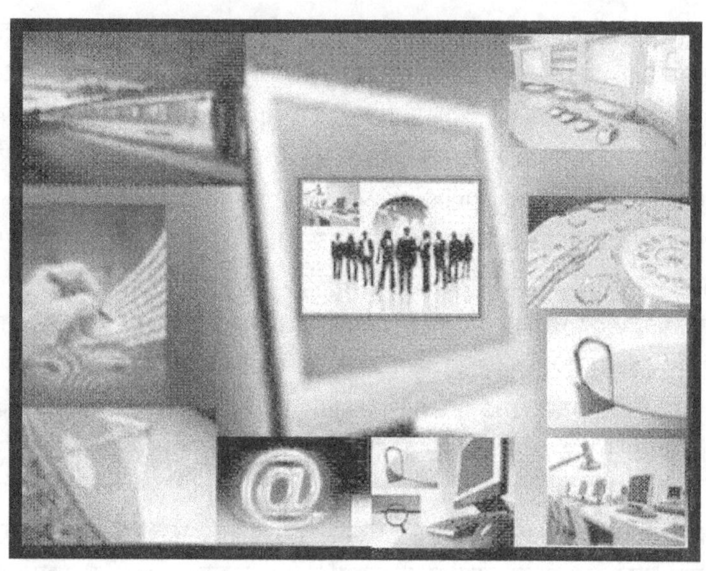

पाठ्यक्रम में नियत रूप से कानून और टेक्नोलॉजी के मूलभूत विषय, अंकीय समझौतों के कानून, साइबर क्षेत्र में बौद्धिक सामग्री के मुद्दे, ई-गवर्नेंस के अधिकार, सूचना प्रौद्योगिकी कानून, साइबर कानूनों में अन्तराष्ट्रीय परिदश्श्य, प्रबन्धन और सम्बन्धित विषयों के मुद्दों के लिए साइबर कानून शामिल हैं। वर्ष 2000 में www.cyberlawcollege.com इस विषय पर समर्पित अग्रणी शिक्षा संस्थान है। यह बंगलौर, मैसूर, हुबली, मंगलौर और चेन्नई में ऑफलाइन और ऑनलाइन कोर्स करवाता है।

सिम्बॉयसिस सोसायटी लॉ कॉलेज पुणे और नल्सर यूनिवर्सिटी, जिसका मुख्यालय हैदराबाद में है वह साइबर कानून में डिप्लोमा कोर्स करवाते हैं।

पुणे महाराष्ट्र स्थित एशियन स्कूल ऑफ साइबर लॉ साइबर कानून में डिप्लोमा कोर्स कराता है, इसे डिस्टेंस एजुकेशन के रूप में भी करवाया जाता है। इण्डियन इंस्टिट्यूट ऑफ इंफोरमेशन टेक्नोलॉजी, इलाहाबाद में साइबर लॉ और इंफोरमेशन टेक्नोलॉजी की स्नातकोत्तर डिग्री (मास्टर डिग्री) करायी जाती है। सेन्टर फॉर डिस्टेन्स एजुकेशन यूनिवर्सिटी ऑफ हैदराबाद एक और ऐसा संस्थान है, जहाँ से व्यक्ति साइबर लॉ और इंटेलेक्चुअल प्रोपर्टी राइट में स्नातकोत्तर डिप्लोमा कर सकता है।

योग्यता-योग्य वकील जो वकालत कर रहा हो, टेक्नोलॉजी के विद्यार्थी, जो आई.टी. क्षेत्र में करियर बनाना चाहते हो, प्रबन्धन के स्नातक व स्नातकोत्तर विद्यार्थी इस कोर्स को कर सकते हैं।

 अपना करियर स्वयं चुने

डेयरी टेक्नोलॉजी

भारत की कृषि आधारित अर्थव्यवस्था में डेयरी उद्योग एक सक्रिय भूमिका निभाता है। एक दशक पहले उत्पादित दूध का केवल 5% डेयरियों में आता था। आज यह 20% है और यह संख्या लगातार बढ़ रही है। आज दूध उत्पादन में भारत अमेरिका के बाद दूसरे स्थान पर है।

डेयरी टेक्नोलॉजी में दूध से जुड़े सभी कार्यों और पद्धतियों में दूध को निकलना अथवा तैयार करना, पैकेज बनाना, संग्रहण, ढुलाई और वितरण शामिल है। डेयरी टेक्नोलॉजी, बायोकैमेस्ट्री, बैक्ट्रियोलॉजी और न्यूट्रिशन विज्ञानों पर आधारित है और इंजीनियरिंग सिद्धांतों का इस्तेमाल करता है। इसका उद्देश्य दूध को खराब होने से बचाना, गुणवत्ता बढ़ाना, टॉन्ड के जीवन को बढ़ाना और मानव उपयोग के लिए दूध को स्वादिष्ट और सुरक्षित बनाना है।

डेयरी उद्योग मोटे तौर पर जटिल और असंगठित प्रक्रिया से बड़े संगठित उद्योग में बदल चुका है, जो कि न केवल दूध और दूध उत्पादों का उत्पादन बढ़ाने में सफल हुआ है, बल्कि ज्यादा पशुओं की नस्ल पैदा करना पशुओं का वैज्ञानिक ढंग से पालन-पोषण और पशुओं की खाद्य सामग्री वैज्ञानिक ढंग से उत्पादन में भी सफल हुआ है। इससे लगभग इसी अनुपात में इस क्षेत्र में प्रशिक्षित मानवशक्ति की भी मांग बढ़ी है।

डेयरी टेक्नोलॉजिस्ट दूध, मक्खन और अन्य डेयरी उत्पादों की उपयोगिता/उपयोग को बढ़ाने के लिए बैक्ट्रियोलॉजी, कैमस्ट्री, फिजिक्स, इंजीनियरिंग और अर्थशास्त्र के सिद्धांतों का उपयोग करते हैं।

डेयरी वैज्ञानिक स्तन्यायन (लैक्टेशन) और पुनर्उत्पादन की विज्ञान दैहिकी (फिजियोलॉजी), डेयरी नस्लों को सुधारने के लिए नस्लीय प्रोग्राम चलाते हैं। वे विभिन्न पर्यावरण परिस्थितियों में पशुओं व उनके भोजन की और उत्पादित दूध की मात्रा, गुणवत्ता और पोषणीय मूल्यों पर प्रभाव जानने के लिए प्रयोग करते हैं। वे डेयरी पशुओं की नस्लों, चारे और प्रबन्धन पर अनुसंधान करते हैं।

डेयरी तकनीक/वैज्ञानिक का कार्य वैज्ञानिक प्रकृति का है और इसीलिए जो इस क्षेत्र में आने की योजना बना रहे हैं, उनसे नयी पद्धतियों और प्रणालियों में शैक्षणिक रुचि की पूर्वापेक्षा की जाती है। डेयरी वैज्ञानिक/तकनीशियन को अपने ज्ञान को लगातार बढ़ाते रहना आवश्यक है। डेयरी के पेशे में इच्छित परिणाम प्राप्त करने के लिए धैर्य और अध्यवसाय से इन्तजार उपयोगी तत्व है। निरीक्षण की समझ और शक्ति, सैद्धान्तिक और व्यवहारिक सिद्धान्तों और तकनीकी के प्रयोग में रुचि सहायक विशेषताएँ है। वो जो शोध में जाने की योजना बना रहे हैं, उनमें

लम्बे घन्टों तक काम करने की योग्यता और साथ ही अनुसंधान दल के साथ रहने वाला सदस्य होना चाहिए।

सफल स्नातक विद्यार्थी आगे की पढ़ाई के लिए, विशेषज्ञता के लिए डेयरी माइक्रोबायोलॉजी, डेयरी कैमस्ट्री, डेयरी टेक्नोलॉजी, डेयरी इंजीनियरिंग, पशुओं की नस्लीय व प्रजातीय अध्यापन, मनोविज्ञान, बॉयोकैमिस्ट्री, डेयरी अर्थशास्त्र, डेयरी वृद्धि शिक्षा, पशु जैवप्रौद्योगिकी और सम्बन्धित विषयों में विशेषज्ञता के लिए इस क्षेत्र में मास्टर डिग्री प्रोग्राम (स्नातकोत्तर डिग्री) कर सकते हैं।

डेयरी उद्योग का मास्टर डिग्री प्रोग्राम में प्रवेश केवल डेयरी टेक्नोलॉजी साइन्स में स्नातक डिग्रीधारियों के लिए ही नहीं खुला, बल्कि कृषि/विज्ञान पशु विज्ञान/खाद्य टेक्नोलॉजी/इंजीनियरिंग/गृहविज्ञान/पशु चिकित्सा विज्ञान में 55% से अधिक अंकों से स्नातक करने वाले विद्यार्थियों के लिए भी खुला है। जबकि इन्हीं विषयों में 60% अंक वालों को वरीयता दी जाती है। ज्यादातर में एक प्रतियोगी लेखन परीक्षा भी देनी पड़ती है। वो जो इन वर्णित विशेषज्ञ क्षेत्रों में पीएच.डी. करना चाहते हैं, उनके मास्टर डिग्री में 55% से 60% अंक होने आवश्यक है। उन्हें एक प्रतियोगी परीक्षा या साक्षात्कार के लिए तैयार रहना होता है।

संस्थान-कुछ विशेष संस्थानों में प्रशिक्षण प्रोग्राम उपलब्ध हैं। नेशनल डेयरी इंस्टिट्यूट, करनाल; सेठ एम.सी. कॉलेज ऑफ डेयरी साइन्स के अलावा कुछ कृषि विश्वविद्यालयों में ये प्रशिक्षण प्रोग्राम करवाये जाते हैं। डेयरी साइन्स टेक्नोलॉजी में चार वर्षीय डिग्री प्रोग्राम के अलावा डेयरी साइन्स इंस्टिट्यूट, मुम्बई और उसके क्षेत्रीय केन्द्रों बंगलौर, नदिया (पश्चिम बंगाल) और इलाहाबाद से इण्डियन डेयरी टेक्नोलॉजी में डिप्लोमा। हसबेंड्री दो वर्षीय प्रोग्राम (कार्यक्रम)

 अपना करियर स्वयं चुने

करवाया जाता हैं, इसमें प्रवेश की योग्यता चार वर्षीय स्नातक कार्यक्रम के ही समान है।

डयेरी टेक्नोलॉजी/पशु चिकित्सा विज्ञान/कृषि या अन्य सम्बन्धित क्षेत्र में स्नातक भी इण्डियन इंस्टिट्यूट ऑफ मैनेजमेंट, अहमदाबाद और लखनऊ से कृषि उद्योग प्रबन्धन में स्नातकोत्तर करने के योग्य है।

इंस्टिट्यूट ऑफ रूरल मैनेजमेंट (आई.आर.एम.ए.) ग्रामीण प्रबन्धन में स्नातकोत्तर कार्यक्रम करवाता है। वो जो स्वयं को आधुनिक प्रोसेसिंग यूनिट और मार्केट कंज्युमर गुड के सहकारी उत्पादन के लिए उपयुक्त बनाना चाहते हैं, वो डेयरी साइन्स टेक्नोलॉजी में स्नातक होने चाहिए।

डेनटिस्ट (दन्त चिकित्सा)

दन्तचिकित्सा एक लाभकारी पेशा है। जो मुँह, दांतों, मसूड़ों और मुख गुहिका की अन्य नरम और सख्त ऊतकों से पीड़ा देने वाली सभी स्वास्थ्य समस्याओं का हिस्सा है। इसको एक पेशवर क्षेत्र के रूप में स्वीकार कर लिया गया है, जिसमें दांतो की देखभाल और सुधार शामिल है। दन्तचिकित्सक लोगों को उनकी सेहत और स्वास्थ्य बनाए रखने में मदद करते हैं। दन्त चिकित्सा तेजी से बदल रही है, नए अवसर और चुनौतियाँ पैदा कर रही है। कुछ सीमा तक इसमें कॉस्मेटोलॉजी (सौन्दर्य विज्ञान) भी शामिल है। जहाँ सही उपचार होता है दन्तचिकित्सक विभिन्न प्रकार की सौन्दर्य दन्त क्रियाओं या विधियों के द्वारा रोगियों के दाँतों की बनावट/दिखावट को सुधारता है।

इन दिनों दन्तचिकित्सकों की सम्पूर्ण स्वास्थ्य देखभाल प्रक्रिया में बहुत महत्वपूर्ण भूमिका समझी जाती है। मौखिक स्वास्थ्य की बढ़ती जागरुकता और महत्व के साथ और पीरियडोंटिक्स (मसूड़ों की देखभाल और रोग, जो मसूड़ों को प्रभावित करते हैं), ऑरल पैथॉलाजी (मुँह को प्रभावित करने वाले रोगों से निदान) और आर्थोडोंटिक्स (दाँतों जबड़े को पंक्तिबद्ध करना और सीध करना) जैसे नये विषयों के आ जाने से इस क्षेत्र में सम्भावनाएँ बढ़ गई हैं।

दन्त चिकित्सक या दन्त सर्जन दांतो को भरकर, दाँत चढ़ाकर, स्केलिंग करके उनकी देखभाल करते हैं। वे दाँत उखाड़ते हैं और नये दाँत डिजाइन करते हैं और बनावटी दन्तावली लगाते हैं। वे जबड़ों की सर्जरी, और कुछ विशेष आर्थोडोंटिक्स बच्चों के लिए कार्य करते हैं।

दन्तचिकित्सक की अच्छी सेहत, घंटों लम्बे समय तक खड़े रहने की क्षमता, हाथों की कुशलता एक वैज्ञानिक और सचेत पद्धति, सभी उम्र के लोगों

से जल्दी से अच्छे सम्बन्ध बनाने की योग्यता, भयभीत मरीजों विशेषकर बच्चों में विश्वास भरने की क्षमता का संगठन करना और एक दल के रूप में काम करने की क्षमता होनी चाहिए।

कोर्स–एक दन्तचिकित्सक का कार्य करने के लिए व्यक्ति को कम से कम बैचलर ऑफ डेन्टल सर्जरी (बी.डी.एस.) होना आवश्यक है। स्नातक स्तर पर कोई विशेषज्ञता नहीं होती। बी.डी.एस. चार वर्षीय कोर्स है, जिसके बाद एक वर्ष की अनिवार्य इन्टर्नशिप होती है। बी.डी.एस. स्नातक मास्टर ऑफ डेन्टल सर्जरी (एम.डी.एस.) का स्नातकोत्तर कोर्स कर सकते हैं।

दन्त चिकित्सा में अन्य कोर्स हैं:-

❖ दन्त स्वास्थ्य विज्ञानी का सर्टिफिकेट कोर्स
❖ डेन्टल मेकेनिक सर्टिफिकेट कोर्स
❖ डेन्टल असिस्टेंस में डिप्लोमा कोर्स

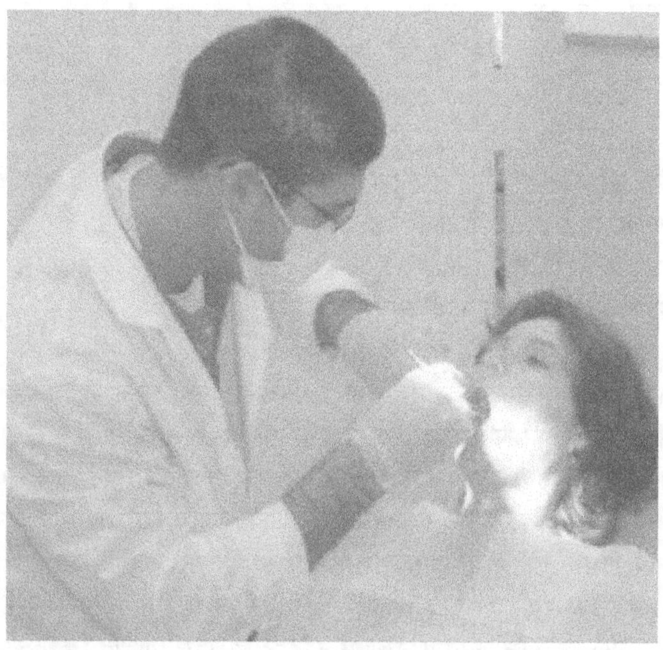

योग्यता–भौतिक, रसायन और जीवविज्ञान में 50% अंकों के साथ 10+2 की परीक्षा पास करने वाले अभ्यर्थी बैचलर ऑफ डेन्टल साइन्स (बी.डी.एस) कोर्स में प्रवेश के लिए योग्य हैं। कोर्स की अवधि चार वर्ष है, जिसके बाद एक वर्ष की इन्टर्नशिप होती है।

सेन्ट्रल बोर्ड ऑफ सेकेन्डरी एजुकेशन (सी.बी.एस.ई.) द्वारा आयोजित ऑल इण्डिया प्रवेश परीक्षा बी.डी.एस. और एम.बी.बी.एस. दोनों के लिए एक समान है। संस्थान का निर्धारण योग्यता सूची के आधार पर होता है। केन्द्र द्वारा चलाये जाने वाले मेडिकल संस्थान के अलावा ज्यादातर राज्यों में कम से कम एक ऐसा डेन्टल कॉलेज अवश्य है, जहाँ प्रवेश निवासीय स्थिति के आधार पर होता है।

चयन प्रक्रिया-1 से 2000 तक की योग्यता सूची प्रतियोगिता में प्राप्त अंकों के आधार पर बनायी जाती है। अभ्यर्थी को उनका विकल्प और योग्यता सूची प्रदान की जाती है।

संस्थान-लगभग प्रत्येक राज्य और संघीय क्षेत्र में सरकार द्वारा चलाये जाने वाले डेन्टल कॉलेज हैं। कई निजी कॉलेज भी दन्त चिकित्सा में कोर्स करवाते हैं।

इवेन्ट मैनेजमेन्ट

इवेन्ट मैनेजमेन्ट तेजी से एक रोचक करियर विकल्प बनता जा रहा है, क्योंकि रीटेल और मार्केटिंग के क्षेत्र में महत्वपूर्ण सामाजिक और कॉर्पोरेट इवेन्ट की बढ़ती प्रवृति और इससे जुड़े चमक-धमक, भड़कीलेपन की शैली के कारण यह महत्वपूर्ण करियर विकल्प बनता जा रहा है। इवेन्ट मैनेजमेन्ट निश्चित लक्षित श्रोताओं/दर्शकों को ध्यान में रखकर व्यवसायिक आयोजन करता है। इसमें विजुअल कॉन्सेप्ट, योजना, बजट तैयार करना, आयोजन करना शामिल है। आयोजन प्रबन्धक फैशन और सेलिब्रिटी शो, फिल्म अवार्ड, सिलेब्रिटी प्रमोशन, बर्थडे पार्टियाँ व थीम पार्टियाँ, प्रोडक्ट लांचिंग, रोड शो, म्यूजिक कन्सर्ट, कम्पनी कॉन्फ्रेंस सेमिनार, वर्कशॉप्स, प्रदर्शनियाँ, विवाहोत्सव इत्यादि के आयोजनों (इवेन्ट्स) का आयोजन करते हैं। इवेन्ट मैनेजमेंट को एक रोचक क्षेत्र माना जाता है, जो पार्टियों और डिस्को नाइट्स का आयोजन करता है। आयोजन प्रबन्धक आधारभूत ढांचा डिजाइन करने, मार्केटिंग, स्पोंसर ढूंढने, तर्क के साथ काम करने, स्थल का निर्धारण करने, परफोरमेंस/प्रदर्शकों को किराये पर लाने, किताबों और कलाकारों की व्यवस्था करना विभिन्न लोगों के लिए परिवहन की व्यवस्था करना, और आयोजन के दिन आयोजन के प्रत्येक पहलू की योजना, संचालन और अन्तिम स्वरूप प्रदान करता है।

कोर्स- इवेन्ट मैनेजमेंट कोर्स में डिप्लोमा करने वाले अभ्यर्थी को 10वीं या 12वीं कक्षा किसी भी विषय में उत्तीर्ण करना आवश्यक है। हालांकि इवेन्ट मैनेजमेंट में स्नातकोत्तर डिप्लोमा करने के लिए किसी भी स्ट्रीम से स्नातक डिग्री

होना आवश्यक है। इवेन्ट मैनेजमेंट कोर्स करने वाले आकांक्षी व्यक्ति में आयोजन करने का वास्तविक शौक (उत्साह) होना चाहिए। उसके अन्दर आयोजन करने की अच्छी योग्यता और लम्बे समय तक कार्य करने का सामर्थ्य होना चाहिए। अच्छे पब्लिक रिलेशन और नेटवर्किंग कौशल वाला स्नातक इस क्षेत्र का चयन कर सकता है। हालांकि किसी प्रसिद्ध फर्म या कम्पनी में इवेन्ट मैनेजर बनने के लिए एम.बी.ए. के साथ अच्छे पब्लिक रिलेशन होना आवश्यक है। पब्लिक रिलेशन में मास्टर डिग्री के साथ मार्केटिंग में मास्टर डिग्री इस पेशे में एक अतिरिक्त फायदा देती है।

करियर सम्भावनाएँ- इवेन्ट मैनेजर के रूप में व्यक्ति विजक्राफ्ट जैसी कम्पनियाँ, जी टी.वी. जैसे टी.वी. चैनलों, लैक्मे जैसी कम्पनियों के लिए फैशन शो का आयोजन; फिल्मफेयर जैसी पत्रिकाओं के लिए अवार्ड समारोहों का आयोजन कर सकता है। व्यक्ति विभिन्न मीडिया और विज्ञापन हाऊसिंग और पर्यटन क्षेत्र में पब्लिक रिलेशन अधिकारी के रूप में कार्य कर सकता है। व्यक्ति ओग्लिवी एण्ड माथर, परसेप्ट डी मार्क, सी.एन.बी.सी.टी.वी., डी.एन.ए. नेटवर्क एण्ड इंकम्पास एबॉर्ड जैसी कम्पनियों में इवेन्ट मैनेजर और निर्देशक का कार्य कर सकता है। फिल्म और सीरियल प्रोडक्शन हाऊसेस, होटल इन्डस्ट्री, टूरिज्म, कॉर्पोरेट सेक्टर, बी.पी.ओ. (बिजनेस प्रोसेसिंग आउटसोर्सिंग), न्यूजपेपर हाऊसिंग

और फैशन इंडस्ट्री ऐसे क्षेत्र हैं, जहाँ इवेन्ट मैनेजर की आवश्यकता होती है। एक कुशल इवेन्ट मैनेजर कोर्पोरेशन में सलाहकार के रूप में या अपना स्वाधीन कार्य कर सकता है।

संस्थान-इवेन्ट मैनेजमेंट में स्नातक और स्नातकोतर डिप्लोमा प्रदान करने वाले संस्थान निम्न हैं।

- एमिटी यूनिवर्सिटी ऑफ इवेन्ट मैनेजमेंट, नई दिल्ली
- इवेन्ट मैनेजमेंट डेवेलपमेंट इंस्टिट्यूट, मुम्बई
- इण्डियन इंस्टिट्यूट ऑफ इवेन्ट मैनेजमेंट मुम्बई, बंगलौर और पुणे में
- इन्टरनेशनल सेन्टर फॉर इवेन्ट मार्केटिंग, नई दिल्ली
- इन्टरनेशनल इंस्टिट्यूट ऑफ इवेन्ट मैनेजमेंट, मुम्बई
- नेशनल इंस्टिट्यूट ऑफ इवेन्ट मैनेजमेंट, मुम्बई
- सेंट जोसफ कॉलेज ऑफ बिजनेस एडमिनीस्ट्रेशन, बंगलौर
- एम.आई.सी.ए. अहमदाबाद
- आर.एस. इंस्टिट्यूट ऑफ इवेन्ट मैनेजमेंट, बंगलौर
- राई यूनिवर्सिटी, नई दिल्ली
- इंस्टिट्यूट ऑफ टूरिज्म एण्ड फ्यूचर मैनेजमेंट ट्रेंड (आई.टी.एफ.टी) चण्डीगढ़

इस क्षेत्र में पारिश्रमिक (आय), प्रबन्ध की जाने वाली इवेन्ट के अनुसार बदलता (घटता-बढ़ता) रहता है। सफल इवेन्ट मैनेजर की कोई सीमा नहीं है। इवेन्ट मैनेजर इस क्षेत्र में अनुभव प्राप्त करने के बाद अपने ग्राहकों से अच्छी कमायी कर सकता है।

इलेक्ट्रॉनिक मीडिया

जनता तक समाचार, मनोरंजन, शिक्षा, सूचना और भावनाओं को प्रभावित करने वाला संचार का एकमात्र सबसे बड़ा माध्यम विभिन्न स्वरूपों में इलेक्ट्रॉनिक मीडिया है।

देश में इस बात की समझ बढ़ती जा रही है कि राष्ट्रीय विकास और सामाजिक परिवर्तन के लिए जनसंचार एक आवश्यक महाक्रांति है। जनता की अनुभूति की अवधारणा में परिवर्तन मुख्यत: इलेक्ट्रॉनिक संचार तकनीक के गंभीर प्रभाव के कारण हुआ है। जिसने सभी जनसंचार व्यवस्थाओं में क्रांति ला दी है।

वास्तव में हमारे विशाल देश के लोग, जो विभिन्न पृष्ठ भूमियों, जीवनशैलियों, भाषाओं और संस्कृतियों के हैं। जनसंचार के इन स्वरूपों के प्रभाव से इनका

विकास हुआ है, जिसने समाज के एकीकरण में योगदान दिया है। मुद्रण माध्यमों के सूचनात्मक और प्रभावात्मक मूल्यों के बावजूद दृश्य माध्यम ज्यादा प्रभावकारी हो गए हैं।

प्रसारण और क्षेत्रीय टेलीविजन नेटवर्क का प्रभाव दिखाई देता है। भारत द्वारा कवरेज का लक्ष्य प्राप्त कर लिया है। इसके अलावा रेडियो भी अपनी पहुँच देश के दूरस्थ क्षेत्रों तक फैला रहा है। प्रसारण क्षेत्रों के फैलते नेटवर्क और ट्रांसमीटरों की बढ़ती शक्ति से ऐसा संभव हुआ है।

देश के एक हिस्से से दूसरे हिस्से तक क्षेत्रीय टेलीविजन और प्रसारण नेटवर्क पहुँचाने के लिए पहले बहुत अधिक मात्रा में परिश्रम की आवश्यकता होती थी, जो अब दिखाई नहीं देती। इस विकास ने देश में मौजूद सॉफ्टवेयर संसाधनों पर बहुत अधिक तनाव पैदा कर दिया है। सैटेलाइट टेलीविजन रेडियो-स्टेशन के बड़े नेटवर्कों, अतृप्त आवश्यकताओं का सफलतापूर्वक सामना करने के लिए रचनात्मक और पेशावर ढंग से प्रशिक्षित बहुत बड़े मानवश्रम की आवश्यकता है। विकासशील संचार आवश्यकताओं की सेवाओं को बढ़ाने के लिए और शिक्षा व्यवस्था की भूख के लिए साउंडटेप, क्लर स्लाइड, विडियोटेप या फिल्म जैसे निर्देशक और समृद्ध पदार्थों के लिए भी प्रशिक्षित मानवश्रम की आवश्यकता है।

यूनिवर्सिटीज के द्वारा इसकी काफी देर से पहचान की गई कि उन्हें इस मानवशक्ति का उत्पादन करने में एक बहुत बड़ी भूमिका निभानी है। यही कारण है कि यूनिवर्सिटी ग्रांट कमीशन (यूजीसी) ने देश के विश्वविद्यालयों में जनसंचार में शिक्षा और प्रशिक्षण केन्द्रों को तैयार करने का निर्णय लिया। जबकि इलेक्ट्रॉनिक मीडिया में विद्यार्थियों को खुले तौर पर अपनी रचनात्मकता दिखाने के लिए प्रोत्साहित किया जाता है। यहाँ अकल्पित व्यक्त स्वरूप पर जोर दिया जाता है। प्रोग्राम पाठ्यक्रम की प्रकृति प्रस्तावना के रूप में है और विद्यार्थियों को डायरेक्टर, प्रोड्यूसर तकनीकी विशेषज्ञों के कौशलों और मीडिया प्रोडक्शन प्रक्रिया में शामिल अन्य सहयोगी/सहकर्मी के करियर में प्रवेश स्तर के लिए तैयार किया जाता है।

हालांकि मुख्य कार्य प्रोग्राम के प्रोडक्शन का सम्प्रेषण से सम्बन्ध स्थापित करना है।

प्रोड्यूसर/निर्माता– यह सम्पूर्ण प्रोडक्शन का प्रभारी होता है। प्रोड्यूसर को बहुत सारे कार्य करने पड़ते हैं। उदाहरण के लिए एक विचार बनाना, प्रोग्राम का सूत्रधार करना, स्क्रिप्टराइटर के साथ सहयोग करना, कलाकार का चयन करना,

 ———————————————— अपना करियर स्वयं चुने

मीडिया पर्सनल्स और रिसर्च के साथ प्रस्तुतिकरण की चर्चा करना और अंत में प्रोडक्शन समन्वित करना।

सहायक निर्माता- सहायक निर्माता, निर्माता के लिए सभी बड़े कार्य करता है। उसके लिए केवल व्यवसायिक और प्रशासनिक कार्य की देखरेख छोड़ देता है। टेलीविजन प्रोडक्शन में सहायक निर्माता का कार्य मुख्यत: सभी सम्बन्धित कार्यों को करवाना होता हैं। इसमें कुछ भी शामिल हो सकता है, इसमें किसी मनोरंजन प्रोग्राम, संगीत प्रोग्राम, क्विज प्रोग्राम, चर्चा इत्यादि किसी का भी प्रोडक्शन हो सकता है। सहायक निर्माता, निर्माता और निर्देशक और प्रोग्राम में काम करने वाले अन्य पेशेवरों के बीच सम्पर्क साधने का कार्य भी करते हैं।

फ्लोर मैनेजर (रंगभूमि प्रबन्धक)- फ्लोर मैनेजर पता लगाता है कि प्रत्येक चीज और प्रत्येक व्यक्ति सही समय पर सही स्थान पर हो। वह यह भी सुनिश्चित करता है कि आग लगने की स्थिति में आपातकालीन मार्ग हमेशा साफ हो। वह यह भी सुनिश्चित करता है कि माइक्रोफोन, कैमरा इत्यादि ठीक स्थान पर हों। फ्लोर मैनेजर प्रोग्राम से पहले श्रोताओं और अतिथियों को संक्षेप में प्रोग्राम का सार समझाता है।

डॉक्यूमेन्ट्रीज (वृतचित्र) बनाते समय फ्लोर मैनेजर का कार्य सहायक निर्देशक करता

है, वह दैनिक शूटिंग तय करता है और उसका निरीक्षण करता है।

अनुसंधानकर्ता-शोधकर्ता को कभी भी स्क्रिप्ट लेखक के साथ नहीं उलझना चाहिए, जो कि एक उच्च विशेषज्ञता का कार्य है। प्रत्येक माध्यम के लिए अलग प्रभावी शक्ति देनी होती है। प्राय: स्क्रिप्ट लेखन के लिए विषय विशेषज्ञ होते हैं।

विषय अनुसंधान या प्रसंग अनुसंधानकर्ता होते हैं, जो काफी विस्तृत सीमा के प्रोग्राम पर कार्य करते हैं, जिसमें बच्चों के कार्यक्रम से लेकर समसामयिक विषयों पर कार्यक्रम आते हैं। कुछ अनुसंधान विशेषज्ञ होते हैं जो किसी निश्चित विषय का ज्ञान रखते हैं और अपनी विशेषज्ञता के क्षेत्र में शोध करते हैं।

शोधकर्ता प्रोफेसर, अध्यापक, वैज्ञानिक इत्यादि कोई भी हो सकता है। रेडियो साक्षात्कार के लिए शोधकर्ता लोगों को प्रोग्राम के लिए प्रासंगिक सूचना देता है। प्रोग्राम को प्रभावकारी, सूचनात्मक, प्रमाणात्मक और प्रासंगिक बनाने में अनुसंधानकर्ता बहुत महत्वपूर्ण होता है।

कैमराटीम-जब निर्देशक कैमरा निरीक्षक के साथ शॉट लेने का निर्णय लेता है, तो कैमरामैन शॉट का संयोजन और रूपरेखा के सम्बन्ध में निर्णय लेता है।

स्टूडियो में एक समय में आठ इलेक्ट्रॉनिक कैमरे कार्य कर रहे हो सकते है। ज्यादातर इलेक्ट्रॉनिक कैमरे क्रेनों या ऊपर की तरफ गतिशील होते हैं। निर्देशन के आधार पर कैमरा निरीक्षक, कैमरा टीम को शॉट के बारे में निर्देश देता है कि कैमरा टीम को क्या और कब शॉट लेना है।

साउन्ड टेक्नीशियन- फिल्मों और टी.वी. कार्यक्रमों में डायलॉग, साउन्ड इफैक्ट्स और संगीत साउन्ड टैक्नीशियन रिकॉर्ड किया जाता है। इस प्रक्रिया में स्टूडियो की रिकॉर्डिंग, निर्माण के बाद का सम्पादन, डबिंग और मिक्सिंग शामिल होते हैं। इसके लिए कैमरा टीम और साउन्ड रिकार्डिंग टेक्नीशियन के बीच स्क्रिप्ट के अनुसार तालमेल सुनिश्चित होना आवश्यक है।

न्यूजमेकर- टेलीविजन समाचार प्रसारण के लिए विशेषकर एंकरों, टेलीविजन रिपोर्टरों, कैमरामैनों (आन कैमरा-पर्सनलो) और समाचार प्रसारण विश्लेषकों की आवश्यकता होती है। पूरे प्रसारण के दौरान एंकर जिसे न्यूजकास्टर भी कहा जाता है, वह न्यूज की वीडियो टेप या रिपोर्टर के साथ लाइव सम्प्रेषण प्रस्तुत करता है। जोकि कवर की गई घटना के बारे में गहन सूचना देता है।

रेडियो स्टेशनों पर ज्यादातर उद्घोषक रिकॉर्डिंग संगीत, वर्तमान समाचार, खेल, मौसम और विज्ञापन, अतिथि साक्षात्कार, समुदाय की गतिविधियों पर रिपोर्ट या श्रोताओं की रुचि की कोई अन्य सामग्री एक डिस्क जॉकी (डी.जे.) के रूप में प्रस्तुत करते हैं।

सम्पादक- कैमरे का काम समाप्त होने, इन्टरव्यू और बयान रिकॉर्ड होने, म्यूजिक स्कोर चुनने के बाद यह सम्पादक का कार्य होता है कि काँट-छाँट, क्रम से लगाना, शॉट्स को सन्निहित करना और हाइलाइट करना, यहाँ तक की कॉमन्ट्री अन्तर्निविष्ट करते समय साउन्ट इफैक्ट, म्यूजिक और

विजुअल का (तालमेल करना) अन्तर्सम्बन्ध करना। सम्पादक की रचनात्मकता किसी कार्यक्रम को बना भी सकती है और बिगाड़ भी सकती है। इन दिनों सम्पादन कार्य के लिए कृत्रिम मशीनें उपलब्ध हैं, जिससे हम प्रोडक्शन के बाद विभिन्न प्रकार के इफेक्ट डाल सकते हैं, जो कार्यक्रम के प्रभाव को ज्यादा सार्थक बना सके।

कार्यक्रम उद्घोषक/सूत्रधार- सूत्रधार को आकर्षण का केन्द्र बनने की बजाय कार्य का केन्द्र बनना चाहिए। वह कार्यक्रम को नियंत्रित करता है कार्यक्रम की मनोदशा को नियंत्रित करता है, जबकि घटना की गति तय करना और इस प्रकार इसकी सफलता तय करना। उद्घोषक/सूत्रधार में तेजी से पढ़ने की क्षमता, भारी आत्मसयंम और किसी भी कार्यक्रम (घटना) की पृष्ठभूमि को तेजी से समझना इत्यादि होना अनिवार्य है।

योग्यता-मानवीय विषयों, सामाजिक विज्ञान, इंजीनियरिंग और चिकित्सा शास्त्र में डिग्री रखने वाले अभ्यर्थी, जिन्होंने अपनी तीन या अधिक वर्षीय डिग्री में 50% से अधिक अंक प्राप्त किए हो, वे आवेदन करने के लिए योग्य हैं। अभ्यर्थियों को अपने कॉलेज के दौरान जनसंचार से सम्बन्धित गतिविधियों जैसे वाद-विवाद, समाचार पत्र के लिए लेख, कॉलेज पत्रिका के लिए समय-समय पर लिखना, संगीत नृत्य, रंगमंच, चित्रकला, फोटोग्राफी, सामाजिक कार्य इत्यादि में भागीदारी का सबूत देना होगा।

इन गतिविधियों के सबूतों की निवेश सूची जमा करना लिखित परीक्षा के लिए अभ्यर्थी के सम्बन्ध में सोचे जाने के लिए एक आवश्यक आवश्यकता है। अभ्यर्थियों को उनकी योग्यता और उनके संचार कौशल को दर्शाने वाली निवेश सूची के आधार पर उनकी सूची का संक्षेपण किया जाता है। इन चयनित अभ्यर्थियों को लिखित परीक्षा के लिए बुलाया जाता है। लिखित परीक्षा का पहला पेपर अभ्यर्थियों की सम्भव प्रतिभा, कौशल, सामान्य जागरुकता और विभिन्न क्षेत्रों, जिसमें समसामयिक घटनाक्रम, संस्कृति, विज्ञान, जनसंचार और मीडिया भी शामिल है, उन पर विचार इत्यादि का मूल्यांकन करने के लिए डिजाइन किया जाता है। दूसरे पेपर में उनको एक फीचर फिल्म या डॉक्यूमेंट्री (वृतचित्र) फिल्म दिखाने के तुरन्त बाद उस पर उनके प्रशंसा विचार लिखने के लिए कहा जाता है। अभ्यर्थियों को उनके इन दो पेपरों में प्राप्त अंकों के आधार पर फिर से शार्ट-लिस्ट किया जाता है। इसके बाद इन अभ्यर्थियों को साक्षात्कार के लिए बुलाया जाता है। इस कोर्स में प्रवेश की अधिकतम आयु सीमा 30 वर्ष है।

- सत्यजीत राय फिल्म और टी.वी. इंस्टिट्यूट, ई.म. बाइपास रोड़, गरिमा पोस्ट ऑफिस कलकत्ता-94

- जेड.ई.डी. इंस्टिट्यूट ऑफ क्रिएटिव आर्टस, नागिला टावर, बेगमपत, हैदराबाद-500016

- फिल्म एण्ड टेलीविजन इंस्टिट्यूट ऑफ इण्डिया, लॉ कॉलेज रोड, पूना-411004

- इण्डियन इंस्टिट्यूट ऑफ मास कम्यूनिकेशन, अरूणा आसिफ मार्ग, जे.एन.यू. कैम्पस, नई दिल्ली-110067

- फिल्म एण्ड टेलीविजन इंस्टिट्यूट ऑफ तमिल नाडु, सी.आई.टी. कैम्पस, चेन्नई

- एशियन एकेडेमी ऑफ फिल्म एण्ड टेलीविजन मरवा स्टूडियो काम्प्लेक्स, एफ.सी. 14/5, थर्ड चैनल फिल्म सेन्टर, सेक्टर 16ए, नोएडा-201301

- इंस्टिट्यूट ऑफ टेलीविजन ट्रेनिंग, दिल्ली

- जेवियरस इंस्टिट्यूट ऑफ कम्यूनिकेशन, सेंट जेवियरस कॉलेज, मुम्बई-400001

पर्यावरण विज्ञान

पर्यावरण विज्ञान में करियर की सूची काफी लम्बी है और लगातार बढ़ रही है। आने वाले वर्षों में यह आशा की जाती है कि पर्यावरण विज्ञान करियर (जिनको इको जॉब के नाम से भी जाना जाता है) की मांग के हिसाब से यह देश के सबसे बड़े उद्योगों में से एक हो जाएगा। पर्यावरण संरक्षण एजेन्सियों के लिए नौकरियाँ बहुतायत में हैं क्योंकि उनको समाज में उनकी भूमिका के विभिन्न पहलुओं पर नजर रखने के लिए योग्य लोगों की आवश्यकता होती है। पर्यावरण आज्ञापालक निरीक्षक की भूमिका की कई सम्पूर्ण बहुलतावादी क्षेत्रों अत्यधिक आवश्यकता है।

पर्यावरण विज्ञान में पेशों की पूर्ण खोजबीन के लिए यह समझना उत्तम होगा कि रोजगार के लिए योग्य समझे जाने के लिए किस तरह की शिक्षा की आवश्यकता है। ज्यादा जगहों के लिए अभ्यर्थी को स्नातक पूर्व डिग्री के साथ साथ स्नातक डिग्री की भी आवश्यकता होती है। प्राकृतिक रूप से ये आवश्यकताएँ आवेदित नौकरी के विवरण के हिसाब से बदलती रहती है।

पर्यावरण विज्ञान एक उच्च समझा जाने वाला अध्ययन है। जो आपको कुछ रुचिकर रोजगार विकल्पों की ओर ले जाता हैं आप स्वयं को एक पर्यावरण

पर्यटक गाइड, एक चिड़ियाघर की देखरेख करने वाले या जियालॉजिकल इंजीनियरिंग या समुद्र विज्ञान के विशेषज्ञ के लिए भी लक्षित कर सकते है। करियर सम्भावना का वशहत और विस्तृत क्रम जिसमें वे सफल हो सकते है इस पर्यावरणीय करियर को इतना रूचिकर बनाता है।

पर्यावरणीय विज्ञान करियर के साथ कानून लागू करने के बहुत से क्षेत्र जुड़े (सम्मिलित) हुए हैं। इसमें मछलियाँ और जंगली जीवन तथा मछलियाँ और समुद्रपार के खेलों के अलावा रोजगार एजेन्टों द्वारा हमारे आस-पास चारों तरफ के प्राकृतिक पर्यावरण में कानूनी मुद्दो को लागू करना/करवाना है। (जिसमें उसमें रहने वाले पशु भी सम्मिलित होते है।)

बहुत-सी पर्यावरणीय नौकरियों में जैसे समुद्र विज्ञान, जूलॉजी, पैलिओनटॉलॉजी या हेरपेटॉलॉजी में उच्च शिक्षा में डिग्रियों की आवश्यकता होती है। इसमें पर्यावरणीय सेम्पलिंग, जांच करना और वर्तमान विकल्पों के क्षतिग्रस्त पेशों की क्षति का पता लगाने का समर्पित वैज्ञानिक प्रयास होना चाहिए।

इन क्षेत्रों में से वैज्ञानिक आंकड़ों का संग्रहण करना और उसे दैनिक जीवन में लागू करना शामिल है। पर्यावरणीय उत्पादों के निर्माण और उसके अभ्यास के लिए पर्यावरणीय वैज्ञानिक करियर बहुत महत्वपूर्ण है। कॉलेज की डिग्री के बगैर भी पर्यावरणीय विज्ञान में करियर बनाना सम्भव है। इस तरह की पर्यावरणीय नौकरियों में हवाई जनरेटर निर्माण सौर पैनल निर्माण जैसी सेवायें शामिल हैं जो कि ग्राहकों की स्वच्छ ऊर्जा प्रदान करती है।

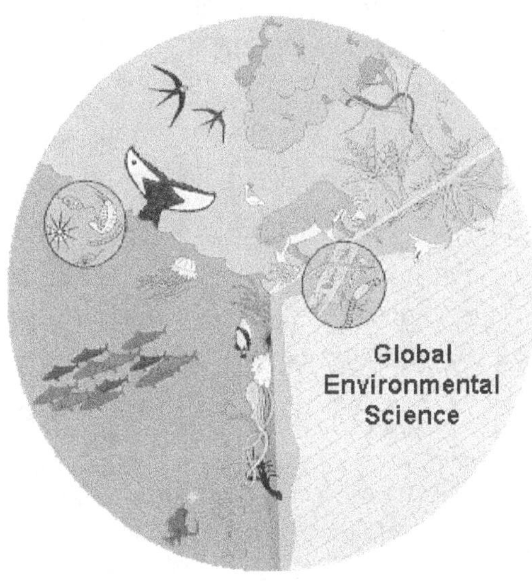

आज स्वच्छ ऊर्जा की नौकरियों का तेजी से विकास होने की सम्भावना है स्वच्छ ऊर्जा स्रोतों के निर्माण के साथ-साथ भूस्थल निर्माण के बाद आवश्यक मरम्मत की नौकरियों में अवसर उपलबध हैं। इस प्रकार की सम्भावनायें व्यक्त की जा रही है कि स्वच्छ ऊर्जा की नौकरियाँ ही निर्माण का भविष्य है।

पर्यावरण विज्ञान में किसी भी पेशे के लिए योग्यता सालों साल बदलती रहती है। आपको अपने रूचि के क्षेत्र में शैक्षणिक डिग्री पूरी करने की सलाह दी जाती है। अब विकसित हो रहे पर्यावरणीय करियरों में नये कौशलों की आवश्यकता अगले पाँच वर्षों में होगी।

संरक्षण और बचाव प्रयासों के लिए ये पर्यावरणीय नौकरियाँ आवश्यक है। इन नौकरियों के बगैर आज हम जो पर्यावरणीय मुद्दों का सामना कर रहे हैं उनको उनकी आवश्यक देखरेख संक्षेप के लिए पैसा और जन अभिरूचि प्राप्त नहीं हो पायेगी।

इस क्षेत्र में आज करियर के अत्यधिक विकल्प है। इस क्षेत्र में भारत में ही नहीं विदेशों में भी सीमायें विस्तृत हुई है। कूड़ा उपचार उद्योग, तेलशोधन, कारखाने, उर्वरक प्लान्टस, खाद्य निर्माण उद्योग, आसवनीय और कपड़ा मिलें पर्यावरण वैज्ञानिकों को रोजगार प्रदान करती है। इधर एन.जी.ओ. भी संख्या और शक्ति दोनों तरह से विकसित हो रहे हैं। इन संगठनों में भी बहुत अच्छी गुंजाइश है। पर्यावरण संरक्षण पर बढ़ती चिन्ता ने इस उद्योग को भी औद्योगिक कचरे और अन्य पर्यावरण को नुकसान पहुंचाने वाले औद्योगिक पदार्थों के प्रति सचेत और विश्वस्त बना दिया है। जिसके परिणामस्वरूप पर्यावरणीय विज्ञान में ज्यादा नौकरियाँ उत्पन्न हो रही है।

योग्यता- पर्यावरण विज्ञान सामान्यत: एम.एस.सी. में पढ़ाया जाता है और इसीलिए विज्ञान के किसी भी क्षेत्र में स्नातक डिग्री परमावश्यक है। हालांकि कुछ ऐसे संस्थान हैं, जहाँ बी.एस.सी. स्तर पर पर्यावरणीय विषय प्रदान किए जाते है।

संस्थान-अन्तर्राष्ट्रीय वाद-विवाद का विषय होने के कारण विभिन्न सरकारी और निजी संगठन इस क्षेत्र में विभिन्न कोर्स करने की सुविधा प्रदान करते हैं। विस्तृत सूचना पाने के लिए आप अपनी नजदीकी यूनिवर्सिटी से सम्पर्क कर सकते है।

फैशन डिजाइनिंग

इस उच्च विशेषज्ञता के क्षेत्र में सफल होने के लिए व्यक्ति को न केवल अत्यधिक रचनात्मक होना चाहिए बल्कि कलाकारों और निर्माताओं को डिजाइनों के प्रदर्शन में भी बेहतर होना चाहिए। ठीक यही चीज फैशन डिजाइन संस्थान आपको प्रशिक्षण के दौरान सिखाते हैं। इसीलिए एक अच्छे फैशन डिजाइन संस्थान से सीखना आपका पहला कदम होना चाहिए, यदि आप इसमें करियर बनाना चाहते हो।

फैशन डिजाइनर का पेशा हाल में युवाओं में सबसे अलग तरह के करियर के रूप में उभरा है। इन युवाओं की खुद की कपड़ों को डिजाइन करने की एक रचनात्मक शैली है और ये दूसरों द्वारा तय किए गए फैशनों की बजाय अपने फैशन तय करने में विश्वास रखते हैं। फैशन डिजाइनिंग करियर न सिर्फ प्रसिद्ध, अमीर और आकर्षक लोगों से मिलने और बाचतीच में शामिल होने का मौका देता है बल्कि रचनात्मक प्रवृति के लोगों को जो शैली की समझ रखते है उन्हें प्रेरणा/प्रोत्साहन भी देता है। कपड़ों को डिजाइन करना, कपड़ो को काटना, टुकड़ों को एक साथ सिलना और अन्त में बेचना इस उद्योग के प्रमुख कार्यक्षेत्र है। रैम्प शो और फैशन के बारे में लेखन के जरिए विभिन्न उत्पादों और शैलियों को लोकप्रिय बनाया जाता है और उनकी मार्केटिंग की जाती है।

फैशन शब्द का इस्तेमाल सामान्यत: कपड़ों, ड्रेसों साड़ियों, परिधानों इत्यादि के सम्बन्ध में दिया जाता है। फैशन डिजाइनर को साड़ियों की गुणवत्ता बढ़ाने का कार्य करना होता है। आज फैशन को जीवन स्तर स्वीकार्यता के रूप में पहचाना जाता है और इसमें सामाजिक अपेक्षा निहित होती है। भारत अपने समृद्ध रेशम, पारम्परिक दस्तकारी, ग्राम्य बुनावट और चमकीला ड्राई के साथ अन्तर्राष्ट्रीय बाजार में प्रमुख स्थान रखता है। भारतीय कपड़ों के लिए विश्व बाजार के निर्माण में भारतीय फैशन डिजाइन का अहम योगदान है। आने वाले फैशन उद्यमियों के लिए विकास की परम्परा तय की गई है।

फैशन डिजाइनर सभी के लिए डिजाइन तैयार करते हैं, जिसमें पुरुषों, महिलाओं और बच्चों के परिधान शामिल है। डिजाइनर अपने ग्राहकों की आवश्यकताओं को समझते है और वे नये फैशन, बाजार की परिस्थितियों, मौसम और साथ में रंग, शैली, कपड़े आकार और अनुकूलता का ध्यान रखते हुए आकर्षक, सहायक और कारगर परिधानों का निर्माण करते हैं।

परिधान/ड्रेस बनाने की क्रिया कागज पर वास्तविक डिजाइन रेखांकित करके आरम्भ होती है। इसके बाद नमूने/सेम्पल को आकृति देने के बाद पीस

की वास्तविक आकृति कागज की खींची और काढ़ी जाती है। फिर इस कागज के पीस को सिलकर मॉडल को पहनाकर इसकी जाँच की जाती है कि पीस मॉडल को कितना फिट आया है। उस नमूने सेम्पल पीस से अन्त में असली कपड़ा बनाया जाता है। डिजाइनर को अपना ज्यादातर समय अनुसंधान और खोजबीन में लगाना पड़ता हैं। कपड़े, बुनायी, ढकने और लटकाने के गुण, पदार्थ, रंग, डिजाइन तथा बदलते फैशन का ज्ञान महत्वपूर्ण है।

फैशन डिजाइनर कलात्मक और रचनात्मक होना चाहिए। उसे अपने विचारों को रूपरेखा के जरिए व्यक्त करने में सक्षम होना चाहिए। वह शानदार कलाकार न हो पर रंगों छायाकरण और रंगत को मिला सकने वाला होना चाहिए। डिजाइनर को कपड़ों की रचना और उनका प्रभावकारी उपयोग करने का ज्ञान होना चाहिए। डिजाइनर में सदृश्य कल्पनाशीलता और उस सदश्शय कल्पनाशीलता को परिधान में स्थानांतरित करने की योग्यता के तीनों आयाम होने चाहिए।

फैशन डिजाइनर का फैशन के प्रति सचेतता और बाजार की आवश्यकता से परिचित होना अत्यन्त आवश्यक है। अन्तर्राष्ट्रीय परिपेक्ष को जानने के लिए उन्हें ज्यादा से ज्यादा अन्तर्राष्ट्रीय फैशन दैनिक पुस्तकें, इतिहास और कला का अध्ययन करना चाहिए। जब भी उन्हें मौका मिले उनको विभिन्न कला प्रदर्शनियों में अवश्य जाना चाहिए विभिन्न पारम्परिक कलाकारों से बातचीत करनी चाहिए। एक डिजाइनर के रूप में व्यक्ति के अन्दर मूलभूत दर्जी के कौशलों (काटना, सिलना, ओढ़ना, ढकना इत्यादि) की जानकारी और अनुभव होना चाहिए। इसके अलावा उनको विभिन्न कपड़ों की गुणवत्ता और पहचान होनी चाहिए और खासतौर पर अच्छे कपड़ों का ज्ञान, जिन पर उन्हें काम करना होता है। ग्राहकों की आवश्यकता और बाजार की समझ होना भी आवश्यक है ताकि जिस व्यक्ति के लिए डिजाइन तैयार किया जाए वह उनके अनुकूल हो। डिजाइनर को एक अच्छा संवाहक होना चाहिए जिससे उसके अपने विचार पूर्णत: स्पष्ट हो सकें और जिसकी छाया फैशन शो के प्रस्तुतिकरण में नजर आ सके।

फैशन उद्योग में काम के प्रमुख क्षेत्र हैं:-

डिजाइन विभाग- उत्पादन इकाइयाँ बड़े स्तर पर कार्य करती हैं। वे डिजाइनरों, कपड़ा काटने वाले, स्केचिंग (रूपरेखा) तैयार करने वाले सहायकों और जूनियर डिजाइनरों को नौकरियाँ देती हैं। कटिंग सहायकों को डिजाइन के हिसाब से सैम्पल काटने होते हैं। इसके बाद बनाए गए कपड़े को सजाया जाता है। स्कैचिंग सहायक, कटिंग सहायक द्वारा दिए गए कपड़ों के तकनीकी स्कैच बनाता है। विशेष ड्राइंग तैयार करने करने से लेकर विभिन्न कपड़ों में से कपड़ों का चयन प्राय: स्केचिंग सहायक का कार्य होता है। जूनियर डिजाइनर प्राय:

पहला नमूना (सैम्पल) काटता है। वे पहले सैम्पल को उस कपड़े के साथ जोड़ते हैं, जिसे उन्होंने बाजार से चुना होता है।

मार्केटिंग और सौदेबाजी- फैशन प्रवृत्तियों में लगातार परिवर्तन हो रहा है। इसीलिए मार्केटिंग और सौदेबाजी में लगे लोगों को फैशन प्रवृत्तियों बिक्री के आंकड़ों और संगठनों के बाजार सम्बन्धी लक्ष्यों का अच्छा ज्ञान होना चाहिए। इस सूचना के आधार पर मार्केटिंग विभाग कम्पनी की दिशा तय करता है। यह उत्पाद की आवश्यकता, मूल्य का निर्धारण करता है और इस प्रकार ये प्राय: नये उत्पाद की कल्पना के बाद स्टाइलिंग डिपार्टमेंट के साथ मिलकर कार्य करता है।

निर्माण विभाग-उत्पादन मैनेजर निर्माण इकाई का प्रमुख होता है। वही कार्य के लक्ष्य तय करने कर्मचारियों के प्रशिक्षण और उत्पादन की गुणवत्ता बनाए रखने के लिए की जाने वाली सभी गतिविधियों का प्रबन्धन करता हैं उत्पादन प्रबन्धक नमूना की कटिंग के कार्य का निरीक्षण करता है- जिसमें नमूनों को ग्रेड देना, फैलाना और उनकी कटिंग और मार्किंग करना, उनको जोड़ना और अन्तिम स्वरूप प्रदान करना शामिल है प्रोडक्शन मैनेजर से प्रोडक्शन असिस्टेंट तक प्रत्येक स्तर पर कार्य का निरीक्षण किया जाता है।

फैशन को ऑर्डिनेटर (समन्वयक)-वे ग्राहक और प्रोडक्शन मैनेजर के बीच साथ समन्वयन करते हैं। फैशन कॉर्डिनेटर उत्पादन का समय तय करता है, ग्राहकों से मिलता है। कपड़ों, रंगों, डिजाइनो की विशेषताओं और गुणवता पर नजर रखता है। जब ग्राहक अपना खुद का डिजाइन देते हैं तो कॉर्डिनेटर कपड़े

का रंग और अन्य सहायक चीजों का निर्णय लेने जो उस डिजाइन के अनुकूल हो मदद करता है। वे डिजाइन का विवरण सेम्पल बनाने वाले उत्पादकों को देते हैं और सेम्पल बनवाते हैं। सेम्पल पुतले को पहनाया जाता है ताकि अगर किसी शैली में अन्य परिवर्तन की आवश्यकता हो तो उसे देखा जा सके। सेम्पल को अन्तिम स्वरूप दे देने के उपरान्त उसका ठीक-ठीक माप लिया जाता है। संयोजक इस बात का सुझाव देता है कि कपड़े को किस तरह काटा जाए ताकि कम से कम कपड़ा खराब हो। तब अन्त में वस्त्र को बिक्री के लिए प्रस्तुत किया जाता है।

संस्थान–एन.आई.एफ.टी. (नेशनल इंस्टिट्यूट ऑफ फैशन टेक्नोलॉजी) दिल्ली, मुम्बई, हैदराबाद, कोलकता, गांधीनगर और चेन्नई में स्थित है। यह स्कूल आकांक्षी विद्यार्थियों के लिए सबसे लुभावना है, जो फैशन में करियर बनना चाहते है।

- आई.आई.एफ.टी. (इण्डियन इंस्टिट्यूट ऑफ फैशन टेक्नोलॉजी), नई दिल्ली
- एन.आई.डी. (नेशनल इंस्टिट्यूट ऑफ डिजाइन), अहमदाबाद सोफिया पॉलीटेक्निक, मुम्बई
- जे.डी. इंस्टिट्यूट ऑफ फैशन टेक्नोलॉजी, मुम्बई
- एपीजे सेन्टर फॉर क्रिएटिक एण्ड प्रोडक्टिव आर्ट, नई दिल्ली
- बी.डी. सोमानी इंस्टिट्यूट ऑफ आर्ट एण्ड फैशन टेक्नोलॉजी, मुम्बई
- लामार्क इंस्टिट्यूट ऑफ आर्ट, मुम्बई

वाणिज्य प्रबन्धन/आर्थिक प्रबन्धन

सामान्य शब्दों में वाणिज्य प्रबन्धन व्यक्तिगत आर्थिक लक्ष्यों को तय करने और उनको पूरा करने की योजना की प्रक्रिया है। वाणिज्यिक प्रबन्धक का लक्ष्य यह सुनिश्चित करना है कि सही समय पर सही हाथो में पर्याप्त मात्रा में धन उपलब्ध हो ताकि भविष्य के आर्थिक लक्ष्य प्राप्त किए जा सके। इस प्रक्रिया में सभी उपस्थित स्रोतों से स्टॉक लेना, उनका उपयोग करने के लिए योजना बनाना और व्यवस्थित रूप से उस योजना को लागू करना शामिल है ताकि अल्पकालीन और दीर्घकालीन परिणाम प्राप्त किए जा सके। योजना का समय-समय पर निरीक्षण और पुनर्निरीक्षण किया जाना चाहिए ताकि यह सुनिश्चित किया जा सके कि यह ग्राहक के आर्थिक लक्ष्यों की तरफ बढ़ रही है और यदि आवश्यकता पड़े तो आवश्यक परिवर्तन किए जा सके।

आर्थिक नियोजन लोगों को भविष्य में पैदा होने वाली आर्थिक आवश्यकता को पूरा करने के लिए पहले से प्रबन्धन व्यवस्था निर्माण में सहायता देता है।

इसके अलावा इसमें शिक्षा, सम्पत्ति और सेवानिवृत नियोजन, आर्थिक नियोजन के अलावा नकदी प्रबन्धन, निवेश प्रबन्धन, आय कर नियोजन, व्यापार नियोजन, परोपकार नियोजन, शेयर दलाली और ऋण और जोखिम प्रबन्धन के भी काम आता है। आर्थिक नियोजनकर्ता के लिए सबसे बड़ी चुनौती सर्वसमावेशी (व्यापक) योजना उपलब्ध करने की जो ग्राहक को भारी संख्या में, उस आर्थिक लक्ष्य को प्राप्त करने के योग्य बनाए। जिनके बारे में ग्राहक ने सोचा न हो प्राय: नियोजनकर्ता की भूमिका ग्राहक को दीर्घकालीन लक्ष्यों और आवश्यकताओं की कीमत पर अल्पकालीन लक्ष्यों पर ध्यान केन्द्रित करने से बचाने की होती है।

दूसरे आर्थिक विशेषज्ञों की तुलना में जो ग्राहकों का ध्यान किसी निश्चित सीमा क्षेत्र जैसे ग्राहक का आर्थिक जीवन बीमा संरक्षण और कराधान आदि तक केन्द्रित करता है, उसकी बजाय आर्थिक नियोजनकर्ता ग्राहक के सामने एक बड़ी तस्वीर पेश करता है, जिसमें वह ग्राहक की सम्पूर्ण परिस्थिति के सन्दर्भ में आर्थिक मुद्दों को लेता है।

आर्थिक नियोजनकर्ता प्राय: स्वयं अपने आर्थिक नियोजन स्थापित करते हैं या तो वो स्वयं या फिर अन्य नियोजन कर्ताओं के साथ मिलकर आर्थिक

Financial Management Cycle

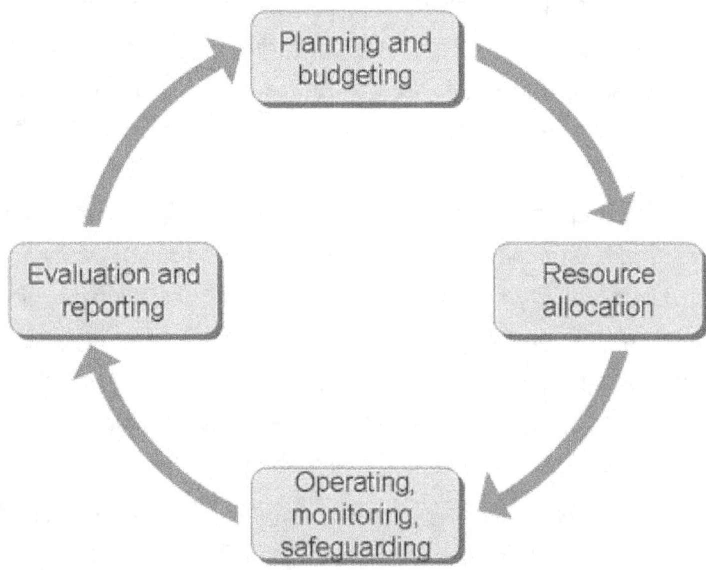

नियोजन का कारोबार करते हैं। उदाहरण के लिए अमेरिका में लगभग 40% आर्थिक नियोजन अपना खुद का कारोबार करते हैं। अन्य बैंको, आर्थिक नियोजन संगठनों, जीवन बीमा कम्पनियों, लेखा जोखा, फर्मो, बड़े स्तर के शेयर दलालों बड़ी कम्पनियों के कर्मचारियों के लाभों के लिए कार्य करते हैं।

आर्थिक नियोजनकर्ता के उद्भव के पीछे कई कारण हैं पहला, धन सम्बन्धी निर्णय ज्यादा जटिल हो गए हैं। दूसरा, भारत में अब जमा और निवेश करने वालों लोगों की संख्या लगातार बढ़ रही है।

मुद्रा स्फिति का क्षयकारी प्रभाव शिथिल बेकार पड़ी जमा पर प्रत्येक निवेश मार्ग में विभिन्न जोखिम की विस्मयकारी संख्या बढ़ती आकांक्षाओं के साथ मिलकर इन आर्थिक डॉक्टरों की आवश्यकता को बढ़ाती रहेगी।

व्यक्तिगत निवेशकों की बढ़ती संख्या जिसमें छोटे और बड़े निवेशक दोनों शामिल हैं, ये इन आर्थिक डॉक्टरों की सेवाएं अपनी व्यक्तिगत वित्तीय-स्थिति विवरण लिखवाने के लिए ले रहे है। इस नियोजकों की मांग विभिन्न सामाजिक कारणों जैसे जीवन में बढ़ता खर्च, अस्थायी नौकरियों, पढ़ने और यात्रा करने के लिए विदेश जाने की बढ़ती आकांक्षाओं के कारण बढ़ी है। कई बड़े कॉरपोरेट अपने कर्मचारियों को आर्थिक नियोजन एक बोनस के रूप में प्रदान करने की शुरुआत कर रहे हैं। वास्तव में आज प्रत्येक परिवार को भविष्य के लिए तैयार रहने के लिए आर्थिक नियोजन की आवश्यकता होती है।

आर्थिक नियोजन तेजी से बढ़ता हुआ व्यवसाय है, जिसमें मजबूत करियर बनाया जा सकता है। इस उद्योग में समृद्ध भविष्य है विदेशों में आर्थिक नियोजनकर्ता सर्वाधिक आय पाने वाले व्यवसायिक में से एक है। आर्थिक नियोजनकर्त्ताओं की वार्षिक आय विभिन्न विषयों पर निर्भर करती है। इन विषयों में विशेषज्ञता, अनुभव, कौशल, ग्राहकों की संख्या, ली जाने वाली फीस और भौगोलिक स्थिति शामिल है।

आर्थिक नियोजनकर्त्ता प्रतिघण्टा सलाह के आधार पर फीस ले सकता है या आर्थिक नियोजनकर्ता की सलाह से बेचे गए आर्थिक उत्पादों से कमीशन ले सकता है। कुछ आर्थिक नियोजनकर्ता आर्थिक सेवायें प्रदान करने वाली फर्मो के बोनस या आय के आधार पर भी काम करते हैं।

हालांकि आर्थिक नियोजन एक बेहतरीन करियर विकल्प है लेकिन यह सरल कार्य नहीं है। क्योंकि यह एक नया विषय है। पेशवरों के लिए सबसे बड़ी चुनौती लोगों को यह समझाने की है कि वे व्यक्तिगत आर्थिक सलाह पर खर्च करके लाभान्वित होंगे। आजकल लोग मुफ्त की सलाह का उपयोग करते हैं, जो चार्टेड अकाउन्टेंट या बीमा एजेन्ट से मिलती है। हालांकि नव व्यवसायिक इसमें

ज्यादा खुले हुए है जो निवेशकों को 50 की आयु के बाद के विषय में सचेत कर, डराकर निवेश के जोखिम भरे रास्ते पर लाते हैं। वास्तव में ज्यादातर लोगों को ज्यादा आगे की योजना बनाने की आदत भी नहीं है।

संस्थान-अब तक आर्थिक नियोजन के सन्दर्भ में भारत में कोई विशेष योग्यता का नुस्खा नहीं है। दूसरे देशों में सी.पी.एफ. (सर्टिफाइड फाइनेंसियल प्लानर) को योग्यता के रूप में पहचाना जाता है जो लिखित परीक्षा और प्रासांगिक अनुभव पर आधारित है।

चार्टेड फाइनेंसियल प्लानर (सी.पी.एफ.) का कोर्स वर्तमान में भारत के दो मान्यता प्राप्त शिक्षा केन्द्रों द्वारा करवाया जाता है। ऐसोसिएशन ऑफ फाइनेनशियल प्लानर (ए.एफ.पी.) का तकनीक सहयोग फाइनेंशियल प्लानिंग एसोशिएशन ऑफ आस्ट्रेलिया लिमिटेड (एफ.पी.ए.) से है। इसमें दो वर्ष लेकर अनियमित शिक्षा की योजना जिसमें बीमा योजना और जोखिम प्रबन्धन, सेवानिवृत्ति कर और सम्पति नियोजन, कर्मचारी लाभ, धन निर्माण, बजटिंग, नकदी बहाव प्रबन्धन, ऋण प्रबन्धन और आर्थिक निर्माण नियोजन जैसे विषय इसके अन्तर्गत आते हैं।

वैकल्पिक रूप से एक एम.बी.ए./सी.एफ.ए./सी.ए./बीमा विशेषज्ञ अकेले या संयुक्त रूप से आपको विभिन्न निवेश उपकरणों के विकल्पों की मोटी समझ और उनके उलझाव को समझा जा सकता है।

- एसोसिएशन ऑफ फाइनेंशियल प्लानर, 312 टर्फ एस्टेट, डाक्टर ई. मोसिस रोड, महालक्ष्मी, मुम्बई 400011
- फाइनेंशियल प्लानर एण्ड एडवाइजरी ऍकेडमी प्राइवेट लिमिटेड, 7 रेडीमनी टेरस, 167 डॉ. एनी बेसेन्ट रोड, वरली नाका, मुम्बई-400018
- इंटरनेशनल कॉलेज ऑफ फाइनेंशियल प्लानिंग (बजाज कैपिटल लिमिटेड), बजाज हाऊस, 97 नेहरू प्लेस, नई दिल्ली-110019

फाइन आर्ट (ललित कला)

मुख्यत: फाइन आर्ट से तात्पर्य कलाओं से है जैसे चित्रकला, नृत्य, नाटक, मूर्तिकला, इंटिरियर डिजाइनिंग, केसेमिक (मूर्तिका) डिजाइनिंग, म्युअरल (भिती) डिजाइनिंग और पॉटेरी डिजाइनिंग। हाल के समय में उपभोक्तावाद के विकास के साथ ये पारम्परिक रूप कलाएँ लाभ के व्यवसायिक क्षेत्र में बदल गई है। इस प्रकार फाइन आर्ट के क्षेत्र में रोजगार सम्भावनाएँ दिन प्रतिदिन बढ़ती जा रही है। बहुत से नवयुवक इस क्षेत्र में उच्च पारिश्रमिक, सम्मान और लोकप्रियता की खोज में आते हैं।

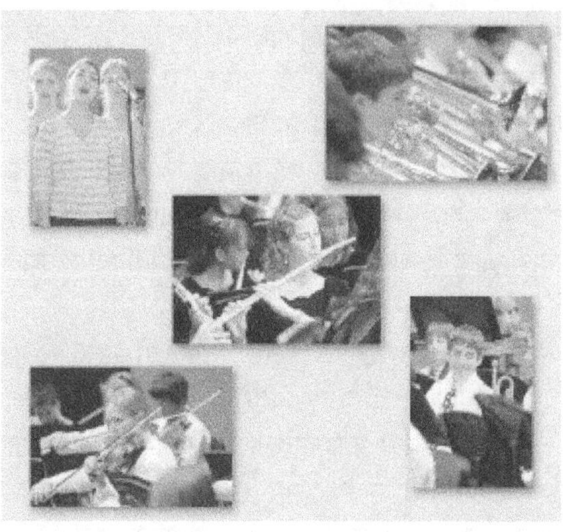

कोर्स-फाइन आर्ट्स में कई कोर्स हैं, जिसमें फाइन आर्ट्स में स्नातक व स्नातकोत्तर डिग्री भी शामिल हैं। फाइन आर्ट्स स्नातक कोर्स के लिए 10वीं या 12वीं की परीक्षा में उत्तीर्ण होना आवश्यक है। सामान्यत: यह 4 या 5 वर्ष का कोर्स है। फाइन आर्ट्स में स्नातकोत्तर कोर्स स्नातक विद्यार्थियों के लिए खुला है। यह दो वर्षीय कोर्स है इन कोर्सो के अलावा फाइन आर्ट्स के विभिन्न क्षेत्रों में डिप्लोमा व सर्टिफिकेट कोर्स भी है। फाइन आर्ट्स में करियर आरम्भ करने के लिए शैक्षणिक योग्यता के अलावा व्यक्ति के अन्दर कलात्मक मस्तिष्क व कला दृष्टि होनी चाहिए।

करियर सम्भावनाएँ-फाइन आर्ट्स के पेशवरों के लिए बहुत से रास्ते खुले हैं, जो उनकी योग्यता, व्यक्तित्व और संरक्षण पर निर्भर करते हैं वे विज्ञापन एजेन्सियों, साड़ी उद्योग या मीडिया हाऊस में रोजगार ढूंढ सकते हैं। इसके अलावा वे प्रोडक्शन हाऊसिंग, (रंगमंच) सिनेमा, नाटक हाऊसिस में काम कर सकते हैं। नर्तक, संगीतकार और चित्रककार स्वतंत्र रूप से या अनुबंध के आधार पर काम कर सकते है। बहुत से कलाकार शिक्षक को भी करियर विकल्प के रूप में चुन सकते हैं। वे कला आलोचक या कला लेखक काम भी कर सकते हैं।

संस्थान-भारत में कई विश्वविद्यालय फाइन आर्ट्स में कई कोर्स करवाते हैं। ये विश्व विद्यालय हैं- इलाहाबाद यूनिवर्सिटी, इलाहाबाद; आन्ध्रा यूनिवर्सिटी, विशाखापट्टनम; अन्ना यूनिवर्सिटी, चेन्नई; बनारस हिन्दू विश्वविद्यालय, वाराणसी; बंगलौर यूनिवर्सिटी बंगलौर; गोवा यूनिवर्सिटी गोवा; गुजरात यूनिवर्सिटी, अहमदाबाद; गुरु नानक देव यूनिवर्सिटी, अमृतसर; जामिया मिल्लिया इस्लामिया, नई दिल्ली; कर्नाटका यूनिवर्सिटी, धारवड; कुरुक्षेत्रा यूनिवर्सिटी, कुरुक्षेत्र; नागपुर यूनिवर्सिटी, नागपुर; पंजाब यूनिवर्सिटी, चण्डीगढ़; रविन्द्रा भारती यूनिवर्सिटी, कोलकता; यूनिवर्सिटी ऑफ अजमेर, अजमेर; यूनिवर्सिटी ऑफ कलकत्ता, कोलकाता;

यूनिवर्सिटी ऑफ दिल्ली, दिल्ली; यूनिवर्सिटी ऑफ चेन्नई, चेन्नई; यूनिवर्सिटी ऑफ मुम्बई, मुम्बई; यूनिवर्सिटी ऑफ पुणे, पुणे; यूनिवर्सिटी ऑफ राजस्थान, जयपुर और विश्वाभारती, पश्चिम बंगाल।

फिशरीज साइन्स (मत्स्य-विज्ञान)

मछली विज्ञान, विज्ञान की एक शाखा है, जो पर्यावरण विज्ञान, पर्यावरण व्यवस्था, समुद्रविज्ञान, अर्थशास्त्र और मछली के प्रबन्धन के अध्ययन से जुड़ी है। मछली विज्ञान में उन पर्यावरणीय कारणों का गहन अध्ययन है, जिसमें मछलियों की उपलब्धता और उनके जैविक सन्तुलन पर प्रभाव पड़ता है। भारत विस्तृत समुद्री सीमा को ध्यान में रखते हुए भारत जल्दी ही मछली शिक्षा विज्ञान का केन्द्र बन गया।

करियर संभावनाएँ-विदेशों में समुद्री भोजन की लोकप्रियता और वैश्विकरण के साथ इस क्षेत्र में करियर काफी लाभकारी बन गया है। इस क्षेत्र में प्रशिक्षित व्यक्ति सरकार को बहुत सारा राजस्व पैदा करने में योगदान दे सकता है। मछली विज्ञान का विद्वान मछली जेनेटिक्स और जैव तकनीकी के क्षेत्र में कार्य कर सकता है। प्रमुख पेशेवर मछली वैज्ञानिक बनने के लिए विषय के पूरे अध्ययन के साथ समर्पण और प्रतिबद्धता भी जरूरी है।

मछली विज्ञान के क्षेत्र में कार्य करके व्यक्ति एक फार्म मैनेजर है। हैचॅरि मैनेजर (अण्डज उत्पतिशाला), गोदाम की क्रियाओं और पोस्ट हारवेस्ट मैनेजर या फिशरीज इंस्पेक्टर का कार्य किया जा सकता है। मत्स्य विज्ञान के विद्वान मछलियों पर आधारित उद्योग में, एक्वाकल्चर टेक्नोलॉजी में कार्य कर सकते हैं। वे इस क्षेत्र में अनुसंधान या शिक्षण को भी चुन सकते हैं। प्रतिभागी समुद्रीय मछली साक्षात्कारकर्ता, पर्यावरणीय प्रोजेक्ट मैनेजर, सूचना तकनीकी विशेषज्ञ, जलीय पर्यावरणविद या पर्यावरणविद विशेषज्ञ का काम कर सकते हैं।

कोर्स-स्नातक और स्नातकोतर स्तर के कई प्रोग्राम उपलब्ध हैं। व्यक्ति मत्स्य विज्ञान में डिग्री व डिप्लोमा कोर्स के लिए जा सकता है। स्नातक स्तर की डिग्री के लिए न्यूनतम योग्यता किसी मान्यता प्राप्त बोर्ड से भौतिकी, रसायन और जीव विज्ञान विषयों के साथ 12वीं की परीक्षा उत्तीर्ण करना है। स्नातकोत्तर डिग्री या डिप्लोमा करने के लिए व्यक्ति के पास फिशरीज या जूलोजी में स्नातक डिग्री होनी चाहिए। इस क्षेत्र में कुछ संस्थान पीएचडी प्रोग्राम भी करवाते हैं।

संस्थान- मत्स्य विज्ञान सबसे ज्यादा आय देने वाले करियर के विकल्प के रूप में उभर रहा है। इस क्षेत्र में शिक्षा भारत भर में विभिन्न संस्थानों द्वारा प्रदान

की जाती है। जिनमें कुछ प्रसिद्ध संस्थान है– दी सेन्टरल इंस्टिट्यूट ऑफ फिशरीज एजुकेशन (सी.आई.एफ.ई.) मुम्बई इसकी शाखाएँ अन्य शहरों जैसे कोलकता, रोहतक और ककीनाड़ा में है। कॉलेज ऑफ फिशरीज (केरला), डिपार्टमेंट ऑफ एक्वारिक बायोलॉजी एण्ड फिशरीज (केरला), कोचीन यूनिवर्सिटी ऑफ साइन्स एण्ड टेक्नोलॉजी (कोची) सेन्टर मरीन फिशरिज रिसर्च इंस्टिट्यूट (कोची) और स्कूल ऑफ एप्लाइड लाइफ साइन्स (केरला)।

फिटनेस ट्रेनर

फिट रहना कभी इतना लोकप्रिय और आवश्यक नहीं था जितना आज है। लाखों लोग अपना वजन कम करना और सुन्दर सुगठित आकृति प्राप्त करना चाहते हैं। ऐसे में फिटनेस ट्रेनिंग स्वास्थ्य और फिटनेस इंडस्ट्री में तेजी से विकसित होता हुआ करियर है। योग निरीक्षक, व्यक्तिगत और कॉर्पोरेट ट्रेनर जैसे पेशेवरों की मांग तेजी से बढ़ती जा रही है।

एक ऐसा समय था जब एथलीट लोग ही व्यक्तिगत प्रशिक्षक रखते थे, जो उनके खेल को योग्य बनाने और चोट प्रबन्धन के लिए आवश्यक होते थे। आज जीवन के विभिन्न क्षेत्रों से व्यक्ति सुप्रसिद्ध से वरिष्ठ नागरिक तक व्यक्तिगत प्रशिक्षक का इस्तेमाल कर रहे हैं जो उनको कसरत करना, वजन कम करना, सम्पूर्ण आकृति को बनाए रखना और स्वास्थ्यवर्धक जीवन शैली अपनाने इत्यादि में सहायता करते हैं।

फिटनेस ट्रेनर के रूप में आप शारीरिक स्वास्थ्य के विभिन्न पहलुओं, मोटे और सुस्त व्यक्तियों को आकृति देने में प्रशिक्षण और सहायता प्रदान करोगे। आप समूहों या व्यक्तिगत तौर पर लोगों को विभिन्न दैनिक व्यायाम (वेट एंड शेविक लोच की ट्रेनिंग) के निर्देश दे सकते हैं। इसके अलावा उनके विकास को विभिन्न माध्यमों जैसे बी. एम.आई. (बाडी मास इनडेक्स)

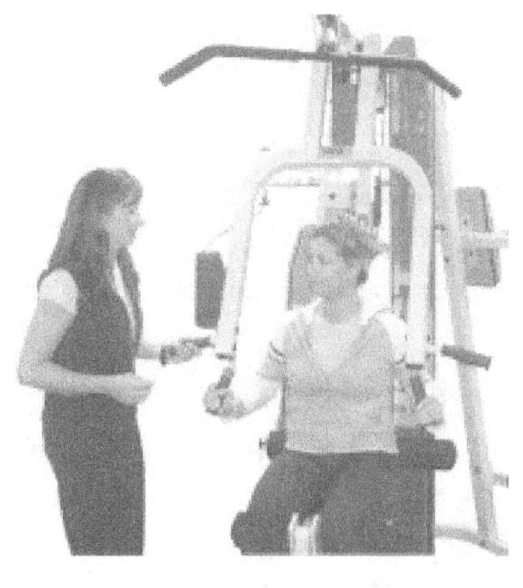

और हृदय नलिकाओं के स्तर से निरीक्षित कर सकते हैं। यदि आवश्यक हुआ तो आप उनको स्वास्थ्य और पोषण से सम्बन्धित मौलिक सलाह दे सकते हैं। आपको उन्हें विभिन्न प्रशिक्षित उपकरणों और मशीनों जैसे वजन की मशीनें, रोइंग मशीने और उठा पटक वाली मशीनें इत्यादि का सही इस्तेमाल करके दिखाना पड़ेगा।

आपका व्यवसायिक प्रशिक्षण और अनुभव आपको विभिन्न लोगों के लिए विशेष प्रोग्राम डिजाइन करने के योग्य बनाएगा। इन लोगों की आयु, जीवनशैली और स्वास्थ्य इत्यादि पैमानों को ध्यान में रखकर प्रोग्राम डिजाइन किए जाएंगे। यदि किसी कमर में दर्द वाले व्यक्ति को आगे झुकने सम्बन्धी व्यायाम का सुझाव देते हैं तो इससे परिस्थिति और ज्यादा खराब हो जाएगी। ग्राहक का दर्द दुगना हो जाएगा।

फिटनेस प्रशिक्षक व्यायाम शालाओं, बड़े होटलों, स्वास्थ्य क्लबों, फिटनेस सेन्टरों, पर्यटन केन्द्रों और यहाँ तक कि समुद्रीयात्रा स्थलों में काम कर सकते है। कुछ अनुभव प्राप्त करने के बाद आप अपना फिटनेस सेन्टर चला सकते हो। आप का एक और अच्छा साधन बड़ी कम्पनियों के कार्यस्थल पर स्वास्थ्य और फिटनेस पर कार्यक्रम करना है। कम्पनियाँ भी संगठन के स्वस्थ माहौल के लिए शारीरिक फिटनेस पर बहुत जोर दे रही हैं। वे अपने कर्मचारियों को उपकरणयुक्त व्यायामशाला (जिम) की सुविधा प्रदान कर रहे हैं। जहाँ आप फिटनेस प्रशिक्षक के तौर पर उच्च कार्यकारी अधिकारियों को सुडौल रहने के लिए सहायता इत्यादि दे सकते हो। क्योंकि जिम और स्वास्थ्य क्लब विभिन्न प्रकार के दैनिक रूप से करवाते हैं जैसे वेटलिफ्टिंग, एरोबिक्स, कराटे, किक बॉक्सिंग स्पिन

साइकलिंग, योगा, ताई-चि इत्यादि आप आपनी सुविधा के हिसाब से किसी एक क्षेत्र में विशेषज्ञता हासिल कर सकते हैं।

करियर सम्भावनायें-आज भारत में फिटनेस 2000 करोड़ का उद्योग बन गया है और ज्यादा फिटनेस सेन्टर बोलने में अधिक और प्रदर्शन करने कम हैं, जो एरोबिक, किकबॉक्सिंग योगा, डांस के साथ व्यायाम और अन्य व्यायाम बढ़िया मशीनों के साथ करवाये जाते हैं। चाहे घर हो या फिटनेस सेन्टर ज्यादातर फिटनेस सेन्टर एक योग्य प्रशिक्षक रखते हैं। देश भर में जिम और हैल्थ क्लबों की बढ़ोतरी के साथ योग्य प्रशिक्षकों की मांग भी तेजी से बढ रही है। इस क्षेत्र में फिटनेस को करियर बनाने वालों के लिए अच्छी सम्भावनाएं हैं। सही योग्यता वाला प्रशिक्षक किसी को भी सिखा सकता है, जो स्वास्थ्य और फिटनेस में रुचि रखते हैं, चाहे वे कठिन मेहनत करने वाले कार्यकारी अधिकारी हो या परेशान कम्पनी सी.ई.ओ., राजनीतिज्ञ, या अपने बारे में सचेत विद्यार्थी अथवा मध्य आयु वर्ग की महिला।

संस्थान-आप पेशेवर कोर्स जैसे नाइक ऐरोबिक कोर्स या इंस्ट्रक्टर सर्टिफिकेशन प्रोग्राम या अन्य किसी प्रसिद्ध कोर्स, जैसे मुम्बई में तलवारकरो द्वारा प्रदान किया जाता है, से प्राप्त कर लिए जा सकते हैं।

आधारभूत कोर्स अस्सी (80) घंटो का है, जिसमें 30 घण्टे की सैद्धान्तिक कक्षाएं और बचे घण्टों की व्यावहारिक कक्षाएं प्रदान की जाती है। कोर्स के अन्त में लिखित और व्यावहारिक दोनों परीक्षाएं उत्तीर्ण करनी होती हैं। उसके बाद ही आप रीबॉक सर्टिफाइड फिटनेस प्रशिक्षक बन सकते हो। रीबॉक को छोड़कर ज्यादातर प्रोग्राम साधन विहीन है। दिल्ली में, रीबॉक इण्डिया साल में दो बार रीबॉक इनस्ट्रक्टर एलाइन्स प्रोग्राम के तहत कोर्स आयोजित करता है। 21 महीने 80 घंटो का कोर्स ए स्तर के मास्टर प्रशिक्षक परीक्षा के चरम तक पहुंचाता है जिसको पास करना सर्टिफाइट प्रशिक्षक बनने के लिए अत्यन्त आवश्यक है।

फ्लोरिकल्चर (फूलों की खेती)

पुष्प कृषि या फूलों की खेती कहा जाने वाला बागवानी का एक लोकप्रिय विषय है। जिसमें फूलों और पौधों के विकास और मार्केटिंग का अध्ययन किया जाता हैं, पुष्पकृषि में फूलों और सजावटी पौधों की खेती शामिल है। जो बिक्री या सौन्दर्य और इत्र उद्योग और औषधीय क्षेत्र में कच्चे माल के रूप में प्रयोग होते है। इस क्षेत्र में कच्चे माल के रूप में प्रयोग होते हैं। इस क्षेत्र से सम्बन्धित व्यक्ति को फ्लोरिकल्चरिस्ट कहा जाता है।

आधिकारिक रूप से फ्लोरिकल्चर की शुरुआत 1800 के उत्तरार्द्ध में इंग्लैण्ड से हुई जहाँ बड़े पैमाने पर फूलों की खेती होती थी अब यह दूसरे देशों में भी फैल गई है। आज पुष्प उद्योग इतना विकसित हो चुका है कि विकास और लाभ के लिए काफी अवसर प्रदान करता है। फूलों की आयात में नीदरलैण्ड जर्मनी, फ्रांस, इटली और जापान जैसे देश जबकि निर्यात में कोलम्बिया, इजराइल, स्पेन और केन्या जैसे देश शामिल है।

भारत में फ्लोरिकल्चर में फूलों का व्यापार, नर्सरी और गमले पौधों का उत्पादन, बीज और कंद का उत्पादन, सूक्ष्म प्रजनन और आवश्यक तेलों को प्राप्त करना शामिल है। वार्षिक घरेलू मांग के हिसाब से फूल 25% की दर से और अन्तर्राष्ट्रीय मांग 90,000 करोड़ की विकसित हो रही है। फूलों के अन्तर्राष्ट्रीय बाजार में भारत का हिस्सा न के बराबर है। पुष्प कृषि के सम्बन्ध में भारत का विकसित भविष्य (उज्ज्वल) है। भारी जीन विविधता, कृषि के लिए विभिन्न पारिस्थितिकी परिस्थितियाँ, बहुमुखी मानव संसाधन इत्यादि भारत को एक अद्वितीय अवसर प्रदान करता है। जिसमें वर्तमान संसाधनों का बुद्धिमतापूर्ण इस्तेमाल करके अभी तक अनछुआ रास्ता खोज सकते हैं।

पुष्प कृषि में कर्नाटका अग्रणी है, जो भारत के कुल पुष्प उत्पादन का 75% हिस्सा उत्पादित करता है। राज्य का सर्वाधिक क्षेत्र आधुनिक पुष्प कटाई के अन्तर्गत आता है और पुष्प उत्पादन और निर्यात की 40 इकाइयाँ हैं। भारत सरकार द्वारा बनायी गई विशेषज्ञ समिति ने फूलों के निर्यात को प्रोत्साहन देने के लिए पुष्पकृषि निर्यात की इकाईयों के लिए बंगलौर, पूना, नई दिल्ली और हैदराबाद

जैसे बड़े क्षेत्रों की पहचान की है। जो इस प्रकार की क्रियाओं और फूलों की कटाई के लिए अनुकूल क्षेत्र है। ए.पी.ई.टी.ए. (एग्रीकल्चर एण्ड प्रॉसेस्ड फूड प्रोडक्ट एक्सपोर्ट डेवेलपमेंट अर्थॉरिटी) इस प्रकार की इकाइयों के लिए पंजीकरण करने वाला प्रशासन है।

करियर सम्भावनायें-इस क्षेत्र में रोजगार कार्य के हिसाब से भिन्न-भिन्न है। व्यक्ति फार्म या इस्टेट मैनेजर, रोपण विशेषज्ञ और निरीक्षक, प्रोजक्ट संयोजक इत्यादि के रूप में इस क्षेत्र में जुड़ सकता है। शोध और शिक्षण भी इस क्षेत्र में रोजगार के कुछ अन्य रास्ते है। पुष्प कृषि उत्पादों की मार्केटिंग भी इस क्षेत्र का उभरता हिस्सा है। इसके अलावा व्यक्ति सलाहकार, भूस्थल आर्किटेक्ट के रूप में कार्य कर सकता है और प्रशिक्षण दे सकता है। व्यक्ति उद्यमी के रूप में दूसरों को रोजगार प्रदान कर सकता है। इन करियरों में शोध और वास्तविक फसल का विकास, पुष्प कृषि करियर में सेवा क्षेत्र में भी विकल्प उपलब्ध है जिसमें फ्लोरल डिजाइनर, ग्राउण्ड फिशर भूस्थल डिजाइनर, वास्तुकार और बागवानी थैरेपिस्ट के कार्य शामिल हैं। इन कार्यों में ग्राहक से सीधे बात करने वाले अभ्यस्तों की आवश्यकता होती है।

व्यावसायिक योग्यता के साथ बागवानी की ओर झुकाव और अन्य ऐसी गतिविधियों की ओर झुकाव सक्षम फ्लोरिकल्चरिस्ट और भूस्थलीय व्यवसायिकों को पैदा करता है। पुष्प कृषि और प्राकृतिक भूदृश्य निर्माण के व्यवसायिक कोर्सों में आवश्यक ज्ञान और कौशल प्रदान किया जाता है।

स्नातक डिग्री स्तर पर पुष्प कृषि विषय के रूप में उपलब्ध नहीं है। जो पुष्प कृषि के क्षेत्र से जुड़ना चाहते हैं वे अपना नामांकन कृषि (बी.एस.सी.) एग्रीकल्चर डिग्री में करें इसके बाद वे (बागवानी) स्नातकोत्तर स्तर पर हार्टिकल्चर में एम.एस.सी कर सकते है। हार्टिकल्चर में एम.एस.सी. (पुष्पकृषि), पामोलॉजी (फलों की खेती) और फ्लोरीकल्चर ओलिरिकल्चर (सब्जियों की खेती) में विशेषज्ञता प्रदान करते हैं।

इन विषयों में स्नातक करने वाले विद्यार्थी कम्पनियों में निरीक्षक, फार्म और इस्टेट में मैनेजर, कुछ विशेष फूलों के व्यापक पैमाने पर उत्पादन की देखरेख इत्यादि की नौकरियाँ पा सकते हैं। पुष्प कृषि और प्रबन्धन के संयुक्त ज्ञान से व्यक्ति उन संगठनों में मैनेजर या मार्केटिंग पदों पर आ सकता है जो संगठन फूलों की प्रोसेसिंग और मार्केटिंग में शामिल होते हैं।

पुष्प कृषि, बागवानी और सम्बन्धित क्षेत्रों में पीएच.डी. करने वाली प्रसिद्ध कम्पनियों और कार्पोरेट हाऊसिस के रिसर्च ओर डेवेलपमेंट सेल में स्थान प्राप्त कर सकते हैं।

पुष्पकृषि करियर आकांक्षी व्यक्तियों को अवसर के नए रास्ते और विकास की सम्भावनाएं प्रदान करता है। योग्य पुष्पकृषि विशेषज्ञ सरकारी और निजी क्षेत्र में विभिन्न स्तरों पर रोजगार प्राप्त कर सकता है।

फूड टेक्नोलॉजी

आज के गतिशील जीवन में हमारा देश कन्वीनिएन्स फूड और ज्यादा लोकप्रिय फास्ट फूड संस्कृति के युग में प्रवेश कर गया है, वहीं एक तरफ जहाँ इसने पैकेट बन्द और प्रोसेस्ड फूड की मांग बढ़ायी है। वहीं दूसरी ओर उपभोक्ता को गुणवत्ता और पोषण के प्रति ज्यादा सचेत किया है। ये सभी तत्व भारत में फूड प्रोसेसिंग उद्योग के भविष्य की उत्साहवर्धक तस्वीर पेश करते हैं।

एफ.पी.आई. गेहूँ और चावल जैसे मूलभूत भोजन पर आधारित उत्पाद की क्रियाओं को खाद्य पदार्थ में बदलने से सफल हो गई है। बेकरी एण्ड कनफेक्शनरी डेयरी उत्पादों, मीट और मछली उत्पादों, फल और सब्जी उत्पादों जैसे उत्पादों के अलावा प्रोसेस्ड फूड जिसमें प्रत्येक चीज खाद्य पदार्थों के जीवन को बढ़ाने व समृद्ध करने के लिए प्रोसेस्ड और पैक की जाती है। इस तकनीक ने देश में लोगों की खाद्य आदतों की वास्तव में क्रांतिकारी परिवर्तन ला दिया है। जिसमें आकर्षक पैकेटों में बंद, पके पकाये भोजन को उनके घरों तक पहुँचा दिया है।

कोर्स-विभिन्न स्तरों पर फूड टेक्नोलॉजी में प्रशिक्षण देने के लिए कई कोर्स उपलब्ध हैं जो लघु स्तरीय इकाइयों और दीर्घ स्तरीय इकाइयों दोनों के लिए प्रशिक्षण प्रदान करते हैं।

सफलता पूर्वक 12वीं या उसके समकक्ष परीक्षा पास करने के बाद व्यक्ति अल्पकालीन सर्टिफिकेट, क्राफ्ट और डिप्लोमा कोर्स विभिन्न पॉलीटेकनीक से, फूड क्राफ्ट इंस्टिट्यूट्स से अथवा सेन्ट्रल फूड टेक्नोलॉजीकल रिसर्च इंस्टिट्यूट, मैसूर से कर सकता है। ऐसे कोर्स लघुस्तरीय इकाइयों जो फूड प्रोसेसिंग और संरक्षण के लिए स्थापित की गई है उनके अन्दर अनुकूल स्थान दिलवाते हैं।

स्नातक और स्नातकोत्तर डिग्री और अनुसंधान योग्यता इस व्यवसाय में सबसे विस्तृत नौकरियों का आधार तैयार करती है। फूड इंडस्ट्री खासकर दीर्घ स्तर की इकाईयाँ शोध, प्रशिक्षण और उद्यमवृति के लिए आधार प्रदान करते हैं।

फूड प्रोसेसिंग इनडस्ट्री नौकरी की अच्छी सम्भावनाओं के साथ विकसित उद्योग है। भारत में कुछ विश्वविद्यालय फूड टेक्नोलॉजी और भोजन विज्ञान में डिग्री कोर्स करवाते हैं फूड प्रोसेसिंग के विशेष पहलुओं पर कई संस्थान स्नातकोत्तर कोर्स भी प्रदान करते हैं।

फूड टेक्नोलॉजी के स्नातक कोर्स में प्रवेश के लिए अभ्यर्थी को भोजन विज्ञान या गृह विज्ञान के साथ 12वीं स्तर पर पी.सी.एस. या पी.सी.बी. के साथ होना आवश्यक है।

एम.एस.सी. या प्रबन्धन में प्रवेश बी.एस.सी. फूड टेक्नोलॉजी में स्नातक या स्नातकोत्तर डिग्री की योग्यता के आधार पर किया जाता है जो भारत के विभिन्न संस्थानों द्वारा प्रदान किया जाता है। विभिन्न विषयों के पेशवरों के कारण कार्य भी भिन्न-भिन्न है।

गृह विज्ञान में स्नातक या पोषण/आहार नियम में उच्च डिग्री और होटल मैनेजमेंट स्नातक (भोजन और फूड प्रोडक्शन इंडस्ट्रीज, मार्केटिंग, संरक्षण में) के दल में कार्य कर सकता है। इसी कारण गृहविज्ञान और पोषण में स्नातकों के सामने कई तरह के विकल्प होते हैं।

संस्थान-मैसूर स्थित सेन्ट्रल फूड टेक्नोलॉजीकल रिसर्च इनस्टिट्यूट (सी. एफ.टी.आर.आई.) भोजन विज्ञान में अध्ययन और शोध का अवसर प्रदान करता है। कई केन्द्रीय और राज्य यूनिवर्सिटी भी फूड टेक्नोलॉजी की विभिन्न क्षेत्रों में कोर्स करवाती है।

फॉरेन्सिक साइन्स

विभिन्न वैज्ञानिक सिद्धान्तों और पद्धतियों से अपराधियों और दीवानी कार्यों की जाँच पड़ताल करना जिसका न्याय व्यवस्था के हितों से कोई जुड़ाव हो, वो सभी सिद्धान्त फॉरेन्सिक या फॉरेन्सिक विज्ञान कहलाते हैं। अपराध स्थल से एकत्रित सभी सुराग फॉरेन्सिक वैज्ञानिकों द्वारा अपराधिक प्रयोगशाला में विश्लेषित किए जाते हैं और उन सुरागों को न्यायालय के सामने प्रस्तुत किए जा सकने योग्य सबूतों में बदला जाता है। शारीरिक तरल तत्व जैसे खून व लार, के अलावा बाल, टायरों और जूतों के निशान, अंगुलियों के निशान, पाँवों के निशान और आभूषण इत्यादि सभी भौतिक सबूतों में शामिल होते हैं। दीवानी मुकद्मों में जैसे कि हस्ताक्षर की वैधता की जाँच में भी फॉरेंसिक साइन्स के सिद्धान्त लागू होते हैं। फॉरेन्सिक वैज्ञानिक मुकदमों को सुलझाने की सूचना उपलब्ध कराने के लिए पुलिस के साथ बन्द कमरों में भी कार्य करते हैं।

करियर सम्भावनाएँ–ज्यादातर फॉरेन्सिक वैज्ञानिक पुलिस विभागों, कानून लागू करने वाली एजेन्सियों, न्याय व्यवस्था और निरीक्षण एजेन्सियों के साथ काम करना पसन्द करते हैं। इसके अलावा वे निजी जाँच पड़ताल एजेन्सियों के साथ भी काम कर सकते हैं। राज्य फॉरेन्सिक विभाग स्टेट पब्लिक सर्विस कमीशन परीक्षाओं के तहत इस पेशे में पेशेवरों को नौकरियाँ देता है। दिल्ली की सी.बी. आई. फॉरेन्सिक प्रयोगशाला यू.पी.एस.सी. परीक्षाओं के तहत प्रत्याशियों का चयन करती है। इससे एक व्यक्ति निगरानी विभाग में भी नौकरी पा सकता है। फॉरेन्सिक साइन्स की विभिन्न विशेषज्ञ शाखाओं जैसे फॉरेन्सिक एन्थ्रॉपॉलॉजी, फॉरेन्सिक पुरातत्व विज्ञान, फॉरेन्सिक सिअरॉलॉजी में विशेषज्ञता प्राप्त व्यक्ति इन विभागों में नौकरी प्राप्त कर सकता है। कोई भी व्यक्ति अपराध विज्ञान का कोर्स करवाने वाले कॉलेजों में शिक्षण कार्य को भी अपना सकता है। स्वतंत्ररूप से कार्य करने के लिए व्यक्ति के पास राज्य फॉरेन्सिक विभाग का सर्टिफिकेट होना आवश्यक है। यहाँ तक कि विदेशों में भी इस करियर में विकास की काफी सम्भावनाएँ हैं। विदेशी सम्भावनाओं में फॉरेन्सिक इंजीनियर, अपराधस्थल निरीक्षक, अपराधिक प्रयोगशाला विश्लेषक और मेडिकल निरीक्षक के पद आते हैं। फॉरेन्सिक वैज्ञानिक अपराध और अपराध स्थल का विश्लेषण करके अपराधियों की मनोवैज्ञानिक रूपरेखा तैयार करने का कार्य भी करते हैं।

योग्यता– फॉरेन्सिक साइन्स में स्नातकोत्तर करने के लिए व्यक्ति बी.एस. सी. की डिग्री प्रथम श्रेणी से किए जाने पर वरीयता प्राप्त करता है। विज्ञान पृष्ठभूमि के विद्यार्थियों को भी वरीयता मिलती है। शवों के पोस्टमॉर्टम के लिए

अभ्यर्थी को फॉरेन्सिक साइन्स में विशेषता के साथ एम.बी.एस. की डिग्री रखना आवश्यक है। स्नातकोत्तर में 60% से अधिक अंक रखने वाले फॉरेन्सिक साइन्स के विद्यार्थी अनुसंधान कार्य भी कर सकते हैं।

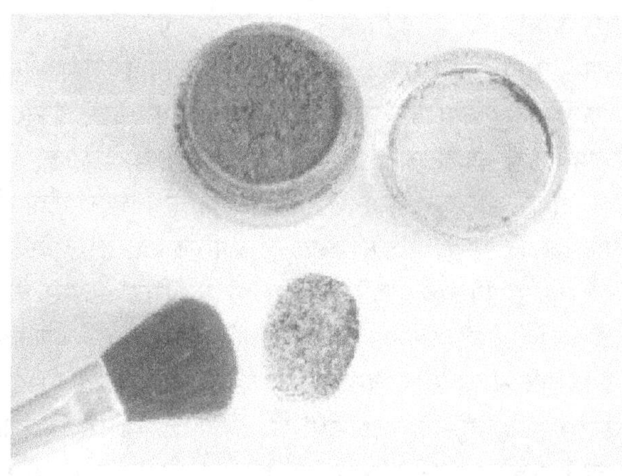

संस्थान-फॉरेन्सिक साइन्स में कोर्स करवाने वाले कुछ संस्थान है-

- लोकनायक जयप्रकाश नारायण नेशनल इंस्टिट्यूट ऑफ क्रिमिनॉलॉजी एण्ड फॉरेन्सिक साइन्स, दिल्ली
- डॉ. हरिसिंह गौड़ विश्वविद्यालय, गौड़ नगर, सागर, मध्य प्रदेश-470003
- फॉरेन्सिक साइन्स डिपार्टमेंट, फॉरेन्सिक हाऊस, 30-ए, कामराजर सलाई, मीलापुर, चेन्नई-600004
- यूनिवर्सिटी ऑफ देहली, दिल्ली-110007
- अन्नामलाई यूनिवर्सिटी, चेन्नई-600025
- इंस्टिट्यूट ऑफ क्रिमिनॉलॉजी एण्ड फॉरेन्सिक साइन्स, 4-ई, झण्डेवाला एक्स. रानी झांसी रोड, नई दिल्ली-110056
- यूनिवर्सिटी ऑफ लखनऊ, लखनऊ-226007
- सेन्ट्रल फॉरेन्सिक साइन्स लेबॉरेट्री, हैदराबाद, सी.एफ.आई. कॉम्प्लेक्स, रामनाथपुर, हैदराबाद-500013
- सेन्ट्रल फॉरेन्सिक लेबॉरेट्री, कोलकता, सी.एफ.आई. कॉम्प्लेक्स, 30 गोराचन्द रोड़, कोलकता-700014,

फॉरेन्सिक साइन्स के विद्यार्थियों के लिए मुख्य रोजगार देने वाले क्षेत्र पुलिस बल, कानून नियामक एजेन्सियाँ, कानून व्यवस्था और सरकारी और निजी

निरीक्षणात्मक कार्यालय हैं। फॉरेन्सिक साइन्स की विशेषज्ञता शाखाओं जैसे फॉरेन्सिक एन्थ्रॅपॉलॉजी, फॉरेन्सिक पुरातत्व विज्ञान फॉरेन्सिक सिअरॉलॉजी से व्यक्ति अपनी विशेषज्ञता के क्षेत्र में नौकरी पा सकता है।

फूड प्रोसेसिंग

भारत और विदेश में फूड प्रोसेसिंग उद्योग बहुत तेजी से विकसित हो रहा है, जिसमें नौकरी की काफी सम्भावनाएँ हैं। प्रोसेस्ड और संरक्षित खाद्यपदार्थ शहरी जनसंख्या की खाद्य आदतों में परिवर्तन लाने वाले उपकरण सिद्ध हुए हैं। केवल भरण-पोषण के लिए खाने से लेकर, अब लोग अपने आहार को पूर्ण करने के लिए अतिरिक्त गुणवत्ता वाले भोजन को वरीयता दे रहे हैं।

जनसंख्या के विभिन्न वर्गों में प्रोसेस्ड फूड का उपभोग स्पष्ट रूप से बढ़ा है और बाहर जाकर खाना खाने की प्रवशति भी कई तरह से बढ़ी है। इस प्रवृति के साथ-साथ प्रोसेस्ड फूड के बाजार का महत्व तेजी से बढ़ा है। नये आकलन के अनुसार यह एक रूचिकर तथ्य है कि खाद्य उद्योग देश का पाँचवा सबसे बड़ा उद्योग बन गया है। वर्तमान में यह लगभग 20 लाख लोगों को रोजगार दे रहा है और हर वर्ष लगभग 2.5 लाख नौकरियाँ पैदा करेगा। कई विकसित राष्ट्रों में यह सबसे बड़ा उद्योग है। स्पष्टत: इस अत्यधिक विकास से प्रोसेसिंग में निवेश और पुनर्संरचना, सहकारी समिति लगाने और बेचने के लिए उनकी पुनर्संरचना आवश्यक है। कृषि क्षेत्र को सरल और कारगर बनाने के लिए इस उपकरण का उपयोग किया जाता है। जिसके फलस्वरूप फूड तकनीक उद्योग का विकास होगा। भोजन के उत्पादन, दलाली, प्रोसेसिंग, वितरण के नेटवर्क और रीटेलिंग ने इस क्षेत्र में बड़े एकीकृत उद्योगपतियों को आकर्षित किया है।

सरकार की खुली बाजार नीतियों और वैश्वीकरण के साथ इस उद्योग से बहुराष्ट्रीय प्रतिभागी भी जुड़ गए है। सरकार ने भी विकासशील क्षेत्र को पहचाना है। कहने की आवश्यकता नहीं है कि यह उद्योग अब योग्य फूड टेक्नीशियनों के लिए व्यापक रोजगार अवसर प्रदान कर रहा है। प्रोसेसिंग उद्योग, हॉटलों, खाद्य उद्योग, गुणवत्ता नियंत्रण, हास्पिटलों, पैकेजिंग उद्योग, बेकरी उद्योग, सॉफ्ट ड्रिंक फैक्टरियों, फूड डिजाइन, मसालों, अनाज और चावल मिलों, जैव रसायन इंजीनियरिंग, औषधीय उद्योग इत्यादि में फूड टेक्नीशियनों के लिए भारी अवसर मौजूद हैं।

कोर्स-विभिन्न स्तरों पर कई कोर्स फूड तकनीक की लघु और बड़ी इकाइयों के लिए प्रशिक्षित करते हैं। गृह विज्ञान, फूड तकनीकी, खाद्य विज्ञान

में डिग्री कोर्स और मत्स्य या डेयरी विज्ञान जैसे विशेषज्ञ क्षेत्रों में कोर्स कुछ भारतीय यूनिवर्सिटियाँ करवाती है। विभिन्न पॉलीटेक्निक्स, फूड क्राफ्ट इंस्टिट्यूट और यूनिवर्सिटियाँ भी अल्पकालीन सर्टिफिकेट, डिप्लोमा और क्राफ्ट कोर्स करवाती हैं। खाद्य और नागरिक आपूर्ति मंत्रालय के देश के विभिन्न हिस्सों में कई खाद्य और पोषण प्रसार केन्द्र फल और सब्जियों के घरेलू संरक्षण, बेकरी और मीठे खाद्य पदार्थ निर्माण, तेलीय बीजों की प्रोसेसिंग और चावल पिसाई इत्यादि में अल्पकालीन कोर्स और प्रशिक्षण प्रदान करते हैं। कुछ यूनिवर्सिटियों में खाद्य और पोषण गृह विज्ञान, फूड टेक्नॉलॉजी और बायोटेक्नोलॉजी में एम. एस.सी. और पी.एच.डी. कोर्स भी उपलब्ध है।

फूड प्रोसेसिंग उद्योग भारत में अभी भी नवजात अवस्था में है। इस प्रकार यह रोजगार के पर्याप्त अवसर उपलब्ध कराता है।

योग्यता–गृह विज्ञान/फूड टेक्नोलॉजी/फूड साइन्स में बी.एस.सी. करने वाले व्यक्ति को भौतिकी, रसायन और जीवविज्ञान विषयों के साथ 10+2 परीक्षा में उत्तीर्ण होना चाहिए। एम.एस.सी. या मैनेजमेंट के लिए न्यूनतम योग्यता बी.एस. सी. है।

संस्थान–एम.एस. यूनिवर्सिटी, बड़ोदरा, गुजरात और सेन्ट्रल फूड टेक्नोलॉजी रिसर्च इंस्टिट्यूट मैसूर (जिसकी कर्नाटका और मुम्बई में शाखाएँ है) ये बेकरी और कन्फेक्शनरी में सर्टिफिकेट कोर्स और खाद्य विज्ञान में बी.एस.सी. और एम. एस.सी. का कोर्स करवाती है।

- कृषि विश्वविद्यालय (हिमाचल प्रदेश), फूड टेक्नोलॉजी इंस्टिट्यूट (लखनऊ) फूड टेक्नोलॉजी में डिप्लोमा और डिग्री कोर्स करवाते हैं।

- नेशनल शुगर इंस्टिट्यूट (कानपुर, चेन्नई और कोलकाता) शुगर टेक्नोलॉजी में एसोसिएटशिप, शुगर इंजीनियरिंग में एसोसिएटशिप और इंडस्ट्रियल फरमेन्टेशन एण्ड अल्कोहल टेक्नोलॉजी में डिप्लोमा प्रदान करते हैं।
- सेन्ट्रल इंस्टिट्यूट ऑफ फिशरीज एजुकेशन जिसके चार केन्द्र बैरकपुर (पश्चिम बंगाल) काकिनाड़ा (आन्ध्र प्रदेश) सर्टिफिकेट और डिप्लोमा कोर्स करवाते हैं।
- करनाल और बंगलौर स्थित नेशनल डेयरी रिसर्च इंस्टिट्यूट बी.एस.सी. डेयरी प्रोसेसिंग में गुणवत्ता नियंत्रण और डेयरी टेक्नोलॉजी में बी.टेक. कोर्स प्रदान करते हैं।
- इग्नू खाद्य और पोषण में सर्टिफिकेट कोर्स करवाता है।
- लघु उद्योग सेवा संस्थान, ओखला (नई दिल्ली) फूड प्रोसेसिंग उद्योग में उद्यमवृत्ति विकास योजना प्रदान करता है।

विदेशी भाषाएँ

भारतीय अर्थव्यवस्था के वैश्वीकरण के बाद हमारे व्यापार और वाणिज्य सम्बन्ध दिन प्रतिदिन फैलते जा रहे हैं संयुक्त व्यापार के लिए बहुराष्ट्रीय कम्पनियाँ भारत आ रही है और भारतीय कम्पनियाँ विदेशों में जा रही है। इसी कारण से विदेशी भाषाओं में प्रवीणता रखने वालों के लिए रोजगार के इस क्षेत्र में व्यापक सम्भावनाएँ है। फ्रेन्च, जर्मन, रशियन, चाइनीज, जापानीज, स्पेनिश और कोरियन जैसी विदेशी भाषाओं में नौकरियों की मांग काफी अधिक है। क्योंकि इससे अन्तर्राष्ट्रीय संचार सरल बनता है।

करियर संभावनाएँ- विदेशी भाषा छात्रों के लिए रोजगार सम्भावना क्षेत्रों में सचिव संबंधी, कार्यकारी और पब्लिक रिलेशन नियुक्तियों से अनुवाद और भाषान्तरण तक आते हैं। औद्योगिक घरानों, प्रकाशन हाऊसेस, अनुसंधान संस्थानों और विदेशी मामलों के मंत्रालय और विदेशी राष्ट्रों के दूतावासों जैसे सरकारी संगठनों में अनुवादकों को नौकरियाँ दी जाती है। भारत में काम कर रही विदेशी कम्पनियाँ भाषायी विशेषज्ञों को सेवा में रखती हैं। भाषा विज्ञान सम्बन्धी सर्वश्रेष्ठ नौकरियाँ पर्यटन उद्योग में पर्यटक गाइड के तौर पर, भारत सरकार के पर्यटन विभाग और निजी टूर और ट्रेवल एजेन्सियों में हैं। होटलों और वायुयान कम्पनियों को भी विदेशी भाषाओं में प्रवीण लोगों की सेवाओं की आवश्यकता होती है। भाषा विशेषज्ञों के लिए अन्य नौकरी के अवसर प्रदर्शनियों और मेलों, व्यापार और निर्यात एजेन्सियों और संगठनों में है। आनलाइन कनटेन्ट राइटर, तकनीकी

अनुवादक और डिकोडर के रूप में भी भाषा विशेषज्ञों के लिए पर्याप्त अवसर उपलब्ध हैं।

विदेशी भाषाओं में शैक्षणिक योग्यता से मनोरंजन, पब्लिक रिलेशन, जनसंचार, कूटनीतिक सेवाओं, बी.पी.ओ. और के.पी.ओ. के क्षेत्र में करियर आरम्भ करने में मदद मिलती है। विदेशी भाषा में उपलब्ध अवसरों में शिक्षण सबसे आम है। अध्यापक बनने के लिए विदेशी भाषाओं में एमफिल. या पीएचडी. जैसी उच्च योग्यता होनी चाहिए। विदेशी भाषा विशेषज्ञ प्राय: स्वतंत्र रूप से भी कार्य करते हैं। ये लोग अनुवाद ब्यूरो, शोध संगठनों, अन्तर्राष्ट्रीय संगठनों जैसे यू.एन.ओ., एफ.ए.ओ., डब्ल्यूटी.ओ., आई.एम.एफ., विदेशी कम्पनियां, रिजर्व बैंक ऑफ इण्डिया, प्रकाशन हाऊस इत्यादि के साथ काम कर सकते हैं।

योग्यता– भारत में ज्यादातर विश्वविद्यालय विदेशी भाषाओं में 3 प्रकार के कोर्स करवाते हैं : सर्टिफिकेट, डिप्लोमा और डिग्री कोर्स। इन कोर्सों के लिए योग्यता, कोर्स अवधि विभिन्न यूनिवर्सिटियों में भिन्न भिन्न है। हालांकि सामान्यत: सर्टिफिकेट कोर्स के लिए किसी भी विषय से 12वीं परीक्षा करना, डिग्री कोर्स के लिए किसी भी विषय से स्नातक होना आवश्यक है। कुछ संस्थान विदेशी भाषाओं में स्नातकोत्तर और पीएच.डी. जैसे आधारभूत और उच्च स्तर दोनों तरह के कोर्स करवाते हैं।

संस्थान– दिल्ली स्थित जवाहरलाल नेहरू यूनिवर्सिटी और दिल्ली यूनिवर्सिटी, अलीगढ़ मुस्लिम यूनिवर्सिटी, बनारस हिन्दू विश्वविद्यालय (वाराणसी), कलकत्ता

विश्वविद्यालय (कोलकता), कालीकट विश्वविद्यालय (मालापुरम), हैदराबाद विश्वविद्यालय, मुम्बई यूनिवर्सिटी, मद्रास यूनिवर्सिटी (चेन्नई), लखनऊ विश्व विद्यालय, उत्कल यूनिवर्सिटी (उड़ीसा) और विश्वभारती, शान्तिनिकेतन विदेशी भाषाओं में डिग्री कोर्स करवाने वाले प्रमुख संस्थान हैं।

जेमॉलॉजी

मूल्यवान पत्थरों, रत्नों का अध्ययन जेमॉलॉजी हैं। रत्न या पत्थर रूपी को अर्द्ध बहुमूल्य पत्थर भी कहा जाता है जो किसी खनिज का टुकड़ा होता है। उसे काटकर या पॉलिश करके ज्वैलरी या आभूषणों में प्रयोग किया जाता है। हालांकि कुछ कार्बनिक पदार्थ जैसे एम्बर, कॉरल और पियर्स धातु अथवा खनिज नहीं है लेकिन फिर भी ये ज्वैलरी में प्रयोग किए जाते हैं और इस प्रकार रत्न ही माने जाते हैं।

ये रत्न वे खनिज हैं जो धारती की सतह के नीचे विभिन्न क्रियाओं के द्वारा निर्मित होते हैं। ये सुन्दरता, दुर्लभता और टिकाऊपन आदि विशेषताओं के स्वामी होते हैं और इसी कारण से ये इतने विशेष हैं। हर रत्न को भिन्न-भिन्न प्रकार से काटा या पॉलिश किया जा सकता है जिससे उसकी सुन्दरता बढ़ती है। कृत्रिम पत्थरों के निर्माण की खोज ने भी रत्नों के बाजार में नई क्रांति ला दी है।

रत्नों का ज्योतिषीय महत्व भी होता है। वास्तव में यह इनकी विशेषता या गुण ही है, जिसने उच्च वर्ग से संबंधित इन रत्नों को आम आदमी को साहसी स्वप्न गढ़ने में सहायता की है। रत्नों की गुणवत्ता चार चीजों से निर्धारित की जाती हैं उनके वजन, शुद्धता, रंग और उसको किस तरह तराशा गया है। इस प्रकार रत्न 100 रु. से लेकर हजारों, लाखों तक की सीमा में आता है। केवल रत्नकार ही उसका वास्तविक मूल्य निर्धारित कर सकता है। जेमॉलॉजी के अध्ययन में रत्नों के गुणों, संरचना, वर्गीकरण और उत्पति के विषय शामिल हैं। इसके अलावा वह प्राकृतिक रत्नों को कृत्रिम और नकली रत्नों से अलग पहचान करने की क्षमता रखता है। जैसा कि आप हीरे, कृत्रिम हीरे और शीशे के बारे में जानते हों तो आप उसी के अनुसार मूल्य बनायेंगे।

जेमॉलॉजी रत्नों का गहन अध्ययन है, तभी व्यक्ति हीरों की ग्रेडिंग, रत्नों की जाँच या ज्वैलरी डिजाइनिंग में विशेषज्ञता प्राप्त कर सकता है। रत्नों की मूलभूत समझ के साथ ये क्षेत्र अपनी रंगभूमि में काफी अवसर प्रदान करते हैं।

रत्नों की जाँच में रत्नों की गुणवता जाँची जाती है। साथ ही स्तरीय मानकों के अनुसार विभिन्न श्रेणियों में विभाजन शामिल हैं।

रत्नों की ग्रेडिंग में हीरों का गहन अध्ययन उनके प्रकारों, का विभाजन, ग्रेडिंग और यहाँ तक कि व्यापार शामिल होता है।

ज्वैलरी डिजाइनिंग में जवाहरातों के अलग-अलग डिजाइन विभिन्न धातुओं के सम्मिश्रण, विभिन्न रत्नों के सम्मिश्रण के साथ तैयार करना शामिल है।

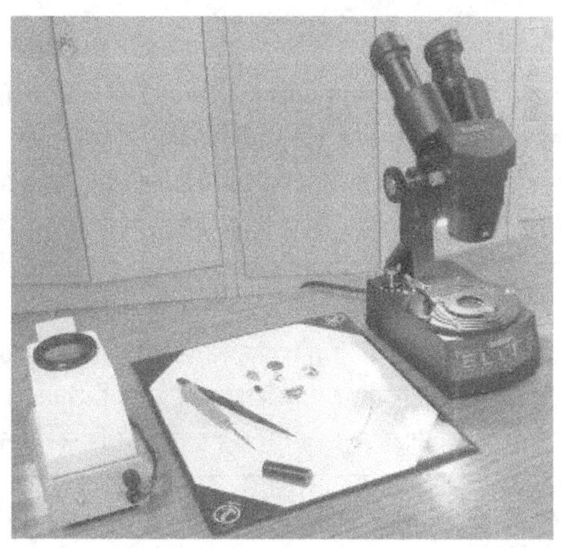

बहुत सारी राष्ट्रीय और बहुराष्ट्रीय कम्पनियाँ रत्नों, खासकर हीरों और फैशन डिजाइनिंग के व्यापार का जोखिम उठा रही हैं। रत्नों और ज्वैलरी डिजाइनिंग का क्षेत्र वैश्विक पैमाने पर बढ़ा है।

कोर्स-सर्टिफिकेट कोर्स के साथ शुरुआत में सलाह दी जाती है। इससे आपको इस बात का अन्दाजा हो जाएगा कि आप इस क्षेत्र में आगे जा सकते हैं या नहीं।

इस प्रकार इससे समय और धन की बचत होती है। यदि रत्न ही आपका स्वप्नलोक है तो आप जेमॉलॉजी में आगे डिप्लोमा कर लो। यह एक नये रत्नाकार के रूप में करियर शुरु करने के लिए पर्याप्त है। इसके साथ आप ज्वैलरी डिजाइनिंग और डाइमण्ड में ग्रेडिंग भी जोड़ सकते हो। आपका अगला कदम रत्नाकार के तौर पर जौहरियों के साथ कुछ व्यवहारिक अनुभव प्राप्त करना है। हालांकि डिप्लोमा आपको ज्ञान देता है जबकि रत्नों को पहचानने और जाँचने के लिए अनुभव की आवश्यकता होती है। अनुभव के साथ आपकी आँखे और हाथ प्रशिक्षित हो जाएंगे और आप इस बात की प्रवीणता हासिल कर लेंगे कि इन पत्थरों के साथ किस तरीके से व्यवहार करना है।

 ————————————— अपना करियर स्वयं चुने

आगे आप जेमॉलॉजी या अपने विशेषज्ञता के क्षेत्र में एडवान्स डिप्लोमा कर सकते हैं। यहाँ तक कि आप यू.के. और यू.एस. और कनाडा के सुप्रसिद्ध संस्थानों से सर्टिफिकेट परीक्षाओं में बैठ सकते हैं। ये परीक्षाएं मुम्बई में आयोजित की जाती हैं।

संस्थान-आप अपने शहर के किसी भी मान्यता प्राप्त संस्थान से जेमॉजाली में डिप्लोमा कर सकते हैं। यदि वे हीरों के वर्गीकरण और ज्वैलरी डिजाइनिंग का परिचय दे तो यह आप के लिए बेहतर होगा। आगे के अध्ययन के लिए भारत में निम्न प्रसिद्ध संस्थान है-

- इण्डियन इंस्टिट्यूट ऑफ जेमॉलॉजी
- ई.एन.एस.आई.जी.एन. – दी जेवेल डिजाइन इंस्टिट्यूट
- इण्डियन जेमॉलॉजी इंस्टिट्यूट
- आर्य इनस्टिट्यूट ऑफ फैशन एण्ड डिजाइन/आर्य जेमॉलॉजी एण्ड ज्वैलरी इंस्टिट्यूट
- जेमस्टोन आर्टिसन्स ट्रेनिंग स्कूल
- जेम एण्ड ज्वैलरी एक्सपोर्ट प्रोमोशन काऊंसिल
- दि जेमॉलॉजिकल इंस्टिट्यूट ऑफ इण्डिया
- दि जासमी डिपार्टमेंट ऑफ ज्वैलरी डिजाइन एण्ड मेनुफेक्चर
- झवेरी सेन्टर फॉर डाइमण्ड टेक्नॉलॉजी
- ज्वैलरी डिजाइन एण्ड टेक्नॉलॉजी इंस्टिट्यूट (जे.डी.टी.आई.) नोएडा

उपरोक्त संस्थानों से जेमॉलॉजी कॉरेसपोंडेन्स के माध्यम से भी की जा सकती है। इसके अलावा जेमॉलॉजिकल एसोसिएशन, यू.के. या अमेरिकन जेमॉलॉजी इंस्टिट्यूट से भी कॉरेसपोंडेन्स से जेमॉलॉजी की जा सकती है। इन कोर्सों के परीक्षा केन्द्र मुम्बई में है, जहाँ प्रेक्टिकल्स और परीक्षाएँ करवायी जाती हैं।

जिनेटिक इंजीनियरिंग

जिनेटिक इंजीनियरिंग विज्ञान की बहुत जटिल और विकसित शाखा है। जिसमें सजीव वस्तुओं के डी.एन.ए. कोड के जिनेटिक पदार्थ में विभिन्न प्रकार की तकनीकों के उपयोग से परिवर्तन लाना शामिल है। 'जिनेटिक इंजीनियरिंग' से तात्पर्य किसी जीव के गुणों में जानबूझकर जिनेटिक पदार्थ में बदलाव लाकर मूल रूप से परिवर्तन करना है। जिनेटिक इंजीनियरिंग, जीव तकनीकी के अन्तर्गत आने वाला विषय है। भारत और विदेशों में जिनेटिक इंजीनियरों की मांग बढ़ रही है। इस क्षेत्र में व्यापक सम्भावनाएँ हैं।

कोशिका जीवन की सबसे छोटी ईकाई है। यह सभी जीवधारियों की संरचना की मूलभूत और कार्यकारी ईकाई है। चाहे वह पेड़ हो, पशु हो, मानव हो या एक फफूंदी ही हो। जबकि कुछ जीवधारी एक कोशिका से निर्मित होते हैं। दूसरे जैसे पौधे, पशु, मानव इत्यादि बहुत सी कोशिका से बने होते हैं। उदाहरण के लिए मानव में लगभग 3 करोड़ कोशिकाएँ होती है। एक कोशिका कई कोशिका झिल्लियों से मिलकर बनी होती है जो पूरी कोशिका को सुरक्षित रखती हैं। इन्हीं कोशिकाओं का 'न्यूक्लिअस' कोशिका नियंत्रण केन्द्र होता है। इस न्यूक्लिअस यानि नाभिक के अन्दर गुणसूत्र होते हैं जो सभी जेनिटिक (वंशानुगत) सूचनाओं का संग्रहण स्थल होतें हैं और जीव की प्रकृति और गुणों का निर्धारण करते हैं। यह सूचना पतले धागे के साथ-साथ लिखी जाती है जिसे डी.एन.ए. कहा जाता है एक न्यूक्लिअस 'जीनों' यानि अनुवांशिकता की ईकाई का निर्माण करता है। डी.एन.ए. कोशिका के विकास को नियंत्रित करता है और अनुवांशिक सूचनाओं की एक पीढ़ी से दूसरी पीढ़ी में सम्प्रेक्षण के लिए उत्तर दायी होता है।

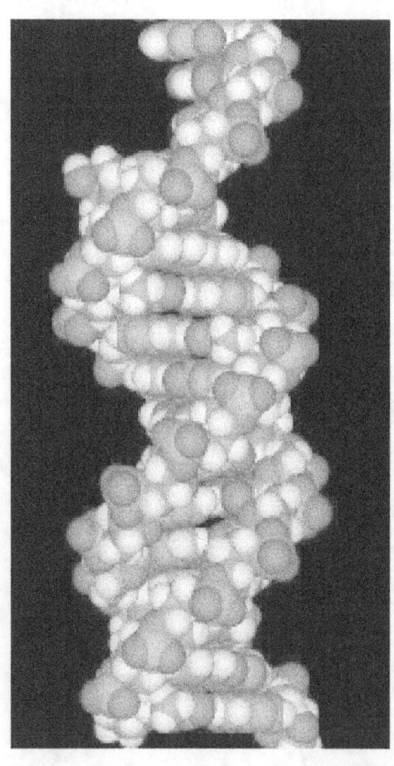

जिनेटिक इंजीनियरिंग का लक्ष्य कृत्रिम तरीकों से डी.एन.ए. के क्रम को पुनर्व्यवस्थित करना है। जिनेटिक इंजीनियर का कार्य जीव से डी.एन.ए. लेना, रसायनों और विकिरणों का प्रयोग करके इसे बदलना और बाद में इसको वापस उसी या अन्य जीव में डालना इत्यादि है। उदाहरण के लिए जीन और डी.एन.ए. के टुकड़े एक प्रजाति से लेकर किसी अन्य प्रजाति के न्यूक्लियस डालना शामिल है। वे यह भी अध्ययन करते हैं कि किस प्रकार एक पीढ़ी की के लक्षण और विशेषताएँ दूसरी पीढ़ियों तक सम्प्रेषित होती है और किस तरह जिनेटिक रोग या जीन विकसित होते है। उनके अनुसंधान में कारणों की खोज और यदि कोई सम्भव उपचार हो तो उसकी खोज शामिल है।

 अपना करियर स्वयं चुनें

जिनेटिक इंजीनियरिंग में पौधों, पशुओं और मनुष्यों से सम्बन्धित विशेषज्ञता क्षेत्र है। पौधों और पशुओं में जिनेटिक इंजीनियरिंग उनके प्राकृतिक गुणों को सुधारने, रोग से लड़ने की क्षमता बढ़ाने ओर नये लक्षणों को विकसित करने इत्यादि का काम करती है। यह पौधों के रंग, आकृति और संरचना को बदलने के लिए प्रयोग की जाती है। इसको जी.एम. (जिनेटिक मॉडिफाइड) फूड के नाम से जाना जाता है। जिनेटिक इंजीनियरिंग मानवों में भी खोये हुए और दोषपूर्ण जीन के स्थान पर नये सामान्य जीन कोशिकाओं में डालकर आनुवांशिकता को ठीक करती है।

करियर सम्भावनाएँ-भारत और विदेशों में जिनेटिक इंजीनियरों की मांग बढ़ रही है। जिनेटिक इंजीनियर मुख्यत: चिकित्सीय और औषधिय उद्योगों, कृषि क्षेत्र और सरकारी और निजी क्षेत्र के शोध और विकास विभागों में नौकरियाँ पाते हैं। वे शिक्षण को भी विकल्प के रूप में अपना सकते है।

योग्यता-स्नातक डिग्री के लिए मूलभूत रूप से व्यक्ति 10+2 या उसके समकक्ष कोई अन्य परीक्षा जीव विज्ञान रसायन शास्त्र और गणित के साथ उत्तीर्ण हो। जीव विज्ञान में जिनेटिक विषय भी शामिल हो। या फिर व्यक्ति विज्ञान अथवा आणविक जीव विज्ञान में स्नातक हो। इन योग्यताओं वाला व्यक्ति बी. ई. या बी.टेक. की स्नातक डिग्री कर सकता है।

संस्थान-काकटिया यूनिवर्सिटी, वारंगल और ओस्मानिया यूनिवर्सिटी, हैदराबाद (आन्ध्र प्रदेश) ये विश्व विद्यालय स्नातक स्तर पर जिनेटिक विषय का अध्ययन करवाते हैं।

जेरॉन्टॉलॉजी

जनगणना के अनुसार भारत में वृद्धों (60 से ऊपर) की संख्या में वृद्धि हुई है। 1951 में यह 2 करोड़, 2001 में 8.4 करोड़ थी। एक अनुमान के अनुसार यह संख्या 2030 में 19.8 करोड़ तक पहुँच जाएगी। राष्ट्र के विकास के साथ जनसंख्या की जीवन प्रत्याशा में भी वृद्धि हुई। इसीलिए वृद्ध चिकित्सा और देखरेख की मांग बढ़ी है। एक पेशवर वृद्ध चिकित्सक बूढ़े लोगों की शारीरिक, मानसिक और मनो-सामाजिक स्वास्थ्य की जाँच करता है और उनकी व्यक्तिगत आवश्यकता के अनुसार प्रोग्राम तैयार करता है।

इस बात में कोई सन्देह नहीं है कि भारत में संस्थात्मक सहयोग की अनुपस्थिति में परिवार ही वृद्धों के लिए अभी तक सबसे प्रभावकारी सहयोग उपलब्ध कराता था। लेकिन आर्थिक और सामाजिक विकास ने पारम्परिक मूल्यों

की जड़ें खोद दी है। वृद्धों की बढ़ती संख्या की तुलना में उनको सहयोग प्रदान करने वालों की संख्या कम है। यह एक बड़ी समस्या बन गई है।

वृद्धों को खास देखभाल की आवश्यकता होती है। देश के ज्यादातर हॉस्पीटल वृद्धों के लिए विशेष चिकित्सा सुविधायें नहीं रखते। यदि ऐसे कुछ हॉस्पीटल हैं भी तो वे बहुत महंगे और खर्चीले हैं। यद्यपि हस्पतालों के 10 से 15 प्रतिशत बिस्तर औसत रूप से वृद्धों द्वारा लिए गए होते हैं। स्वास्थ्य की अर्थव्यवस्था के सिद्धान्त के अनुसार बूढ़े लोगों को ज्यादा समय के लिए चिकित्सा की आवश्यकता होती है। इसीलिए उन्हें घर पर रखकर संसाधनों का उचित उपयोग किया जा सकता हैं। लेकिन श्रम बल में महिलाओं की बढ़ती भागेदारी से वृद्धों की घरों में देखभाल में तेजी से कमी आई है। घरों और स्थान में तेजी से आ रही कमी वृद्धों की प्राइवेसी के अधिकार को खत्म कर दिया है।

वृद्ध सबसे ज्यादा संयुक्त परिवारों के टूटने के शिकार हैं। वृद्धों में किए गए एक ताजा अध्ययन के अनुसार शहरी क्षेत्रों में 35% और ग्रामीण क्षेत्रों में 32% वृद्ध अकेले रहते हैं। उनकी देखभाल करने वाला कोई नहीं है। आर्थिक परेशानी और सुरक्षा की कमी ने उनकी चिन्ताओं को और बढ़ा दिया है। इस प्रकार शारीरिक और मानसिक निर्भरता से बच पाना मुश्किल हो गया है। वृद्ध अब ज्यादा संख्या में नौकरियाँ ढूंढ रहे हैं, उसमें भी कम मजदूरी की जिसमें असुरक्षा और अस्वस्थ कार्य की परिस्थितियाँ शामिल हैं। सबसे गरीब और असुरक्षित वृद्ध ग्रामीण क्षेत्रों में रहते हैं।

भारत में वृद्ध जिस प्रकार की देखभाल और सुरक्षा की सामाजिक स्थिति पारम्परिक रूप से उपभोग कर रहे थे उसे शहरीकरण, विस्थापन, बढ़ते

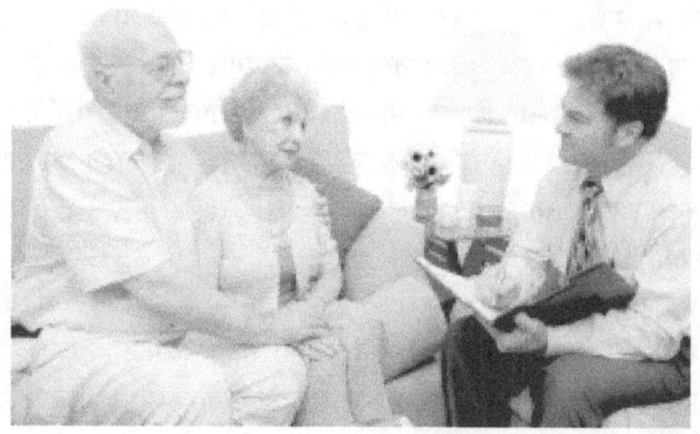

औद्योगिकरण, संयुक्त परिवारों के टूटने और महिलाओं के परिवार के लिए देखरेख करने की भूमिका में आ जाने जैसे कारणों ने नष्ट कर दिया है। शिक्षा आकांक्षाओं, मूल्यों और परिवार के विभिन्न सदस्यों द्वारा संसाधनों के बंटवारे के सम्बन्ध में भी पीढ़ी का अन्तर स्पष्ट दिखाई देता है। प्राय: परिवार वृद्धों की आर्थिक, सामाजिक, मनोवैज्ञानिक, चिकित्सीय, कल्याण सम्बन्धी आवश्यकताओं को पूरा करने में असमर्थ होते हैं और सहयोगी सेवाओं से मदद लेते हैं। वृद्धों के अनुपात में तेजी से वृद्धि के साथ सरकार का कार्य करने का शायद ही कोई अवसर मिला है। सरकार को व्यापक रूप से वृद्ध चिकित्सा और देखरेख व्यवस्था लागू करनी चाहिए।

जेरॉन्टॉलाजी में करियर के अन्तर्गत इन सारी गतिविधियों पर ध्यान केन्द्रित किया जाता है और प्रत्यक्ष और अप्रत्यक्ष रूप से वृद्धों की देखभाल का अध्ययन करवाया जाता है। प्रत्यक्ष बातचीत सेवाओं में शिक्षण, शोध, नीति निर्माण, योजना विकास, प्रशासनिक, कानूनी, वकालत, वृद्धों के मुद्दों नीति पर शोध और विश्लेषण और सभी तैयार की गई मांगे शामिल हैं। ये सभी जेरॉन्टॉलाजी क्षेत्र के अन्तर्गत आती हैं।

संस्थान-कलकत्ता मेट्रोपॉलिटन इंस्टिट्यूट ऑफ जेरॉन्टॉलॉजी (सी.एम. आई.जी) कई अल्पकालीन और दीर्घकालीन कोर्स वृद्ध चिकित्सा और देखरेख पर प्रदान करता है। दि नेशनल इंस्टिट्यूट ऑफ सोशल डिफेन्स (एन.आई. एस.डी), नई दिल्ली ने कई अन्य संस्थानों (सी.एम.आई.जी.) के साथ जुड़कर जेरान्टॉलॉजी के क्षेत्र में प्रशिक्षण प्रदान करती है। आप एन.आई.एस. डी. और सी.एम.आई.जी. में सर्टिफिकेट कोर्स भी कर सकते हो। एन.आई. एस.डी. ऑल इण्डिया कॉमन एडमिशन टेस्ट (कैट) भी करवाता है। जिससे उसके दिल्ली केन्द्र में प्रवेश मिलता है। सी.एम.आई.जी. में प्रवेश गुणवता सूची और साक्षात्कार पर आधारित होता है। जेरॉन्टॉलाजी और ऐज मैनेजमेंट में सी.एम.आई.जी. द्वारा करवाया जाने वाला डिप्लोमा प्रोग्राम कलकत्ता विश्वविद्यालय द्वारा मान्यता प्राप्त है। जेरॉन्टॉलॉजी में सर्टिफिकेट कोर्स करवाने वाले कई अन्य संस्थान के.एम.एम. ऍकेडमी स्वास्थ्य विज्ञान में (कोच्चि), नाइटिंगल्स मेडिकल ट्रस्ट (बैंगलौर) और पी.एस.जी.आर. कृष्णमल्ल कॉलेज फॉर वूमेन, पीलामेडु (कोयम्बटूर) है।

ग्राफिक डिजाइनर

ग्राफिक डिजाइन मार्केटिंग केम्पेन का वह हिस्सा है जिसमें सचित्र संचार शामिल होता है। यह किसी चित्र को रुचिपूर्ण बनाने, सूचना देने, समझाने और बेचने के लिए उसके स्वरूप और प्रकार को सुन्दर बनाना है। ग्राफिक डिजाइनर उत्पादों, सेवाओं, संगठनों और विचार को व्यक्तिपरक और विशिष्ट रूप से पहचानने योग्य बनाता है। वे सचित्र पदार्थों से कोई खास सन्देश सम्प्रेषित करने का कार्य करते हैं। ये सन्देश किसी संगठन, उत्पाद, सूचना या सेवा को प्रोत्साहित करने के लिए खास चित्रों के माध्यम से सम्प्रेषित किया जाता है।

ग्राफिक डिजाइनर को विज्ञापनों, उनकी पैकेजिंग, प्रकाशन, पत्रिका लेआउट, कॉर्पोरेट आइडेनटिटी का हिस्सा माना जाता है। वे फिल्म और टेलीविजन विज्ञापनों के निर्माण के साथ-साथ पुस्तकों के कवरों, कलेन्डरों, लेबलों, लिफाफों, ट्रेडमार्कों और लेटरहेड इत्यादि में भी शामिल होते हैं।

जन अभिरुचि, की पसन्द का डिजाइन तैयार करने के लिए ग्राफिक डिजाइनर को बाजार का पूरा ज्ञान होना चाहिए जिसके लिए वह ग्राफिक डिजाइन तैयार किया जा रहा है। उन्हें उत्पादों, सेवाओं और सूचनाओं को भी बेचना आना अत्यन्त आवश्यक है। किस प्रकार वे अपने डिजाइन और परिश्रम से जनता के विचार और मत को प्रभावित कर सकते हैं, इसका ज्ञान होना भी परमावश्यक है। उनको बाजार की बदलती प्रवृति के अनुसार अपने विचारों को नवीन और लगातार अनुकूल बनाए रखना होता है।

ग्राफिक डिजाइनर को कई तकनीकी विषयों में प्रवीण होना अनिवार्य है। जिसमें अच्छी चित्रकारी का कौशल शायद सबसे महत्वपूर्ण है। उन्हें नये विचारों को व्यवहार में लाने, उत्तरदायित्व के साथ समय का प्रबन्धन करने और बुद्धिमता से विचारों को ग्राहकों और मालिकों तक सम्प्रेक्षित करना आना चाहिए।

करियर सम्भावनाएँ-विज्ञापन एजेन्सियों, स्टुडियो डिजाइनिंग, मुद्रण और प्रकाशन कम्पनियों व पैकेजिंग उद्योग के लिए इन सभी जगह अवसर मौजूद होते है। संघीय संस्थानों में व्याख्यान दाता के तौर पर भी एक अन्य विकल्प हो सकता है। ग्राफिक डिजाइनर स्वतंत्र कलाकार के तौर पर कार्य कर सकता है।

ग्राफिक डिजाइनरों की बढ़ती मांग के कारण बहुत से व्यक्ति इस रचनात्मक क्षेत्र को चुन रहे हैं। व्यक्ति को भारत में ग्राफिक डिजाइनर के रूप में करियर शुरू करने के लिए ग्राफिक डिजाइनिंग कोर्स पूरा करना आवश्यक है। ललित कला में स्नातक ऐसा ही कोर्स है जोकि तीन वर्ष की अवधि का है। इसके लिए आवेदन करने वाले अभ्यर्थी को 10+2 की परीक्षा या उसके समकक्ष कोई अन्य

परीक्षा पास करना आवश्यक है। विजुअल कम्यूनिकेशन में एक वर्षीय डिप्लोमा भी किया जा सकता है। 12वीं परीक्षा पास और 18 वर्ष से ऊपर व्यक्ति अथवा 2 वर्ष का प्रोग्राम अपना सकता है। इन कोर्सों के लिए आवेदन करने वाले अभ्यर्थियों का ग्राफिक डिजाइनिंग में वास्तविक रुचि और रचनात्मक मस्तिष्क होना चाहिए।

संस्थान-भारत में कई संस्थान ग्राफिक डिजाइनिंग में कोर्स करवाते हैं, इनमें से कुछ प्रसिद्ध संस्थान हैं-

- नेशनल इंस्टिट्यूट ऑफ डिजाइन, गुजरात
- इंडस्ट्रियल डिजाइन सेन्टर आई.आई.टी. मुम्बई, महाराष्ट्र
- सृष्टि स्कूल ऑफ आर्ट, डिजाइन एण्ड टेकनॉलॉजी कर्नाटका
- डिपार्टमेंट ऑफ डिजाइन, गुवाहाटी
- इण्डियन इंस्टिट्यूट ऑफ टेक्नॉलॉजी, असम
- इण्डियन इंस्टिट्यूट ऑफ टेक्नॉलॉजी, कानपुर
- सिम्बोसिस इंस्टिट्यूट ऑफ डिजाइन, पुणे

ग्राफॉलॉजी (लिपि, लेखन का अध्ययन)

ग्राफॉलॉजी हस्तलेख का अध्ययन और विश्लेषण है जो अब संस्थानों में लोगों के मूल्यांकन की तकनीक के तौर पर तेजी से स्वीकार किया जा रहा है। हस्तलेख का विश्लेषण व्यक्तित्व और व्यवहार को दर्शाने वाला प्रभावकारी और भरोसेमन्द सूचक है। इसीलिए इस उपकरण का इस्तेमाल संगठनों की विभिन्न प्रक्रियाओं जैसे चयन, साक्षात्कार, दल के गठन, सलाह और करियर की योजना बनाने इत्यादि में किया जाता है।

ग्राफॉलॉजी दिमाग को पढ़ने की लिपि है। हस्तलेख सीधे लेखक के दिमाग से आता है जो उस व्यक्ति का व्यक्तिगत और विशिष्ट तरीका होता है। ग्राफॉलॉजिस्ट विशेषज्ञ विभिन्न देशों और भाषाओं की शैली को समझता है और उनका प्रभाव घटाने बढ़ाने का ध्यान रखता है। मोटे तौर पर लिखित सामग्री के सन्दर्भ का वास्तविक विश्लेषण करता है, जिससे किसी व्यक्ति के व्यक्तित्व का विश्लेषण किया जा सकता है।

व्यक्ति का हस्तलेख उसकी विशेष प्रेरणा को व्यक्त करती है। तार्किक रूप से मस्तिष्क माँस पेशियों को सिग्नल भेजता है और लिखते समय उन पर नियंत्रण रखता है। एक हस्तलेख के सेम्पल का निरीक्षण करके ग्राफॉलॉजिस्ट विशेषज्ञ हस्तलेख लिपि की प्रासांगिक विशेषताओं की पहचान करता है। किस तरह से ये विशेषताएँ एक दूसरे की प्रभावित करती हैं। इन विशेषताओं के विश्लेषण के लिए सूचनाएँ उपलब्ध करते हैं।

हस्तलेख की कोई एक विशेषता अपने आप के बारे में पूर्णत: कुछ सिद्ध नहीं करती। एक विशेषता केवल एक प्रवृति की पहचान करती है। हस्तलेख की विशेषताओं का सम्मिश्रण और उनका आपसी तालमेल ही पूरी विवेचना या व्याख्या करने में सक्षम होता है।

ग्राफॉलॉजी वास्तव में बहुत पुराना और सम्मानजनक विज्ञान है। हस्तलेख का अध्ययन और विश्लेषण आज से लगभग 3000 वर्ष पहले चीन में विकसित हुआ था। रोमन लोग भी ग्राफॉलॉजी का इस्तेमाल करते थे। इसके बाद से विभिन्न सभ्यताओं और संस्कृतियों द्वारा दशकों हस्तलेख का विश्लेषण व्यक्ति का सार तत्व समझने और उसकी पहचान के लिए किया जाता रहा।

पेशेवर ग्राफॉलॉजिस्ट सख्त सिद्धान्तों के साथ काम करते हैं और इन विशेषज्ञों की मांग लगातार रहती है। वो लोग जो इसका उपयोग कार्यस्थल किसी व्यक्ति को समझने और पहचानने के तौर पर करते हैं, वह इसका महत्व जानते हैं। इस प्रकार यह व्यक्ति की प्रतिभाओ और क्षमताओं की सम्भावना को पहचानने का बहुत उपयोगी उपकरण है। खासतौर पर करियर निर्देशन और रिश्तों को सुधारने के सम्बन्ध में। अन्य किसी व्यवहारात्मक या सहज बोध करने वाले प्रारूप की तरह यह समझा पाना सरल नहीं है कि ग्राफॉलॉजी क्यों और किस प्रकार कार्य करती है। लेकिन फिर भी यह लगातार प्रयोग की जा रही है। बहुत से लोग इसको सम्मान और प्रतिष्ठा भरी दृष्टि से देखते है क्योंकि इसने बहुत उच्च स्तर के परिणाम दिए हैं।

संस्थान–ग्राफॉलॉजी कोर्स ग्राफॉलॉजी इण्डिया डॉट कॉम, 164, इंजीनियर इस्टेट 21, आई.पी. एक्सटेंशन, पटपड़गंज, दिल्ली–110092 द्वारा करवाये जाते हैं। यह संस्थान निम्न दो कोर्स करवाता है–

1. **शीघ्र ग्राफॉलॉजी सीखने का शौकिया कोर्स**–यह तीन सप्ताह का पुरजोर कोर्स है। जिसमें विद्यार्थियों को विषय की उपयोगिता से परिचित कराया जाता है। यह उन लोगों के लिए एकदम सही कोर्स है जो ग्राफॉलॉजी के मूल सिद्धान्तों को जानना चाहते हैं।

2. **ग्राफॉलॉजी में सर्टिफिकेट कोर्स**–यह एक एडवान्स कोर्स है जो विषय के सभी पहलुओं को अपने अन्दर समेटे हुए है। इस कोर्स में व्यक्ति को सेम्पल पेपर, प्रश्न पत्र और कार्य प्रदान किया जाता है। यह कोर्स व्यक्ति को पेशेवर ग्राफॉलॉजिस्ट बनने में मदद देता है। इस कोर्स की अवधि 6 माह की है।

भारतीय हस्तलेख विश्लेषक ग्राफॉलॉजी में तीन कोर्स करवाती है। इन तीन कोर्स का विवरण निम्न है–

1. **नौसिखियों के लिए डिप्लोमा कोर्स**–यह शुरुआत करने वाले विद्यार्थियों को ग्राफॉलॉजी से परिचय कराता है। यदि कोई इस विषय को सीखने में समय नहीं लगाना चाहता, यह उसके लिए सर्वोत्तम कोर्स है।

2. **विस्तृत डिप्लोमा कोर्स**–जो व्यक्ति ग्राफॉलॉजी को पेशे के तौर पर अपनाना चाहता है, यह कोर्स उसके लिए सहायक है।

3. **विशेषता मूल्यांकन डिप्लोमा कोर्स**–यह कोर्स केवल अभ्यास कर रहे हस्तलेख विश्लेषकों के लिए है।

एम.जे. राजोरे ग्राफॉलॉजी इंस्टिट्यूट जो ग्राफॉलॉजी और व्यक्तिगत सफलता के लिए जाना माना संस्थान है। यह मुम्बई और पुणे में स्थित है। यह भी ग्राफॉलॉजी में कोर्स करवाता है।

हार्डवेयर एण्ड नेटवर्किंग

कम्प्यूटर के विभिन्न भौतिक अंगों, पुर्जों का सम्मिश्रण कम्प्यूटर हार्डवेयर कहलाता है। दो या दो से ज्यादा कम्प्यूटरों को सूचनाएँ और आँकड़े साझा करने के उद्देश्य से जोड़ना नेटवर्किंग कहलाता है। इस विषय के अनुसंधान और कम्प्यूटर नेटवर्क के साथ जुड़े पेशेवर हार्डवेयर और नेटवर्किंग इंजीनियर कहलाते हैं। वे हार्डवेयर के निर्माण, स्थापन की प्रक्रियाओं का भी निरीक्षण करते हैं। देश में व्याप्त भारतीय और विदेशी आई.टी. प्रमुख कम्पनियों ने इस क्षेत्र में युवाओं के लिए बहुत सारी सम्भावनाएँ पैदा की है।

वर्तमान सर्वेक्षणों से ज्ञात हुआ है कि भारत में इलेक्ट्रॉनिक और हार्डवेयर क्षेत्र 60 मिलियन डालर से ज्यादा विकसित हो चुका है। कम्प्यूटर हार्डवेयर और नेटवर्किंग तेजी से विकसित होता व्यवसाय दिखाई दे रहा है। हार्डवेयर

और नेटवर्किंग पेशेवर सरकारी और निजी क्षेत्र में रोजगार प्राप्त कर सकता है। ज्यादातर हार्डवेयर इंजीनियरों के लिए हार्डवेयर बनाने वाली कम्पनियाँ पसन्दीदा स्थल हैं। वे कार्पोरेट हाऊसों, उद्योगों, निजी क्षेत्र उद्योग में भी रोजगार ढूंढ सकते हैं। सभी निजी और सरकारी क्षेत्र बैंको, वाणिज्य संस्थानों, स्कूलों और कॉलेजों में भी हार्डवेयर और नेटवर्किंग विशेषज्ञों की सेवाओं की आवश्यकता होती है। इसके अलावा वे अपनी खुद की हार्डवेयर व्यवस्थित और संकलित करने की कम्पनी लगाकर भी स्वरोजगार अपना सकते हैं। वे ग्राहकों की आवश्यकताओं के अनुसार हार्डवेयर विकसित करने के लिए अपनी परामर्श देने

 ——————————————————————— अपना करियर स्वयं चुने

वाली संस्था भी खोल सकते हैं। तकनीकी शिक्षण संस्थानों में शिक्षण कार्य भी एक अच्छा विकल्प है।

सेन्टर फॉर डेवलपमेन्ट ऑफ एडवान्स कम्प्यूटिंग भारत का कम्प्यूटर हार्डवेयर तकनीक में अनुसंधान, विकास और प्रशिक्षण का प्रमुख केन्द्र है। इसके अलावा यहाँ असंख्य निजी प्रशिक्षण संस्थान हैं जो हार्डवेयर और नेटवर्किंग आकांक्षियों को प्रशिक्षण और नौकरी पाने में सहायता प्रदान करते हैं।

योग्यता-विज्ञान पृष्ठभूमि के साथ 12वीं की परीक्षा पास करने वाले विद्यार्थी विभिन्न डिग्री और डिप्लोमा कोर्सों में नामांकन दाखिल कर सकते हैं। प्रसिद्ध प्रशिक्षण संस्थान, कॉलेज और यूनिवर्सिटी हार्डवेयर में प्रोग्राम प्रदान करते हैं। नेटवर्किंग के लिए कम्प्यूटर साइन्स, इलेक्ट्रॉनिक्स, इलैक्ट्रिकल और दूरसंचार में डिग्री या डिप्लोमा होना आवश्यक है।

वर्तमान में हार्डवेयर इंजीनियरिंग में करियर उच्च आय प्रदान करने वाला समझा जाता है। जो निजी परामर्श देने का कार्य करते हैं, उनकी भी अच्छी आय होती है।

हॉस्पिटल प्रबन्धन

देशभर में स्वास्थ्य की देखरेख करने के लिए हॉस्पिटल उद्योग विकसित होता जा रहा है। इसके साथ-साथ हॉस्पिटल प्रबन्धन कोर्स भी लोकप्रिय हो रहे हैं। भारत सरकार भी शहरी और ग्रामीण दोनों क्षेत्रों में स्वास्थ्य देखभाल उपलब्ध कराने की ओर ध्यान दे रही है। हॉस्पिटलों में पेशवरों प्रबन्धकों की मांग बढ़ने का प्रमुख कारण यह है कि हॉस्पिटलों में कार्य की प्रकृति और स्वरूप अन्य संगठनों की तुलना में काफी भिन्न होता है। हॉस्पिटलों को कम कीमत में 24 घंटे की गुणवत्तापूर्ण सेवाएँ देनी होती है। कार्य की अति महत्वपूर्ण प्रकृति, क्षमता के जिस स्तर की आशा की जाती है, उसने दुनिया भर में सुस्थापित हॉस्पिटल प्रबन्धन कोर्सों की आवश्यकता को बढ़ा दिया है।

भारत भर में स्वास्थ्य केन्द्रों की आवश्यकताओं को समझते हुए विभिन्न करियर संस्थानों ने देशभर में हॉस्पिटल प्रबन्धन कोर्स प्रदान करने आरम्भ कर दिए हैं। हॉस्पिटल प्रबन्धन में प्रशिक्षण विद्यार्थियों को दो लक्ष्यों की प्राप्ति करने में मदद करता है। पहला अच्छी आय का पैकेज पाना, दूसरा मानवता के लिए सेवाएँ प्रदान करना।

संस्थान-वर्तमान में काफी अच्छी संख्या में भारत भर में विभिन्न संस्थान हॉस्पिटल प्रबन्धन कोर्स करवाते हैं। हॉस्पिटल प्रबन्धन कोर्सों के स्तर को

नियंत्रित करने के लिए अब मेडिकल काऊन्सिल ऑफ इण्डिया कार्यक्रम को एकरूपता प्रदान करने के लिए पहल कर रही है।

जबकि कुछ प्रसिद्ध मेडिकल कॉलेज हॉस्पिटल प्रबन्धन में एम.डी. कोर्स प्रदान कर रहे हैं मदुरई कामराज यूनिवर्सिटी और कई अन्य संस्थानों ने हॉस्पिटल प्रबन्धन में 2 वर्षीय एम.बी.ए. कोर्स करवाना आरम्भ किया है जबकि कुछ अन्य संस्थान हॉस्पिटल प्रबन्धन में सर्टिफिकेट और डिप्लोमा कोर्स प्रदान करते हैं। आप हॉस्पीटल प्रबन्धन में अल्पकालीन पत्राचार कोर्स भी कर सकते हैं। दि इण्डियन सोसायटी ऑफ हैल्थ एडमिनिस्ट्रेशन (आई.एस.एच.ए.) हॉस्पिटल प्रबन्धन और नर्सिंग प्रबन्धन एक वर्षीय डिस्टेन्स लर्निंग प्रोग्राम प्रदान करता है। तमिलनाडु ओपन यूनिवर्सिटी हॉस्पिटल प्रबन्धन में एम.बी.ए. का 2 वर्षीय डिस्टेन्स लर्निंग प्रोग्राम प्रदान करती है।

योग्यता-विभिन्न संस्थानों और कोर्सों के अनुसार भिन्न-भिन्न हैं। हालांकि गैर मेडिकल पृष्ठभूमि वाले विद्यार्थी भी हॉस्पिटल प्रबन्धन का कोर्स कर सकते है।

स्वास्थ्य देखभाल का महत्व कभी भी कम नहीं हो सकता। स्वास्थ्य देखरेख उपलब्ध कराने वाले संस्थानों की संख्या बढ़ रही है। भारत में 2.5 लाख से अधिक विभिन्न स्वास्थ्य देखरेख संस्थानों को हॉस्पिटल प्रबन्धकों की आवश्यकता है। पेशेवरों की बढ़ती आवश्यकता से भारत में हॉस्पिटल प्रबन्ध का महत्व बढ़ा है। विभिन्न सरकारी हॉस्पीटलों के साथ निजी हॉस्पिटल भी आज स्वास्थ्य देखरेख सेवाएँ प्रदान करने में प्रतिस्पर्धा कर रहे हैं। जिससे पेशेवर हॉस्पिटल प्रबन्धकों की मांग तेजी से बढ़ रही है।

हॉस्पिटैलिटी एण्ड होटल मैनेजमेंट

होटल उद्योग इस क्षेत्र में अपना करियर बनाने वाले प्रत्येक व्यक्ति को उज्ज्वल भविष्य का वायदा करता है जो विद्यार्थी होटल प्रबन्धन में अपना करियर बनाना चाहते हैं उनको लोगों की आवश्यकताओं की समझ और उनको सामाजिक बनाना आना चाहिए। क्योंकि होटल सेवा उद्योग के अन्तर्गत आते हैं। इसीलिए भारत में होटल मैनेजमेंट कोर्सों का लक्ष्य विद्यार्थियों को इस प्रतिस्पर्धी दुनिया में चुनौतियों का सामना करने के लिए तैयार करना है। जहाँ तक भारत में पर्यटन उद्योग का सम्बन्ध है, वह दुनिया भर से भारत में पर्यटकों को आकर्षित कर रहा है जिसके लिए उत्तम गुणवत्तायुक्त अतिथि-सत्कार की आवश्यकता है।

आज के नौकरी क्षेत्र में होटल प्रबंध सबसे रुचिकर करियर विकल्पों में से एक है। किसी प्रसिद्ध होटल प्रबन्धक संस्थान से प्रशिक्षण, जो मान्यता प्राप्त भी हो, इस विकल्प को और अधिक बेहतर बना देता है। भारत में बहुत से ऐसे होटल मैनेजमेन्ट संस्थान और कॉलेज हैं, जो अतिथि सत्कार और होटल प्रबन्धन में कोर्स करवाते हैं।

होटल प्रबन्धन कोर्स व्यक्ति को होटल उद्योग के कार्य विभागों जैसे फ्रन्ट ऑफिस, जनरल ऑपरेशन, सेल्स एण्ड मार्केटिंग, फूड एण्ड बेवरेज, रखरखाव और खान-पान प्रबन्धन सेवा इत्यादि के सम्बन्ध में जागरुक बनाता है।

योग्यता- भारत में होटल मैनेजमेंट कोर्स में प्रवेश की इच्छा रखने वाले अभ्यर्थियों को 12वीं कक्षा की परीक्षा अंग्रेजी विषय के साथ पास करनी

आवश्यक है। किसी भी मान्यता प्राप्त विश्वविद्यालय से स्नातक करने वाला विद्यार्थी भी विभिन्न संस्थानों द्वारा प्रदान किए जाने वाले प्रबन्धन प्रशिक्षण से जुड़ सकता है। इनमें प्रवेश विद्यार्थी की लिखित परीक्षा, व्यक्तिगत साक्षात्कार और सामूहिक चर्चा के प्रदर्शन पर निर्भर करता है। विभिन्न संस्थानों द्वारा कराये जाने वाले इन कोर्सों की अवधि 6 माह से लेकर 3 वर्ष तक भिन्न-भिन्न हो सकती है।

संस्थान- दि नेशनल काउंसिल फॉर होटल मैनेजमेंट एण्ड केटरिंग टेक्नोलॉजी (एन.सी.एच.एम.सी.टी.) भारत सरकार के संस्कृति और पर्यटन मंत्रालय के तहत पंजीकृत सोसायटी है। यह काऊन्सिल मुख्यत: हॉस्पीटैलिटी मैनेजमेंट कोर्सों के ढांचे सम्बन्धी अध्ययन को नियंत्रित करती है जो कि सरकारी सहायता प्राप्त 24 संस्थानों और 8 फूड क्राफ्ट इंस्टिट्यूट द्वारा देश के विभिन्न हिस्सों से प्रदान किया जाता है। ये सभी संस्थान काउंसिल द्वारा निर्धारित पाठ्यक्रम के एकरूप पैमानों का अनुसरण करते हैं, जो 11 अलग-अलग पेशेवर प्रोग्राम के लिए उपलब्ध हैं। संस्थान द्वारा दी जाने वाली गुणवत्तापूर्ण शिक्षा आपको अतिथि सत्कार के सेवा क्षेत्र के शिखर पर एक पेशेवर के रूप में उभरने में मदद करेगी। यह प्रोग्राम वैज्ञानिक तरीके से तैयार किया गया है और यह ज्ञान की मजबूत आधारशिला रखने, विश्वास पैदा करने, व्यक्तित्व का विकास करने और सॉफ्ट स्किल्स का विकास करने आत्म-अनुशासन को प्राप्त करने और रचनात्मक योग्यता को समृद्ध करने इत्यादि को प्राप्त करने का विश्वास पैदा करता है।

विज्ञान विषय में स्नातक (बी.एस.सी.) हॉस्पिलिटी एण्ड होटल मैनेजमेंट की नेशनल काऊन्सिल पूसा, नई दिल्ली द्वारा प्रदान किया जाता है। इसके अलावा इन्दिरा गांधी नेशनल ओपन यूनिवर्सिटी भी यह कोर्स करवाती हैं। यह तीन वर्षीय प्रोग्राम विद्यार्थियों को आवश्यक कौशल, ज्ञान, क्षमता और निरीक्षणात्मक दायित्वों को पूरा करने में सक्षम बनाता है। जोकि हॉस्पिलिटी क्षेत्र के लिए अत्यन्त आवश्यक है। विज्ञान विषय में स्नातक का यह प्रोग्राम गहन प्रयोगात्मक कार्य और विद्यार्थियों के लिए आवश्यक ज्ञान ओर स्तरीय कौशल को अपने अन्दर समेटे हुए है जो कि विद्यार्थियों को खाद्य सामग्री तैयार करने, खाना और मादक पेय की सेवा प्रदान करने, फ्रन्ट ऑफिस और हाऊस कीपिंग की कार्यप्रणाली को जानने समझने में मदद करता है। यह सेल्स और मार्केटिंग, वाणिज्य प्रबन्धन, मानव संसाधन प्रबन्धन, होटल और खाद्य व्यवस्था सम्बधित कानूनों, सम्पत्ति प्रबन्धन, उद्यमवृति विकास इत्यादि के प्रबन्धन से सम्बन्धित व्यवहारिक जानकारी भी प्रदान करता है।

पर्यटन के वैश्विक विकास ने असंख्य अवसरों के क्षेत्र खोल दिए हैं। इसका एक स्नातक निम्न उज्ज्वल करियरों में आगे बढ़ने के अवसर प्राप्त कर सकता है। होटलों में प्रशिक्षुओं का प्रबन्धन, अतिथि-सत्कार कार्यकारी अधिकारी, रसोई प्रबन्धन/संस्थान और हाऊसिस में खान-पान प्रबन्धक व निरीक्षक/होटल मैनेजमेंट फैकल्टी में सहायक/फूड क्राफ्ट इंस्टिट्यूट में सहायक/नेशनल और इंटरनेशनल वायुयान सेवाओं में केबिन क्रिव/मार्केटिंग, जहाजों में खान-पान प्रबन्धक अधिकारी/होटलों, बहुराष्ट्रीय कम्पनियों में सेल्स अधिकारी/बैंकों, बीमा व अन्य सेवा क्षेत्रों में ग्राहक सेवा अधिकारी/पर्यटन विकास कार्पोरेशन, उद्यमवृत्ति क्षेत्रों में प्रबन्धक या निरीक्षक इत्यादि।

मानव संसाधन प्रबन्धन

वैश्विक युग में कई संस्थानों ने यह महसूस किया है कि कम्पनी के विकास के लिए अच्छे प्रशिक्षित, कौशलयुक्त और प्रोत्साहित स्टाफ ही आज के समय की आवश्यकता है। संगठन कर्मचारियों के लाभ और कल्याण में समय और धन का निवेश करते हैं क्योंकि वे ऐसी गतिविधियों की योग्यताओं और गुणों को जानते है। इन सबमें जुड़े संस्थान के अन्य क्रियाकलापों को मानव संसाधन प्रबन्धन कहा जाता है जबकि मानव संसाधन प्रबन्धन में इसके अलावा कॉरपोरेट की अन्य अन्दरूनी क्रियाएँ भी शामिल है।

मानव संसाधन प्रबन्धन संस्थान के अन्दर कार्य करता है जिसका मुख्य कार्य संस्थान के लिए लोगों का चयन, प्रबन्धन और लोगों को निर्देश देना है। लाइन मैनेजर भी मानव संसाधन प्रबन्धन का कार्य कर सकता है।

मानव संसाधन प्रबन्धन ऐसा संगठनात्मक कार्य है, जो लोगों से जुड़े मुद्दों जैसे मुआवजा, चयन, प्रदर्शन का प्रबन्धन, संगठन का विकास, सुरक्षा, भलाई, लाभ, कर्मचारी को प्रेरणा, संचार, प्रशासन और प्रशिक्षण इत्यादि से सम्बन्धित कार्यों को देखता है।

मानव संसाधन प्रबन्धन का कार्य कम्पनी में कार्य कर रहे लोगों की आवश्यकताओं को समझने के लिए सुसंगत और युक्तिपूर्ण रवैया अपनाना है। निसन्देह कम्पनी का विकास उसमें काम कर रहे कर्मचारियों के व्यक्तिगत और सामूहिक प्रयासों पर निर्भर करता है। मानव संसाधन प्रबन्धन व्यापार की दुनिया में एक गम्भीर विषय के रूप में विकसित हुआ है। अब यह समझा जा चुका है कि कर्मचारी मशीनों और स्वचालित वाहनों की तरह केवल व्यापार की ईकाई मात्र नहीं है, बल्कि वे मूल्यवान मानवीय शक्ति है जिनकी अपनी व्यक्तिगत,

भावनात्मक और आर्थिक आवश्कताएँ हैं। मानव एक पहलू वाली सत्ता नहीं है। इसीलिए मानव संसाधन प्रबन्धन का विकास संस्थान में कार्य संस्कृति को सुधारने, कर्मचारियों को प्रोत्साहित करने, चयन प्रक्रिया तेज करने और कर्मचारियों को प्रशिक्षण देने के लिए किया गया। आज की वैश्विक अर्थव्यवस्था में गतिशील व्यापार ज्यादा से ज्यादा चुनौतीपूर्ण होता जा रहा है। कर्मचारियों का ध्यान रखना एक महत्वपूर्ण और गम्भीर प्रश्न बन गया है, जिसमें मानव संसाध न प्रबन्धक की भूमिका बहुत अहम है। मानव संसाधन प्रबन्धक कम्पनी के सभी विभागों के साथ मिलकर काम करता है। ताकि कर्मचारियों की आवश्यकताओं का पूर्णत: निरीक्षण करके उनका मतलब समझा जा सके। मानव संसाधन प्रबन्धन विभाग कम्पनी के सी.ई.ओ. या प्रबन्ध निदेशक और उसकी विभिन्न शाखाओं जैसे आधिकारिक प्रशासनिक, प्रोजेक्ट प्रबन्धन दल और क्रियान्वयन प्रबन्धन के बीच सेतू अर्थात् पुल का कार्य करता है।

चयन की पूरी प्रक्रिया मानव संसाधन प्रबन्धक द्वारा देखी जाती है। मानव संसाधन प्रबन्धक का कार्य कर्मचारियों की तैनाती, नियुक्ति, नियुक्ति के लिए परीक्षाएँ और साक्षात्कार करवाना इत्यादि है। मानव संसाधन प्रबन्धक के अन्य कार्य शिक्षण संस्थानों और चयन एजेन्सियों के साथ अच्छे पेशेवर सम्बन्ध रखना भी है। कर्मचारियों को प्रशिक्षण देना भी मानव संसाधन प्रबन्धक का कार्य है। वह अच्छे संचार के माध्यम से कर्मचारियों को दल के रूप में गठित करता है।

कर्मचारियों से प्रदर्शन करवाने के लिए प्रेरणा देना एक कुशल माध्यम है। प्रेरणा पाकर एक साधारण कर्मचारी शानदार प्रदर्शन करने वाले कर्मचारी में बदल जाता है। मानव संसाधन प्रबन्धक व्याख्यानों के सेशन आयोजित करता है, जो कर्मचारियों को बाजार में बढ़ती प्रतिस्पर्धा और कर्मचारियों को लगातार अपने कौशलों को उन्नत करने की आवश्यकता के बारे में सचेत करता है। कर्मचारियों का प्रदर्शन भी मासिक और वार्षिक रूप से निरीक्षित किया जाता है और विशेष शानदार प्रदर्शन के लिए पुरस्कार भेंट और ईनाम वितरित किए जाते हैं। मानव संसाधन प्रबन्धक कर्मचारियों के प्रदर्शन के मूल्यांकन की भी देखभाल करता है।

योग्यता-सामान्यत: मजदूर कानूनों, सामाजिक विज्ञान, मानव संसाधन और औद्योगिक कानूनों के स्नातक को मानव संसाधन प्रबंधन की नौकरी में प्रवेश करने के लिए योग्य समझा जाता है। बहुत-सी कम्पनियाँ एच.आर. मैनेजर को नियुक्त करने से पहले कार्य अनुभव को भी देखती हैं। इसीलिए यदि आपके पास मानव संसाधन प्रबन्धन में स्नातकोत्तर डिग्री या एम.बी.ए. डिग्री है तो आप 3 से 6 वर्ष का व्यावसायिक अनुभव प्राप्त करके उच्च स्तर की नौकरियों में प्रवेश कर सकते हो।

संस्थान-प्रत्येक राज्य में बहुत से छोटे-बड़े संस्थान हैं जो मानव संसाधन प्रबन्धन में डिग्री और डिप्लोमा कोर्स करवाते हैं।

आई.टी. (सूचना प्रौद्योगिकी)

सूचना प्रौद्योगिकी इंजीनियरिंग की एक शाखा है, जिसमें कम्प्यूटर और दूरसंचार की उपयोगिता का अध्ययन किया जाता है ताकि सूचनाओं को एकत्रित, संग्रहित, नियंत्रित और प्रसारित किया जा सके। सॉफ्टवेयर और हार्डवयेर दोनों क्षेत्र आई.टी. के अन्तर्गत आते हैं। आई.टी. की लोकप्रियता और महत्वता के कारण वर्तमान युग को कई बार सूचना प्रौद्योगिकी युग भी कहा जाता है। आई.टी. के क्षेत्र में

भारत प्रशिक्षित और कुशल पेशेवरों की उपलब्धता के कारण सूचना प्रौद्योगिकी

का लोकप्रिय स्थल बन गया है। इस क्षेत्र में प्रवीणता हासिल करने के लिए व्यक्ति को अपने कार्य के प्रति पूर्णत: समर्पित, वचनबद्ध और निष्ठावान होना चाहिए। आई.टी. पेशेवर बनने के लिए खोजी और बौद्धिक मस्तिष्क का होना आवश्यक है।

योग्यता-भारत के विभिन्न विश्वविद्यालय और कॉलेजों में सूचना प्रौद्योगिकी क्षेत्र से सम्बन्धित विभिन्न स्तरों के डिग्री कार्यक्रम पाये जाते हैं। आई.टी. कार्पोरेशन और प्रशिक्षण संस्थानों जैसे माइक्रोसॉफ्ट, आरेकल और सन माइक्रोसॉफ्ट से भी विभिन्न कोर्स करे जा सकते हैं। स्नातक प्रोग्राम के लिए न्यूनतम योग्यता विज्ञान विषय के साथ 12वीं की परीक्षा उत्तीर्ण करना है जबकि स्नातकोत्तर प्रोग्राम के लिए व्यक्ति के पास बी.ई. या बी.टेक. की डिग्री होनी चाहिए।

भारत और विदेशों में कई आई.टी. कम्पनियाँ अच्छे प्रशिक्षित, योग्य, कुशल आई.टी. पेशेवरों को नियुक्तियाँ प्रदान करती है। बंगलौर को सूचना प्रौद्योगिकी का केन्द्र माना जाता है। इसी कारण बहुत सी आई.टी. कम्पनियाँ वहाँ केन्द्रित हैं। सूचना प्रौद्योगिकी का प्रयोग कई क्षेत्रों में किया जा सकता है, जिसमें बैंकिंग, स्वास्थ्य और चिकित्सा, रेलवे, कृषि, शिक्षा और फॉरेन्सिक साइन्स शामिल हैं।

संस्थान-सूचना प्रौद्योगिकी की लोकप्रियता के परिणाम स्वरूप पूरे भारत में असंख्य संस्थान उदित हो चुके हैं। जिसमें कुछ सुप्रसिद्ध संस्थान जो आई. टी. में प्रशिक्षण भी देते हैं। वे आई.टी. और आई.आई.टी. है जो दिल्ली, मुम्बई, कानपुर, खड़गपुर, गुवाहाटी और चेन्नई में स्थित बिडला इंस्टिट्यूट ऑफ टेक्नोलॉजी रॉची, बंगलौर इंस्टिट्यूट ऑफ टेक्नोलॉजी, इण्डियन इंस्टिट्यूट ऑफ इंफॉरमेशन टेक्नोलॉजी, हैदराबाद, ओसमानिया यूनिवर्सिटी कम्प्यूटर सेन्टर, हैदराबाद, जाधवपुर यूनिवर्सिटी, कोलकता, विक्टोरिया जुबली टेक्नोलॉजिकल इंस्टिट्यूट, मुम्बई, बंगाल इंजीनियरिंग कॉलेज, असम इंजीनियरिंग कॉलेज, इंस्टिट्यूट ऑफ टेक्नोलॉजी, उत्तर प्रदेश, अगगप्पा यूनिवर्सिटी, तमिलनाडु, रिजनल इंजीनियरिंग कॉलेज, उड़ीसा और बी.एम.एस. इंस्टिट्यूट ऑफ इंजीनियरिंग, बंगलौर शामिल है।

इन्टीरियर डिजाइनिंग

इन्टीरियर डिजाइनिंग आज के उपलब्ध कोर्सों में सबसे ज्यादा खोजा जाने वाला कोर्स है। जो इन्टीरियर डिजाइनिंग का कोर्स शुरु करना चाहते हैं, वो इस कोर्स के माध्यम से सुरक्षित, कारगर, आकर्षक और ग्राहक की उपलब्ध जगह के अनुसार साधनों को डिजाइन और विकसित कर सकते हैं। इन्टीरियर डिजाइनिंग का प्रमुख उद्देश्य विद्यार्थियों के अन्दर इस पेशे के लिए आवश्यक रचनात्मक जागरुकता, कल्पनाशीलता, तकनीकी ज्ञान और भाव पैदा करना है।

ये कोर्स उनको अन्य आवश्यक प्रबन्धन कौशलों जैसे ग्राहक ढूंढना, बनना और उनका अच्छे से प्रबन्ध करना इत्यादि भी सिखाता है। इस इन्टीरियर डिजाइनिंग में सफल करिअर के लिए रचनात्मकता, कल्पनाशीलता और कलात्मक योग्यता के साथ प्रबन्धन कौशल का होना अत्यन्त आवश्यक है जबकि किसी प्रसिद्ध संस्थान से कोर्स करना सबसे महत्वपूर्ण भूमिका अदा करता है।

तेजी से सिकुड़ते और एकीकृत होते संसार में बाजार अर्थव्यवस्था और बढ़ते उपभोगवाद के सम्मिलित फैलाव ने इन्टीरियर डिजाइनिंग के लिए लुभावने द्वार खोल दिए हैं। क्योंकि उनको सिर्फ भीतरी साजो सामान को आकर्षक ही नहीं बनाना होता, बल्कि उपलब्ध जगह का भी बेहतरीन उपयोग करना होता है। घरों और ऑफिसों में इन्टीरियर डिजाइनर की काफी ज्यादा मांग है।

इन्टीरियर डिजाइनर पेशेवरों की कमाई कई कारणों से भिन्न भिन्न होती है। इन्टीरियर डिजाइनर के पैकेज को प्रभावित करने वाला सबसे पहला कारण उनकी अपनी प्रतिभा है। उनकी विशेषता और जिस फर्म में वे काम कर रहे है, उसका आकार भी उनकी आय के स्तर को निर्धारित करने में अहम भूमिका अदा करता है।

भारत में इन्टीरियर डिजाइनिंग का कोर्स सफलता पूर्वक सम्पन्न होने पर स्वरोजगार के क्षेत्र में अवसरों के द्वार खुल जाते हैं इस रचनाशील करियर में अनन्त सम्भावनाएं है क्योंकि बाजार भी ज्यादा से ज्यादा इन्टीरियर डिजाइनरों को खपा सकने में सक्षम है। इन्टीरियर डिजाइनिंग के ये कोर्स करने के उपरान्त व्यक्ति रंगमंच और सेट डिजाइनर या प्रदर्शनी डिजाइनर के रूप में भी रोजगार पा सकता है।

संस्थान-एक्सटिरिअर-इंटीरियर (नई दिल्ली), साउथ दिल्ली पॉलिटेकनीक फार वूमैन (नई दिल्ली), एपीजे इंस्टिट्यूट ऑफ डिजाइन (नई दिल्ली), इण्डियन इंस्टिट्यूट ऑफ टेकनोलॉजी (मुम्बई), सेंट फ्रान्सिस इंस्टिट्यूट ऑफ आर्ट एण्ड डिजाइन, (मुम्बई), जे.जे. स्कूल ऑफ आर्ट (मुम्बई), क्रिएशन दि स्कूल ऑफ डिजाइन एण्ड टेक्नोलॉजी (पुणे), इण्डियन इंस्टिट्यूट ऑफ इन्टीरियर डिजाइन (मुम्बई), नेशनल इंस्टिट्यूट ऑफ फैशन डिजानर (चण्डीगढ़), स्कूल ऑफ इन्टीरियर डिजाइन (बंगलौर), कारावली कॉलेज (मंगलौर), सेन्टर फॉर इनवायरमेंटल प्लानिंग टेक्नोलॉजी (अहमदाबाद) इंस्टिट्यूट ऑफ इनवायमेन्टल डिजाइन (विद्यानगर, गुजरात), आर्क इंस्टिट्यूट ऑफ फैशन एण्ड डिजाइन (जयपुर) अनिमा इंस्टिट्यूट ऑफ फैशन (कोलकाता)।

ज्वैलरी डिजाइनिंग

ज्वैलरी को डिजाइन करना एक अनोखी कला है और यह अन्य कलाओं से सम्बन्धित क्षेत्रों से अलग है। वर्तमान में भारत के अन्दर ज्वैलरी डिजाइनिंग एक भरोसेमन्द करियर सम्भावना क्षेत्र है। आज डिजाइन के शौकीन लोग विभिन्न प्रकार की ज्वैलरियों की जानकारी रखते हैं, इसके अलावा वो एक रचनात्मक मस्तिष्क भी रखते हैं जिससे वे ज्वैलरी डिजाइनिंग के सम्भावना भरे करियर की छानबीन कर सकते हैं और उसे अपना सकता हैं। कल्पनाशील व्यक्ति, जिनका झुकाव ज्वैलरी और डिजाइनिंग में है, उन्हें यह करियर संतुष्टि और पूर्णता प्रदान कर सकता है।

इतिहास में ज्वैलरी हमेशा से समृद्धि, शक्ति और प्यार का प्रतीक रही है। ये अपनी शुद्ध सौन्दर्य, दुर्लभता और मूल्य के कारण दुनिया की सबसे मनचाही

वस्तुओं में से है। ज्वैलरी डिजाइनिंग ललित कला का एक रूप है जो बहुमूल्य ध तुओं और रत्नों का अध्ययन है। इसमें बहुमूल्य धातुओं और रत्नों को तराशना, पॉलिश करना और उनको सुन्दर स्वरूप में ढालना और उनकी जाँच करना शामिल है। रत्नों और ज्वैलरी में आए हाल ही के तेज उछाल से यह पारम्परिक कला का रूप एक अत्यधिक व्यवसायिक क्षेत्र में बदल गया। परिणामस्वरूप ज्वैलरी डिजाइन उन लोगों के लिए एक करियर विकल्प बन

गया, जो एक रचनात्मक शैली का मस्तिष्क रखते हैं। इस करियर में अनन्त संभावनाएँ व्याप्त है।

करियर सम्भावना-ज्वैलरी डिजाइन करना एक कला है और इस कौशल में पारन्गत होने के लिए पर्याप्त प्रशिक्षण की आवश्यकता होती है। हाल ही में आयी तेजी की वजह से ज्वैलरी डिजाइनर के लिए रोजगार की अनन्त सम्भावनाएँ हैं। हाल के वर्षों में भारत से सर्वाधिक निर्यात किए जाने पदार्थों में ज्वैलरी पाँचवा स्थान रखती है। एक ज्वैलरी डिजाइनर अपना कार्य ज्वैलरी हाउसेस के साथ काम करके शुरु कर सकता है। इसके अलावा ज्वैलरी निर्यात करने वाले घराने भी ज्वैलरी डिजाइनरों को लुभावने अवसर प्रदान करते हैं। वे प्रसिद्ध ज्वैलरी डिजाइनरों और स्थापित ज्वैलरी फर्मों के साथ भी काम कर सकते हैं। ज्यादा प्रतिभावान और नवपरिवर्तनवादी ज्वैलरी डिजाइनर अपने खुद के उत्पाद डिजाइन कर अपनी प्रबल इच्छा की पूर्ति कर सकता है। वह अपनी स्वयं की व्यापारिक ईकाई या दुकान भी स्थापित कर सकता है।

संस्थान-बहुत से संस्थान भारत में ज्वैलरी डिजाइनिंग के कोर्स करवाते हैं। जिनमें कुछ महत्वपूर्ण हैं-
● नेशनल इंस्टिट्यूट ऑफ जेमॉलॉजी, दिल्ली
● इण्डियन इंस्टिट्यूट ऑफ जेमॉलॉजी, नई दिल्ली
● इण्डियन डायमण्ड इंस्टिट्यूट, सूरत

- इण्डियन जेमॉलॉजिकल इंस्टिट्यूट, नई दिल्ली
- नेशनल इंस्टिट्यूट ऑफ ज्वैलरी डिजाइन एण्ड टेक्नोलॉजी, नई दिल्ली
- जेमॉलॉजीकल इंस्टिट्यूट ऑफ इण्डिया, मुम्बई
- ज्वैलरी डिजाइन एण्ड टेक्नोलॉजी इंस्टिट्यूट, नोएडा
- स्माल इनडस्ट्रिज सर्विस इंस्टिट्यूट, चेन्नई
- ज्वैलरी प्रोडक्ट डेवलेपमेंट सेन्टर, मुम्बई
- जेम एण्ड ज्वैलरी एक्सपोर्ट प्रोमोशन काऊंसिल, जयपुर
- ए.पी.जे. इंस्टिट्यूट ऑफ डिजाइन, नई दिल्ली
- एस.जी. झावेरी सेन्टर फॉर डाइमण्ड टेक्नोलॉजी, मुम्बई
- शिंगर इंस्टिट्यूट, कोलकाता

भारतीय रत्नों और ज्वैलरी की लोकप्रियता को घरेलू और विदेशी बाजारों में देखते हुए ज्वैलरी डिजाइनिंग एक बेहतरीन विकल्प है। निजी निर्यातक हाऊसेस में भारतीय ज्वैलरी डिजाइनों को उच्च आय के साथ प्रेरणा के तौर पर अतिरिक्त धन भी मिलता है। स्वतंत्र ज्वैलरी डिजाइनरों की आय उनके कौशल के अनुसार भिन्न-भिन्न होती हैं।

के.पी.ओ.

के.पी.ओ. क्षेत्र विकसित हो रहा है साथ ही इस क्षेत्र में अवसर भी बढ़ रहे हैं। इस क्षेत्र में विशेषज्ञता के नये क्षेत्रों के आने से रोजगार के अवसर भी बढ़े हैं। भारत में के.पी.ओ. क्षेत्र की आवश्यकताओं को पूरा करने का सामर्थ्य है।

बी.पी.ओ. उद्योग की अपार सफलता के बाद के.पी.ओ. (नॉलेज प्रोसेस आउटसोर्सिंग) ने भारत में अपने पंख फैला दिए हैं। के.पी.ओ. का संबंध स्तरीय संस्थानों की क्रियाओं के क्रियान्वयन से है। इसमें उच्च क्षमता वाली सेवाएँ शामिल हैं जिनको उच्च तकनीकी और विश्लेषणात्मक कौशलों की आवश्यकता होती है। के.पी.ओ. के साथ संबंधित क्षेत्रों में अनुसंधान और विकास, एडवान्स वेब एप्लिकेशन, लर्निंग सोलुशन, आर्थिक सलाहकार सेवाएँ, ऐनीमेशन एण्ड डिजाइन, मेडिकल सेवाएँ, व्यापारिक और तकनीकी विश्लेषण, बिजनेस और मार्केटिंग रिसर्च, लेखन और सामग्री विकास, औषधीय और जैवतकनीकी कानूनी सेवाएँ, प्रशिक्षण और सलाह केन्द्र, डाटा एनालिस्टिक नेटवर्क मैनेजमेंट ओर बौद्धिक सम्पत्ति अनुसंधान इत्यादि शामिल हैं क्योंकि योग्य ओर कुशल व्यक्तियों की कमी है। इसीलिए अच्छा प्रदर्शन करने वाले को विकास के भारी अवसर

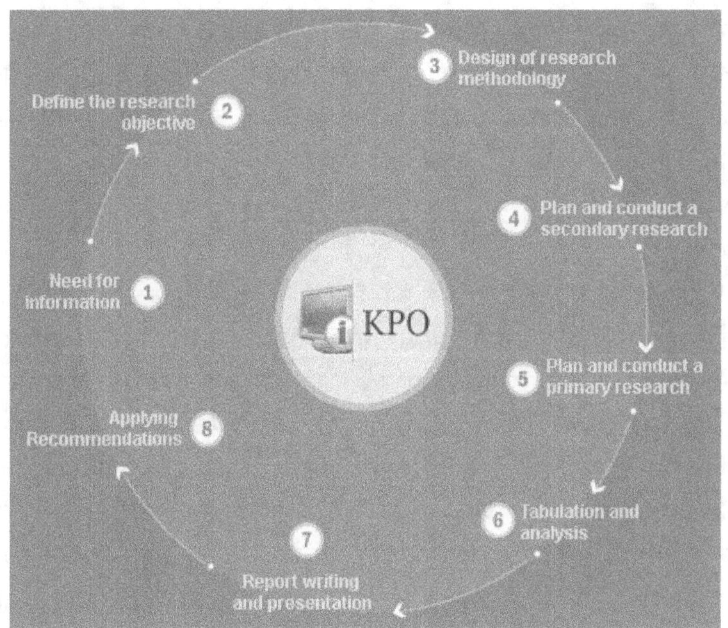

हैं। उनकी अच्छी आय का पैकेज क्षेत्र का ज्ञान, प्रबन्धन जिम्मेवारी और योग्यता, ग्राहक से बातचीत इत्यादि के कारण होती है।

के.पी.ओ. जल्दी पैसा देने वाला और लम्बे समय तक नौकरी प्रदान करने वाला क्षेत्र है। सुशिक्षित ज्ञानी विश्लेषक और योग्य अभ्यर्थी इस क्षेत्र में बढ़िया पैसा कमा सकते है जोकि बी.पी.ओ. के अस्थायी विकल्प की बजाय के.पी.ओ. उद्योग में कार्य करने वाले पेशेवर का करियर लम्बा होता है।

के.पी.ओ. कम्पनियाँ कम मूल्य पर गुणवतापूर्ण कार्य प्रदान करती है क्योंकि भारत में श्रम काफी सस्ता है। वे बिना रुके समय पर सेवा प्रदान करते हैं। लेकिन भारत में के.पी.ओ. युवाओं को इसीलिए आकर्षित कर रहा है क्योंकि इसमें काम करके कार्य करने की सन्तुष्टि प्राप्त होती है। भारत के.पी.ओ. उद्योग के लिए सबसे अधिक वरीयता पाने वाला स्थान है। क्योंकि यह कम कीमत में उच्च योग्यता और कौशल वाले मानव श्रम को उपलब्ध करता है। साथ ही यहाँ कार्य करने की क्षमता और गुणवत्ता में भी सुधार हुआ है। भारत का कार्यबल उच्च शिक्षित और इंग्लिश में पारंगत है। प्रत्येक वर्ष देश आई.टी., शिक्षा, विज्ञान, इंजीनियरिंग, वाणिज्य, कानून और वास्तुशास्त्र जैसे विभिन्न क्षेत्रों को कुशल पेशेवर प्रदान कर रहा है। भारत में के.पी.ओ. उद्योग तेजी से विकसित हो फल-फूल रहा है। बहुत से लोग इस के.पी.ओ. क्षेत्र में आकर अपना करियर

बनाना चाहते हैं। क्योंकि इस क्षेत्र का दायरा बहुत व्यापक है इसीलिए किसी भी विषय से स्नातक के.पी.ओ. क्षेत्र में शानदार नौकरी प्राप्त कर सकते हैं। यदि व्यक्ति के अन्दर सीखने का उत्साह, वचनबद्धता और कार्य के प्रति सकारात्मक दृष्टिकोण है तो के.पी.ओ. उसके लिए सर्वोतम कार्यस्थल है।

पुस्तकालय विज्ञान

लाइब्रेरियाँ सूचना और ज्ञान का भण्डार हैं। तेजी से बढ़ रहे ज्ञान और अनुसंधान संसाधनों से भारत एक ज्ञानवान समाज की ओर अग्रसर हैं। इसीलिए लाइब्रेरी साइन्स यानि पुस्कालय विज्ञान की मांग और महत्व भी तेजी से बढ़ रही है। परिणामस्वरूप लाइब्रेरियन के लिए नौकरी की संभावनाओं में भारी उछाल आया है। यह एक ऐसा पेशा है जिसका सम्बन्ध किताबों, अखबारों, पत्रिकाओं के संग्रहण, व्यस्था और प्रबन्धन से है। फिर भी सूचना प्रौद्योगिकी और कम्प्यूटरों के आगमन से लाइब्रेरी के पारम्परिक कार्यविधि में अन्तर आया है। सूचना के नए उपकरण जैसे सीडी-रोम, इन्टरनेट, वर्चुअल लाइब्रेरी इत्यादि आ गए हैं जिसमें किताबें और अन्य प्रकाशित सामग्री भी शामिल हैं।

लाइब्रेरी साइन्स में प्रवेश प्राप्त करने के लिए न्यूनतम योग्यता स्नातक हैं। किसी विषय से स्नातक पुस्तक विज्ञान की स्नातक डिग्री में प्रवेश पा सकता है। उसके बाद विद्यार्थी लाइब्रेरी साइन्स में स्नातकोतर की डिग्री प्राप्त कर सकता है जो विद्यार्थी उच्च शिक्षा और शोध में रुचि नहीं रखते वे इस क्षेत्र में एम.फिल. और पीएचडी. कर सकते हैं। लाइब्रेरी साइन्स में सर्टिफिकेट और डिप्लोमा कोर्स भी किया जा सकता है। मुख्यत: एक अच्छा लाइब्रेरियन के लिए उसकी रुचि किताबों, विभिन्न विषयों में होनी चाहिए। इसके अलावा उसके अन्दर संगठन की उच्च योग्यता, बेहतरीन संचार कौशल, ग्राहक को सेवा प्रदान करने वाला व्यवहार होना आवश्यक है।

करियर सम्भावनाएँ- सूचना क्रान्ति के इस युग में लाइब्रेरियन के रूप में रोजगार और नियुक्ति की काफी अच्छी सम्भावनाएँ हैं। इस क्षेत्र में प्रशिक्षित व्यक्ति पब्लिक और सरकारी पुस्तकालयों, यूनिवर्सिटियों, पेशेवर और शिक्षण संस्थानों, समाचार और प्रसारण ऐजेन्सियों, निजी और विशेष लाइब्रेरियों जो विशेष वर्ग के लोगों के लिए हैं इन सभी क्षेत्रों में रोजगार पाने के अवसर व्यापक रूप से मौजूद हैं। इनको संग्रहालयों, सूचना और पत्र केन्द्रों, चित्रशालाओं, पुरालेखागारों में भी रोजगार मिल सकता है। वे निजी प्रकाशन हाऊसेस, सूचना संग्रह करने वाली बड़ी कम्पनियों में भी नौकरी

 ———————————————————— *अपना करियर स्वयं चुने*

की आकांक्षा रख सकते हैं। कुछ लाइब्रेरी टेक्नीशियन स्वयं को अनुसंधानकर्ता, सलाहकार, कैटलॉग इत्यादि में भी अल्पकालीन रूप में अनुबन्ध पत्र के आधार पर स्वरोजगार हासिल कर सकते हैं।

संस्थान– नेशनल इंस्टिट्यूट ऑफ साइन्स कम्यूनिकेशन एण्ड इनफॉरमेशन रिसोर्स (एन.सी.ए.आई.आर.) और इण्डियन साइन्टिफिक डॉक्यूमेंटेशन सेन्टर (आई.एन.एस.डी.ओ.सी.) दोनों दिल्ली स्थित संस्थान है जो पुस्तकालय और सूचना विज्ञान का कोर्स करवाने वाले प्रमुख संस्थान हैं। इनके अलावा जामिया मिलिया इस्लामिया, दिल्ली बनारस हिन्दू विश्वविद्यालय, अलीगढ़ मुस्लिम यूनिवर्सिटी, कुरूक्षेत्र यूनिवर्सिटी, पंजाब यूनिवर्सिटी, गुजरात यूनिवर्सिटी मदुरई कामराज यूनिवर्सिटी, अन्नामलाई यूनिवर्सिटी (तमिलनाडु), माखनलाल चतुर्वेदी नेशनल इंस्टिट्यूट ऑफ जर्नलिज़्म, (भोपाल), आन्ध्रा यूनिवर्सिटी और अमरावती यूनिवर्सिटी (महाराष्ट्रा) व अन्य संस्थान पुस्तकालय विज्ञान में डिग्री कोर्स प्रदान करते हैं।

लॉजिस्टिक मैनेजमेंट

गुजरते वक्त के साथ लॉजिस्टिक यानि अभिलेख का रहस्योद्घाटन हुआ है जिसने लोगों के लिए अवसरों के बहुत से द्वार खोल दिए हैं। अभिलेख प्रबन्ध न के पेशे में रुचिपूर्ण चुनौतियाँ, जल्द जिम्मेदारी, यात्रा के अवसर के साथ शानदार पारिश्रमिक भी मिलता है। अभिलेख प्रबन्धन आज के समय में एक

प्रमुख विषय बन गया है। इन दिनों प्राय: कम्पनियाँ ऐसे व्यक्तियों की खोज कर रही है जो आपूर्ति शृंखला प्रबन्धन के सभी स्तरों पर लगातार सुधार कर सके। निश्चित तौर पर यह गुण या दृष्टिकोण उच्च कौशल वाले अभिलेख प्रबन्धकों को निम्न योग्यता वाले अभिलेख प्रबन्धकों से अलग करता है।

अभिलेख प्रबन्धक दूसरी कम्पनियों के दफ्तरों से सहयोग करने के लिए उत्तरदायी होता है। जिसमें अधिकारियों, परिवहन और गोदाम प्रबन्धकों के साथ खरीद-फरोख़्त करना, इस बात को सुनिश्चित करना कि कम्पनी द्वारा उत्पादित माल कम्पनी के गोदाम पर समय से आ जाए। लॉजिस्टिक मैनेजर माल के सुरक्षित संग्रहण और उसके समय से भेजने के लिए भी जवाबदेह होता है। वास्तव में यह विशेष कम्प्यूटर पैकेजिंग, स्टॉक के स्तर के निरीक्षण, आवश्यकता पड़ने पर माल के लक्ष्य का अनुसरण करने कम्पनी की ओर से दोबारा माल क्रय करने का आदेश इत्यादि के माध्यम से किया जाता है। माल की पैकेजिंग ओर व्यवस्था सम्बन्धित ड्यूटियाँ भी लगाता है। वह समय समय पर व्यवस्था और नेटवर्क का विश्लेषण कार्य और नई व्यवस्थाओं और नेटवर्कों की योजना के विकास और कार्यक्षमता बढ़ाने का कार्य भी प्रदान करता है।

अभिलेख प्रबन्धन में करियर शुरु करने के लिए अभिलेख से सम्बन्धित विषय में डिग्री निश्चित तौर पर लाभकारी होती है जैसे खाद्य शृंखला प्रबन्धन या परिवहन प्रबन्धन में डिग्री। जो व्यक्ति इस क्षेत्र में आना चाहता है उसमें आंकड़ों का विश्लेषण करने और आंकड़े दर्शाने की क्षमता होनी अत्यन्त आवश्यक है। परिवहन, भूगोल और व्यवसाय से सम्बन्धित अन्य विषयों पर नियंत्रण अतिरिक्त लाभ प्रदान करता है। व्यक्ति खाद्य शृंखला प्रबन्धन, परिवहन प्रबन्धन और लॉजिस्टिक में एम.एस.सी. जैसी उच्च डिग्रियाँ भी प्राप्त कर सकता है। ये निश्चित तौर पर उसकी प्रमाणिकता में शामिल होगा और उसे एक बेहतर अभिलेख प्रबन्धन में मदद करेगा। अभिलेख प्रबन्धक के लिए आवश्यक

योग्यताओं में प्रबन्धन, सहयोग, आपूर्ति प्रबन्धन श्रृंखला में सम्वर्द्धन इत्यादि प्रमुख हैं। व्यक्ति को विश्लेषणात्मक, संख्यात्मक और भौगोलिक ज्ञान होना चाहिए। लोगों का प्रबन्धन करने की क्षमता काफी लाभदायक है। आई.टी. और इलैक्ट्रोनिक संचार के माध्यमों जैसे कम्प्यूटर और ई-मेल का ज्ञान भी बहुत महत्वपूर्ण है। वह आत्मप्रेरक और समय सीमा के अनुसार अपने कार्य को वरीयता देने वाला और पूरा करने में सक्षम होना चाहिए।

विश्वभर के बहु संख्या संगठन, जिसमें छोटी फर्मों से बहुराष्ट्रीय कम्पनियाँ तक शामिल हैं, ये सभी अभिलेख प्रबन्धक रखते हैं। संगठनों के दायरे में उत्पादक, क्षेत्रीय सरकार, बिजली आपूर्तिकर्ता, सैन्य बल, थोक विक्रेता और समाज सेवी, संगठन आते हैं। लॉजिस्टिक नौकरियों की सीमा रिटेल मैनेजर, मार्केटिंग अधिकारियों तक जाती है। लॉजिस्टिक मैनेजर को संगठन की आवश्यकता के अनुसार रोटेशनल आधार पर भी काम करना पड़ सकता है।

संस्थान-एशियन काउन्सिल लॉजिस्टिक मैनेजमेंट, 504, क्वीन मेनशन, पार्क स्ट्रीट, कोलकता-71, वेबसाइट एशियन सीएलएम डॉट काम

कोर्स-लॉजिस्टिक प्रबन्धन में स्नातकोत्तर डिप्लोमा

अवधि-1 वर्ष जो दो सेमेस्टर से विभक्त है।

- इण्डियन इंस्टिट्यूट ऑफ मेटेरियल मैनेजमेंट, प्लाट नम्बर 102 एण्ड 104, सेक्टर 15, इंस्टिट्यूशनल एरिया, सीबीडी बेलापुर, नवी मुम्बई-14, वेबसाइट: आईआईएमएमडॉटओरजी (iimm@org)

कोर्स- एक वर्षीय पत्राचार द्वारा जो दो सेमेस्टर में विभक्त है।

- दि स्कूल ऑफ बिजनेस लॉजिस्टिक, 35ए, श्री बालविनायक बिल्डिंग, एलडम रोड, अलवरपत, चेन्नई-18

कोर्स-लॉजिस्टिक प्रबन्धन में स्नातकोत्तर डिप्लोमा

अवधि- 1 वर्ष

कोर्स-लॉजिस्टिक और आपूर्ति श्रृंखला प्रबन्धन में स्नातकोतर

अवधि- 2 वर्ष

इसके अलावा 6 माह का डिप्लोमा माल बिजनेस प्रबन्धन में, 6 माह का कोर्स लाजिस्टिक प्रबंधन डिप्लोमा कर्त्ताओं के लिए, 1 वर्ष का स्नातकोत्तर डिप्लोमा लॉजिस्टिक और आपूर्ति श्रृंखला प्रबन्धन में किया जा सकता है।

मैरिन इंजीनियररिंग

मानव सदा से समुद्र की विशालता और उसकी ऊँची लहरों से आकर्षित होता रहा है। सभ्यता के पूरे इतिहास के दौरान मानव ने इसको वश में करने और अपनी सभ्यता संस्कृति के विस्तार और भले के लिए इस्तेमाल करने में लगाई है। लेकिन इन सभी कोशिशों के पीछे वो लोग होते हैं जो जहाज के डिजाइन और उसमें काम करने की योग्यता को भली भांति समझते हैं। वे जहाज को इस तरह डिजाइन करते हैं कि जहाज चालक दुनिया को जीतने में सफल हो जाए। आज के आधुनिक युग में ये लोग मैरिन इंजीनियर यानि समुद्रीय इंजीनियर कहलाते हैं। जिस विषय को इन्हें जानने की आवश्यकता होती है उसे मैरिन इंजीनियरिंग कहा जाता है।

जहाज के इंजनो, बायलर और मशीनों के सुरक्षित कार्य करने, अन्य जहाजी मशीनों के ठीक से कार्य करने, भाप के कनैक्शनों और उनकी मरम्मत, रखरखाव, जहाज की अन्य सामग्रियों के निर्माण व रखरखाव के लिए मैरिन इंजीनियर जिम्मेदार होता है। वह समस्त इंजन और उससे जुड़े, श्रमकर्मियों का प्रभारी होता है। वह समुद्रीय ढाँचे के स्तर और सुरक्षा के लिए जवाबदेह होता है।

मैरिन इंजीनियर की जिम्मेदारियाँ काफी बड़ी होती हैं। इसी कारणवश इसमें व्यक्तिगत योग्यताओं की आवश्यकता होती है। व्यक्ति के अन्दर संगठनात्मक योग्यता, दल भावना, दूसरों के साथ घुलने-मिलने की योग्यता, दबाव के समय उसको ठीक से झेलने और शान्त रहने की क्षमता, विकट परिस्थितियों को सम्भालने की क्षमता, विचार व संरचना निर्माण में योग्य, अच्छा संचार कौशल, शारीरिक स्वस्थता और सबसे महत्वपूर्ण समुद्र को पसन्द करने वाले गुण होने जरूरी हैं। समुद्र की प्रशंसा अपने आप इन योग्यताओं और गुणों को बढ़ा देती है।

कार्य की भिन्न प्रकृति बहुत से युवाओं को मैरिन इंजीनियरिंग के करियर में आकर्षित कर रही है। वे भी अपनी पूर्वजों की भाँति समुद्र के बारे में स्वप्न देखते हैं। आधुनिक तकनीकी विकास ने उनकी पहुँच को उनके स्वप्नों तक बढ़ा दिया है। उनकी पहुँच उनके स्वप्नों तक पहुँच गई है जो पहले कभी नहीं हो पायी थी।

योग्यता-भौतिकी, रसायन और गणित विषयों के साथ 12वीं परीक्षा उत्तीर्ण करना न्यूनतम योग्यता है। जबकि 12वीं कक्षा में जीवविज्ञान अतिरिक्त लाभ प्रदान करता है। इसमें कुछ चिकित्सीय मापदण्ड भी तय किए गए हैं। जिनके पूरा होने पर मैरिन इंजीनियरिंग कोर्स में प्रवेश मिल सकता है। इसके साथ प्रवेश के लिए व्यक्ति का स्वास्थ्य ठीक हो साथ ही शारीरिक दृष्टि से सुदृढ़ हो। (कम

से कम 150 से.मी. की ऊँचाई और उसी के अनुसार वजन होना और उसी अनुपात में छाती हो जो कम से कम 5 से.मी. की फुलाव रखती हो।)

कोर्स और इंस्टिट्यूट-दो प्रमुख प्रशिक्षण केन्द्र है- ट्रेनिंगशिप चाणक्या, मुम्बई और मैरिन इंजीनियरिंग रिसर्च इंस्टिट्यूट (एम.ई.आर.आई.), कोलकता ये संस्थान मैरिन इंजीनियरिंग का कोर्स करवाते है। नई दिल्ली स्थित इन्टरनेशनल मरिटाइम इंस्टिट्यूट भी इससे जुड़े कोर्स करवाता है। इसके द्वारा नॉरेटिक साइन्स में बी. एस.सी. और इंजीनियरिंग की डिग्री प्रदान की जाती है। बहुत से निजी संस्थान भी मैरिन इंजीनियरिंग का कोर्स करवाते हैं। जबकि ऐसे कोर्स मुम्बई स्थित डायरेक्टर जनरल ऑफ शीपिंग द्वारा मान्यता प्राप्त होने चाहिए।

मेडिकल ट्रांसस्क्रिप्शान

मेडिकल ट्रांसक्रिप्शान वह प्रक्रिया है जिसमें बीमा राशि प्रदान करने के समय आवश्यक मेडिकल रिकॉर्ड को विशेषज्ञ पेशवर के द्वारा उसका प्रतिलेखन किया जाता है। मेडिकल ट्रांसस्क्रिप्टर मेडिकल रिपोर्टों की प्रूफ रीडिंग और डॉक्यूमेटिंग में अपने शब्दों के माध्यम से डॉक्टर की सहायता करता है। ये रिपोर्ट डॉक्टर द्वारा बतायी गई अन्तर्वस्तु पर या डिजिटल वाइस प्रोसेसिंग सिस्टम से रिकार्ड की हुई होती है। यह करियर उन लोगों के लिए रुचिपूर्ण है जो अपने कार्य में लचीलापन चाहते हैं स्थल पर और घर से काम कर सकते हैं।

सामान्यत: रिकॉर्डिंग सन्देशों की आउटसोर्सिंग भारत में अन्य विदेशी देशों जैसे अमेरिका इत्यादि से की जाती हैं क्योंकि यहाँ कम से कम मूल्य पर अंग्रेजी

बोलने वालों की उपलब्धता है। कुछ समय पहले स्वास्थ्य सेवा और देखरेख क्षेत्र में निजी बीमा कंपनियों के प्रवेश और विस्तार ने भी इस सेवा को देश में लाने की महत्वपूर्ण भूमिका निभाई है। आई.टी. से सम्बन्धित इस सेवा में प्रशिक्षित व्यक्ति की मांग भारत और विदेश दोनों जगह अधिक है। मेडिकल ट्रांसक्रिप्निस्ट बनने के आकांक्षी व्यक्तियों के लिए देश में कई मेडिकल ट्रांसक्रिप्शान कोर्स उपलब्ध हैं।

मेडिकल ट्रांसक्रिप्निस्ट के अन्दर कुछ मूलभूत योग्यताएँ होनी चाहिए। जैसे अंग्रेजी भाषा पर अच्छा नियंत्रण, सुनने की योग्यता, अमेरिकन उच्चारण को समझने की योग्यता और मेडिकल के तकनीकी शब्दों का ज्ञान। इसके अलावा वे इस क्षेत्र में औपचारिक प्रशिक्षण के लिए नामांकित हों।

पूरे भारत वर्ष में कई संस्थान मेडिकल ट्रांसक्रिप्शान में डिप्लोमा कोर्स करवाते हैं। मेडिकल ट्रांसक्रिप्शान का कोर्स करने के लिए आवश्यक योग्यता बहुत उच्च नहीं है। स्नातक या स्नातक कर रहे विद्यार्थी इस कोर्स के लिए आवेदन कर सकते हैं। मेडिकल ट्रांसक्रिप्शान में डिप्लोमा प्रोग्राम की अवधि 4 से 5 माह है।

संस्थान-ऍकेडमी ऑफ मेडिकल ट्रांसक्रिप्शान, नई दिल्ली

- बजाज इंस्टिट्यूट ऑफ इनफॉरमेशन टेक्नोलॉजी (बी.आई.आई.टी), यूनिट नं.-1, पहली मंजिल, सी-4 ई. मार्केट, जनक पुरी, नई दिल्ली-110088
- इण्डियन इंस्टिट्यूट ऑफ मेडिकल ट्रांसक्रिप्शान (आई.आई.एम.टी.), एच-15, साउथ एक्सटेशन, पार्ट-1, नई दिल्ली-110049
- कार्लटेक मेडिकल ट्रांसक्रिप्शान प्राइवेट लिमिटेड, 344 ब्लॉक-2, गंगा शॉपिंग कॉम्पलेक्स, सेक्टर 29, नोएडा (उत्तर प्रदेश)
- के.आई.टी.सी.ओ. 4, अमृत नगर, साउथ एक्स 1, नई दिल्ली-110033
- मेडिकल ट्रांसक्रिप्शान एजुकेशन सेन्टर, एच.ओ. 245-बी (तीसरी मंजिल), मेन रोड़, सन्त नगर, ईस्ट ऑफ कैलाश, नई दिल्ली-110065
- मेडिट्रेनस इण्डिया (एम.टी.आई.) 29/1, अशोक नगर, जेल रोड़ तिलक नगर सर्कल, नई दिल्ली-110018
- शिवम् इंस्टिट्यूट ऑफ मेडिकल ट्रांसक्रिप्शान (एम.आई.एम.टी.), डी-53 ओखला इंडस्ट्रियल एरिया, फेस-1, नई दिल्ली-110020

मेडिकल ट्रांसक्रिप्शान में डिप्लोमा मेडिकल ट्रांसक्रिप्शनिस्ट को अमेरिकन उच्चारण में व्यापक सुधार करने में मदद करता है और साथ ही उसकी कार्यक्षमता को बढ़ाता है। हालांकि किसी भी पृष्ठभूमि का स्नातक इस कोर्स का

चयन कर सकता है। फिर भी यह आवश्यक है कि वह चिकित्सा से सम्बन्धि त पारिभाषिक शब्दावली और इस क्षेत्र के अवसरों से भली भाँति परिचित हो।

स्वास्थ्य उद्योग अमेरिका का दूसरा बड़ा उद्योग है। इसीलिए भारत को आऊटसोर्स किया जाने वाला डाटा यानि आंकड़े दिन प्रतिदिन बढ़ते जा रहे हैं। इस प्रकार भारत में मेडिकल ट्रांसक्रिप्शनिस्ट का कोर्स पूरा करने वालों के लिए यह क्षेत्र लुभावना है। सामान्यत: ट्रांसक्रिप्शनिस्ट को प्रशिक्षु के तौर पर ट्रांसक्रिप्शन एजेन्सियों द्वारा नियुक्त किया जाता है। व्यक्ति के पास यह भी विकल्प होता है कि वह मेडिकल ट्रांसक्रिप्शन के आधार पर डाटा ट्रांसक्रिप्शन सेन्टर और कॉल सेन्टर स्थापित कर सकता है क्योंकि मेडिकल ट्रांसक्रिप्शन अमेरिका द्वारा भेजे गए आँकड़ों पर किया जाता है। इसीलिए पश्चिमी देशों में इसके अधिक अवसर नहीं है जबकि पूर्वी देश जैसे चीन, मलेशिया, थाइलैण्ड और अन्य ऐसे देशों में, जहाँ श्रम सस्ता है, मेडिकल ट्रांसक्रिप्शन पर्याप्त रोजगार अवसर प्रदान करता है।

मॉडलिंग

मॉडलिंग के बारे में सोचते ही पहली चीज जो दिमाग में आती है, वह है ग्लैमर, फैशन और फन। मॉडलिंग अपने साथ जो जीवन शैली लाती है वह काफी आकर्षक और प्रभाव पैदा करने वाली है। लेकिन वास्तव में यह आनन्द देने के साथ काफी चीजों की मांग भी करती है। मॉडल बनने के लिए आपको

किसी शैक्षणिक योग्यता की आवश्यकता नहीं होती। जबकि इसमें कुछ शारीरिक आवश्यकताएँ कई तरह की अन्य कौशलों और योग्यताओं की आवश्यकता होती है।

मॉडल के लिए ऊँचा कद काफी महत्वपूर्ण है। ज्यादातर एजेन्सियाँ केवल 5'9'' की ऊँचाई वाली लड़कियों को रखती है। आप काफी अधिक पतले होने चाहिए। जबकि आपका वक्ष, कमर और नितम्ब का माप औसतन 34'', 24'', 34'' होना चाहिए। आयु भी मॉडलों के लिए काफी महत्वपूर्ण पहलू है। ज्यादातर सफल महिला मॉडल बहुत कम आयु में मॉडलिंग में आती है। जो कि सामान्यत: 16 या 18 के लगभग होती है। पारम्परिक सौन्दर्य हमेशा महत्वपूर्ण नहीं होता। कुछ मॉडलों का बहुत शानदार रूप होता है। अच्छे बाल, दाँत और हाथ होना काफी महत्वपूर्ण हैं। इसके अलावा आपको अपने कठिन कार्यों के दौरान अपनी शारीरिक छवि की अच्छे से देखरेख करनी होती है। सकारात्मक व्यवहार महत्वपूर्ण और आवश्यक भी हैं। मॉडलिंग बहुत मुश्किल कार्य है। इसमें सफल होने के लिए बहुत अधिक उत्साह और वचन बद्धता की आवश्यकता होती है। आपको दूसरो से मिलने व उनके साथ काम करने में विश्वस्त होना होता है। क्योंकि आपको कई तरह के लोगों जैसे फैशन डिजाइनर, निर्देशक, फोटोग्राफर व अन्य मॉडल के साथ काम करना पड़ता है।

समय की पाबन्दी और विश्वसनीयता बहुत महत्वपूर्ण है क्योंकि फोटो शूट और फैशन शो का शिड्यूल इन चीजों की मांग करता है। जब भी आपको आपका काम करना पड़े तो उस समय आपको वहाँ प्रस्तुत रहना होता है। इसमें धैर्य की भी आवश्यकता होती है। इतनी अधिक भागादौड़ी के बावजूद आपको अपने रोल को करने के लिए लम्बा इंतजार भी करना पड़ता है।

संवेदनशील और दुर्बल आचरण वाले लोगों के लिए मॉडलिंग का करियर नहीं है। आपके अन्दर लचीलापन और मजबूत चरित्र होना चाहिए। क्योंकि

 अपना करियर स्वयं चुने

आपको आलोचना और अस्वीकृति का सामना करना पड़ता है। जो कि मॉडलिंग और फैशन की दुनिया में सामान्य तौर पर होता रहता है।

कार्य के घण्टे काफी अधिक हो सकते हैं। आपको देर रात घर से दूर काम करना पड़ सकता है। कभी भी, किसी भी स्थान पर काम करने के लिए तैयार रहना होता है। पूरा दिन आपको अपने पैरों पर खड़ा रहना पड़ता है इसीलिए शारीरिक फिटनेस और स्टेमिना भी आवश्यक है।

ज्यादातर लोग मॉडलिंग में अपना करियर एजेन्सियों के माध्यम से शुरु करते हैं। एजेन्सियों के पास आपको अपना पोर्टफोलियो और फोटो इत्यादि खुद भेजने होते है। आपको अपने पेशवर फोटोग्राफ के ऊपर बहुत अधिक पैसा खर्च करने की आवश्यकता नहीं है यदि आपके पास पहले से फोटोग्राफ हैं। लेकिन यह फोटोग्राफ अच्छी और साफ छवि वाली होनी चाहिए ताकि मॉडलिंग एजेन्सियाँ आपकी क्षमताओं को देख सके।

इस क्षेत्र में प्रवेश के लिए विशेष योग्यता या आयु सीमा नहीं है। पहला कदम पार्टफोलियो तैयार करना है। इसमें प्रोफेशनल फोटोग्राफर द्वारा लिए गए फोटोग्राफों की एक शृंखला होती है। यह पोर्टफोलियो किसी विज्ञापन एजेन्सी, मॉडल, सहयोगी एजेन्सियों को दिखाया जा सकता है जो आवश्यकता के अनुसार मॉडल उपलब्ध कराती हैं। फैशन डिजाइनर के पास भी पोर्टफालियो भेजा जा सकता है। इस करियर में प्रवेश का अन्य तरीकों पत्रिकाओं, कपड़ा निर्माताओं, कास्मैटिक कम्पनियों इत्यादि द्वारा आयोजित प्रतियोगिताओं और ब्यूटी पेजेन्ट में भाग लेकर भी किया जा सकता है।

इस क्षेत्र में प्रशिक्षण के कोई तय पैमाने नहीं है। सामान्यत: मॉडलों को काम करके ही सीखना होता है। पहले की मॉडलों ने इस क्षेत्र में प्रशिक्षण देना आरम्भ किया है। जो अपना प्रशिक्षण केन्द्र चलाती है। जबकि यह दिल्ली और मुम्बई तक ही सीमित है। ट्रेनिंग प्रोग्राम में सौन्दर्य देखरेख, मेकअप, हेयर स्टाइल, डाइट, व्यायाम, किस प्रकार सुन्दर शैली में चला जाए और कैसे अपने आप को प्रदर्शित किया जाए इत्यादि से सम्बन्धित निर्देश शामिल होते हैं। इन ट्रेनिंग प्रोग्राम में अनुबन्ध करने और अन्य तकनीकी चीजें शामिल होती हैं। पोर्टफोलियो बनाना इस संबंध में निर्देश देना भी इन प्रशिक्षण प्रोग्रामों के अन्तर्गत आता है। बहुत से निजी संस्थान आकांक्षी मॉडलों के खान पान प्रबन्धन और अन्य आवश्यकतों को पूरा करने के लिए प्रशिक्षण प्रोग्राम चलाते हैं।

नेनो टेक्नोलॉजी

नेनोटेक्नोलॉजी लघुरूप का विज्ञान है और भविष्य के लिए तकनीक है। यह अनुसंधान के विस्तृत और रुचिकर क्षेत्रों में से एक है जो 21वीं शताब्दी को प्रौद्योगिकी के क्षेत्र आगे ले जा सकते हैं। यह एक वैश्विक घटना है और उभरता हुआ क्षेत्र है जिसने अपना रास्ता हजारों औद्योगिक प्रयोगों और सूचना प्रौद्योगिक के क्षेत्रों में बना लिया है। यह आणविक इंजीनियरिंग का एक रूप है। इस प्रौद्योगिकी का सम्बन्ध अति सूक्ष्म पदार्थों के निर्माण और सूक्ष्म परीक्षण से हैं जिनके 1 से 100 नेनो मीटर में मापा जाता है।

नेनोटेक्नोलॉजी को विज्ञान, इंजीनियरिंग और प्रौद्योगिकी का इस्तेमाल करके नये पदार्थों और उपकरणों का विकास करने के रूप में भी परिभाषित किया जा सकता हैं। यह उन सभी पदार्थों का निर्माण करती है जो नेनो के दायरे में आते है। नेनो टेक्नोलॉजी का क्षेत्र अभी अपने प्रारम्भिक चरण में है इससे अनुसंधान और प्रगति की आपार सम्भावनाएँ हैं। नेक्नोनोलॉजी विज्ञान की विभिन्न शाखाओं भौतिकी, रसायन, जीवविज्ञान और इंजीनियरिंग को एक साथ जोड़ती है। वर्तमान में यह नेनो की सीमा में आने वाले अत्यधिक सूक्ष्म इलेक्ट्रोनिक सर्किट और मेकेनिकल उपकरण के डिजाइन और उत्पादन पर ध्यान केन्द्रित किए हुए हैं। इसने भविष्य में पदार्थों को आणविक और परमाणु रूप से नियंत्रित और रखरखाव की आकांक्षा को कल्पना प्रदान की है। प्रौद्योगिकी, इलेक्ट्रोनिक्स, मेडिसन डेवेलपमेन्ट और मेटेरियल प्रोडक्शन के लिए आने वाले समय में नेनोटेक्नोलॉजी अहम भूमिका अदा करेगी।

हालांकि कई विकसित देशों जैसे अमेरिका आदि में यह कई वर्षों से अनुसंधान का विषय है लेकिन भारत में अभी इसकी शुरुआत हुई है। भारत में यह अनुसंधान के चरण में है और मुख्यत: इलेक्ट्रॉनिक्स, मेडिसन, स्वास्थ्य देखरेख उत्पादों और औद्योगिक उत्पादों के क्षेत्रों पर केन्द्रित है। लेकिन भविष्य में कृषि, खाद्य उद्योग, अन्तरिक्ष अनुसंधान, संचार और मीडिया, कपड़ा उद्योग जैसे अन्य क्षेत्रों को भी नेनोटक्नोलॉजी प्रभावित करेगी।

योग्यता- नेनोटेक्नोलॉजी में करियर के लिए भौतिक, रसायन, गणित के साथ कम्प्यूटर ज्ञान की पृष्ठभूमि होना आवश्य है। क्योंकि भारत में अभी यह आरम्भिक चरण में है इसीलिए करियर विकल्प मुख्यत: अनुसंधान क्षेत्र में है। लेकिन भविष्य में कुछ ही वर्षों में यह जल्दी ही विकास और मार्केटिंग के चरण में आ जाएगी। बहुत सी भारतीय कम्पनियों और संगठनों ने इसकी अपार

             अपना करियर स्वयं चुने

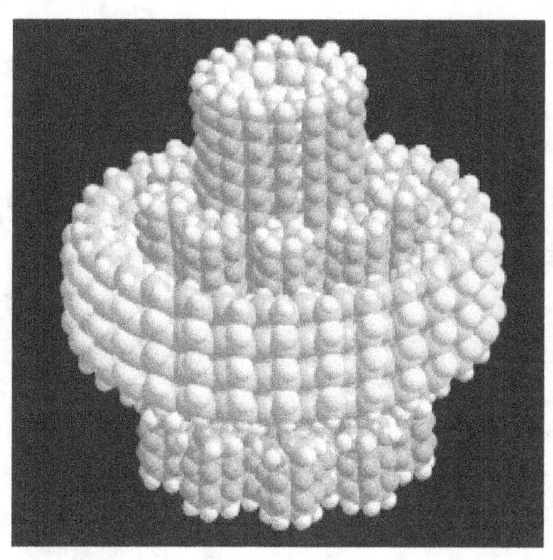

सम्भावना को महसूस करते हुए इसके लिए अपने द्वार खोल दिए हैं और इसके अनुसंधान के लिए स्रोत और अवसर उपलब्ध करा रहे हैं।

नेनोटेक्नोलॉजी विकास और परिकलन के बहुत से अवसर प्रदान करती है। निजी और सरकारी दोनों क्षेत्रों में इसमें नौकरियाँ उपलब्ध हैं। योग्यता, संसाधन, कार्य के अनुभव की गणना करके उसके आधार पर आप एक माह में 6 अंकों की संख्या तक जा सकते हैं। परिकलन के अलावा नेनोतकनीकी पेशेवर को अन्तर्राष्ट्रीय स्तर पर बहुत अच्छे अवसर और अनुलाभ मिल सकते हैं। नेनोटेक्नोलॉजी में प्रदान की जाने वाली डिग्रियाँ मुख्यत: स्नातकोत्तर स्तर की हैं जिसमें एम.टेक., एम.एस.सी. और पीएच.डी. शामिल हैं ये इंजीनियरिंग और विज्ञान के विद्यार्थियों के लिए है।

संस्थान-नेनोटेक्नोलॉजी का कोर्स करवाने वाले प्रमुख संस्थान है-

- एमिटी यूनिवर्सिटी, नोएडा
- इन्टगरल यूनिवर्सिटी, लखनऊ
- गुरु जाम्वेश्वर यूनिवर्सिटी ऑफ साइन्स एण्ड टेक्नोलॉजी, हिसार (हरियाणा)
- जामिया मिलिया इस्लामिया, नई दिल्ली
- जवाहरलाल नेहरू टेक्नोलॉजी यूनिवर्सिटी, हैदराबाद
- कलासलिंगम यूनिवर्सिटी, कृष्णानगेय (तमिलनाडु)
- मौलाना आजाद नेशनल इंस्टिट्यूट ऑफ टेक्नोलॉजी (एम.ए.एन.आई.टी.), भोपाल
- नेशनल इंस्टिट्यूट ऑफ टेक्नोलॉजी (एन.आई.टी.) कुरूक्षेत्र (हरियाणा)

प्राकृतिक चिकित्सा (नेचरॉपेथी)

प्राकृतिक चिकित्सा का लक्ष्य शरीर, मस्तिष्क और आत्मा यानि कि व्यक्ति की सम्पूर्ण चिकित्सा या उपचार करना है- प्राकृतिक चिकित्सा विज्ञान और दर्शनशास्त्र दोनों है। यह हजारों वर्षों से अस्तित्व में है। यह प्रकृति की शक्ति और शरीर की खुद का उपचार स्वयं करने की क्षमता पर आधारित है।

प्राकृतिक चिकित्सक बीमारी का ईलाज ढूंढता है और केवल बीमारियों के लक्षणों का ईलाज करने की बजाय पूरे शरीर का उपचार करता है। प्राकृतिक चिकित्सक रोगी के आहार, जीवनशैली, पारिवारिक पृष्ठभूमि और वातावरण के साथ साथ बीमारी और परेशानी का इतिहास की जानकारी भी लेता है।

प्राकृतिक चिकित्सक बहुत सी गैर-आक्रामक तकनीकों के उपयोग से उपचार प्रक्रिया को सहायता प्रदान करता है। वे प्राकृतिक दवाइयाँ, फूल औषधियों, सलाह, पोषण, होम्योपैथी और विभिन्न प्रकार की शारीरिक गतिविधि याँ जैसे मालिश या प्रतिवर्ती क्रियाएँ इत्यादि का उपयोग कर सकते हैं।

एक प्राकृतिक चिकित्सक में सुनने की अच्छी योग्यता होती है वह ध्यानपूर्वक मरीज का निरीक्षण करता है ताकि वह उसकी ओर से स्वयं की सहायता कर सके। वे ग्राहक के साथ निकटता के साथ काम करते हैं और आपसी समझ बनाते हैं ताकि वे जान सके कि बीमारी कैसे विकसित हुई और वे उसे दोबारा होने से कैसे रोक सकते हैं। प्राकृतिक चिकित्सक रक्षात्मक दवाओं पर काफी बल देता हैं। साथ ही स्वस्थ रहने के लिए स्वस्थ आहार और उपयुक्त जीवनशैली पर भी बल देता है। वह ग्राहक को शारीरिक स्वास्थ्य की ही नहीं बल्कि मानसिक, धार्मिक, भावानात्मक रूप से देखरेख को भी प्रोत्साहित करता है।

अपने कौशल और ज्ञान के आधार पर वह ग्राहकों को प्रोत्साहित व शिक्षित करता है कि किस तरह का आहार और जीवन शैली में परिवर्तन करके वे अपने स्वास्थ्य की जिम्मेदारी व देखरेख खुद कर सकते हैं। वह ग्राहक को यह भी सिखता है कि किस तरह प्रकृति पर विश्वास करके उसका उपयोग बुद्धिमतापूर्ण किया जा सकता है। प्रकृति की उपचार करने की शक्ति का उपयोग वे अपने उपचार में कर सकते हैं।

हाल ही में प्राकृतिक चिकित्सा के कोर्स को भारत में चिकित्सा अध्ययन के अंतर्गत मान्यता मिली और इसे स्वीकार किया गया। भारत में प्राकृतिक चिकित्सा एक युगों पुरानी चिकित्सा है जिसकी शुरुआत प्राचीन काल से ही होती है। चिकित्सा का यह रूप पौधों और अन्य प्राकृतिक तत्वों के उपयोग से रोगों का संरक्षण और उपचार करता है। भारत में प्राकृतिक चिकित्सा को 'आयुर्वेद'

के नाम से जाना जाता है। आयुर्वेद प्राचीन भारत की पारम्परिक चिकित्सा का विज्ञान है। हालांकि यह पिछले तीन दशकों से नियमित कोर्स के रूप में सिखाया जाता है।

प्राकृतिक चिकित्सा इतनी प्रभावकारी है कि कई दवाई कम्पनियों ने 'आयुर्वेदिक' दवाओं के नाम से प्राकृतिक दवाओं का उत्पादन और मार्केटिंग शुरू कर दी है। प्राकृतिक दवाओं

का एलोपैथिक दवाओं की तुलना में सबसे बड़ा लाभ यह है कि प्राकृतिक दवाओं का कोई विपरीत प्रभाव नहीं पड़ता है। प्राकृतिक चिकित्सा में पौधों से निर्मित दवाइयाँ, रंग थेरेपी, एक्यूपन्चर, हेयर एनालीसिस, ताजा हवा के इस्तेमाल से नेचर केयर, सूर्य की धूप, गर्मी और शीतलता मनोवैज्ञानिक सलाह, साधना, तनाव प्रबन्धन, पोषण और रिलेक्सेशन इत्यादि क्रिया पद्धतियाँ शामिल हैं।

प्राकृतिक चिकित्सा का करियर सबसे नए करियर में से एक है इसकी भारत के बाहर भी काफी मांग है। योग शिक्षा भी प्राकृतिक चिकित्सा का एक भाग है जिसे विश्वव्यापी पहचान मिली है। यह रोग से रक्षा का प्रभावकारी तरीका है। **योग्यता और संस्थान**-भारत में प्राकृतिक चिकित्सा का कोर्स विज्ञान विषय से 12वीं की परीक्षा उत्तीर्ण करने वाले विद्यार्थियों की प्रदान किया जाता है। भारत में कुछ प्रसिद्ध प्राकृतिक चिकित्सा कॉलेज हैं-

- सेन्टर काऊन्सिल फॉर रिसर्च इन योगा एण्ड नेचॅरॉपेथी, 61-65, इंस्टिट्यूशनल एरिया, जनकपुरी नई दिल्ली-110088
- नेशनल इंस्टिट्यूट ऑफ नेचॅरॉपेथी, बापू भवन, ताड़वाला रोड, पुणे-411001
- आयुर्वेदिक मेडिकल कॉलेज एण्ड हॉस्पिटल, मानवी, रामचुर-584123, कर्नाटका
- के.एम.सी.टी. आयुर्वेद मेडिकल कॉलेज, ममपट्टा, पी.ओ. मानासेरी, मुक्कम, कोजीकोडे-673602, केरला

पोषण और मिताहार नियम

पोषण एक विज्ञान है जो स्वास्थ्य और आहार के बीच संबंध का अध्ययन करता है। व्यक्ति की सेहत और स्वास्थ्य में आहार अति महत्वपूर्ण भूमिका अदा करता है। अच्छा और संतुलित आहार अच्छे स्वास्थ्य के लिए आवश्यक है। खाने की खराब आदतें और पोषण तत्वों की कमी से कई बीमारियाँ होती हैं। इनमें से कई बीमारियों से अच्छा पोषण लेकर सुरक्षा की जा सकती है। पोषण और मिताहार का क्षेत्र स्वास्थ्य के इस पहलू से जुड़ा हुआ है।

डाइटिक्स भोजन और पोषण के माध्यम से स्वास्थ्य को प्रोत्साहित करने वाला विज्ञान है। डाइटिक्स स्वास्थ्य पेशेवर होते हैं, जो इस क्षेत्र में अध्ययन में विशेषज्ञ होते हैं। वे अच्छे और साक्ष्य पर आधारित आहार सलाह प्रदान करने में प्रशिक्षित होते हैं। पोषण और कम आहार का प्रयोग दवाइयों, पशु चिकित्सा विज्ञान, खेती और जनस्वास्थ्य में किया जाता है। पोषण को समझकर घरेलू महिला अपने और अपने परिवार के लिए सन्तुलित आहार में मदद कर सकती है। डाइटिक्स और पोषणविद् सही खान-पान आदतों के बारे में सूचना उपलब्ध कराते हैं, जिससे कि अच्छा स्वास्थ्य प्राप्त हो सके। लोगों को अपने शरीर के लिए सन्तुलित आहार का ज्ञान होना चाहिए जिसमें सही पोषण तत्वों का मिश्रण जैसे विटामिन, खनिज इत्यादि हो। किसी बीमारी से पीड़ित व्यक्ति को अपने आहार का खास ध्यान रखना चाहिए। डाइटिक्स और पोषणविद उनको सही भोजन आदतों का अभ्यास कराने में मदद करते हैं। ये लोगों को उनकी आयु, कार्य क्षेत्र और बीमारी के अनुसार उनके भोजन की योजना बनाने में उनकी मदद करते हैं। ये मरीज के पाचनतन्त्र का अध्ययन करके, शरीर पर विभिन्न भोजनों के प्रभावों का अध्ययन करके पता लगाते हैं कि उनके लिए क्या हानिकारक है और किस प्रकार समुचित आहार से बीमारी से बचा जा सकता है।

भोजन उत्पादों से जुड़े संगठन अपने नये उत्पाद पर अनुसंधान और योजना बनाने से पहले पोषणविदों और डाइटीशियनों की सलाह लेते हैं। ये लोग खाद्य टेक्नीशियनों और खाद्य केमिस्ट के साथ मिलकर प्रयोगशालाओं में आहारीय समस्याओं पर खाद्य परीक्षण करते हैं। डायटीशियन की भूमिका संस्थानों जैसे ऑफिस, क्षेत्रीय स्कूल इत्यादि से खाद्य प्रबन्धन की भी है।

इनकी अहम भूमिका के बावजूद इनको प्राय: चिकित्सा के पेशे से अलग कर दिया जाता है। हॉस्पिटलों में प्राय: इनकी भूमिका को दरकिनार कर दिया जाता है। इनको केवल बीमारी से उभर रहे मरीजों की भोजन आवश्यकताओं के सम्बन्ध में पूछा जाता है, लेकिन हालिया समय में डाइटिस्ट का प्रोफाइल

परिवर्तित हुआ है, उनके कार्य कार्य की सराहना की गई है। बहुविशेषज्ञ हस्पतालों में ये संरचना तरीके से मरीजों की अन्तर्राष्ट्रीय स्तर की देखरेख में शामिल है। ये विभिन्न शिक्षण संस्थानों जैसे कॉलेज, पॉलीटेक्नीक, और यूनिवर्सिटियों इत्यादि में शिक्षण को अपना सकते हैं। वे सलाहकार के रूप में भी कार्य कर सकते हैं या फिर अपना निजी अभ्यास कर सकते हैं।

योग्यता- इस पेशे में न्यूनतम योग्यता गृह विज्ञान/डाइटिस्स और पोषण/फूड साइन्स/टेक्नोलॉजी में स्नातक या स्नातकोत्तर की डिग्री होनी चाहिए। इन सभी स्नातक स्तरीय कोर्सों में प्रवेश प्राप्त करने के लिए अभ्यर्थी को 12वीं विज्ञान विषय के साथ पास करनी आवश्यक है। कुछ कॉलेज और यूनिवर्सिटी गृह विज्ञान में बी.ए. कोर्स भी प्रदान करते हैं जिसके लिए 12वीं में विज्ञान विषय होना आवश्यक नहीं है। स्नातक कोर्स तीन वर्षीय है। गृह विज्ञान/डाइटिस्ट और पोषण/खाद्य प्रौद्योगिकी में स्नातकोत्तर कोर्स करने के लिए इन विषयों में स्नातक करना आवश्यक है। स्नातकोत्तर कोर्स की अवधि 2 वर्ष है। इसके अलावा 1 वर्ष का स्नातकोत्तर डिप्लोमा डाइटिक्स एण्ड पब्लिक हैल्थ न्यूट्रिशन (डी.डी.पी.एच. एन.) किया जा सकता है। स्नातकोत्तर कार्यक्रम करने के बाद व्यक्ति खाद्य और अनुसंधान या पीएच.डी. कर सकता है।

संस्थान-भारत में कई ऐसे संस्थान हैं जो बी.एस.सी./एम.एस.सी. कोर्स पोषण और डाइटिक्स में करवाते हैं जिसमें कुछ निम्न हैं-

यूनिवर्सिटी ऑफ मद्रास, चेन्नई। मदुरई कामराज यूनिवर्सिटी मदुरई। यूनिवर्सिटी ऑफ मुम्बई, मुम्बई। महात्मा गांधी यूनिवर्सिटी, कोट्यम। तमिलनाडु एग्रीकल्चर

यूनिवर्सिटी, कोयम्बटूर। महाराजा सयाजीराव यूनिवर्सिटी ऑफ बड़ोदा, बड़ोदरा। महाराणा प्रताप यूनिवर्सिटी ऑफ एग्रीकल्चर एण्ड टेक्नोलॉजी, उदयपुर। आचार्य एन.जी. रांगा एग्रीकल्चर यूनिवर्सिटी, हैदराबाद। इलाहाबाद एग्रीकल्चर इंस्टिट्यूट इलाहाबाद। सेन्ट्रल फूड टेक्नोलॉजीकल रिसर्च इंस्टिट्यूट, मैसूर। इन्दिरागांधी नेशनल ओपन यूनिवर्सिटी (इग्नू), नई दिल्ली। जवाहरलाल नेहरू टेक्नोलॉजीकल यूनिवर्सिटी, हैदराबाद। कुरूक्षेत्र यूनिवर्सिटी, कुरूक्षेत्र। लेडी इरबीन कॉलेज, नई दिल्ली। मदुरई कामराज यूनिवर्सिटी, मदुरई। नेशनल इंस्टिट्यूट ऑफ न्यूट्रिशन (एन.टी.आर. यूनिवर्सिटी ऑफ हैल्थ साइन्स), हैदराबाद और पंजाब एग्रीकल्चर यूनिवर्सिटी, लुधियाना।

मुर्गी पालन

पहले कौन आया, मुर्गी या अण्डा? मुर्गीपालन में करियर वास्तव में आपको इस पुरानी कहावत का सही उत्तर देने में मदद करेगा। हाल में मुर्गीपालन उद्योग बहुत तेजी से विकसित हुआ है जो संरचनात्मक रूप से बाजार के अनुरूप भी है। अण्डशाला भी अपने बाजार को बनाए हुए है और लम्बे समय से अच्छा कार्य कर रही है। सही प्रशिक्षण से आप मुर्गीपालन उद्योग को लगा सकते हो या इसमें एक कर्मचारी के तौर पर रोजगार पा सकते हैं। मुख्यत: तीन प्रकार के मुर्गीपालन फार्म होते हैं और प्रत्येक बाजार के तीन अलग हिस्सों के लिए खानपान का प्रबन्ध करते हैं। प्रजनन फार्म में प्राय उच्च निवेश होता है, जहाँ खास तकनीक द्वारा अंडों से चूजे उत्पन्न करवाए जाते हैं और बेचे जाते हैं।

ब्रॉयल फार्म जहाँ चूजों को 6 हफ्ते के लिए बड़ा किया जाता है। जब तक वे खाने के लिए तैयार न हो जाएं, इनमें कम निवेश से ज्यादा मुनाफा होता है। लेयर फार्म तीसरा मुर्गीपालन फार्म है, जिसमें चूजों को कुछ महीनों तक बड़ा किया जाता है। एक वर्ष तक उनका पालन पोषण अण्डों के लिए किया जाता है। जिसके बाद उनको मीट बाजार में उत्पाद के रूप में बेच दिया जाता है।

योग्यता-इस पेशे के लिए कोई खास योग्यता की आवश्यकता नहीं है। जीवन विज्ञान, जूलोजी या सम्बन्धित विषय में आधारभूत डिग्री काफी लाभदायक होती है। कई संस्थान अल्पकालीन, मध्य अवधि और दीर्घ कालीन कोर्स करवाते हैं। कृषि क्षेत्र में प्रशिक्षण देने वाले कई संगठन, एन.जी.ओ., कृषि क्षेत्र में प्रशिक्षण केन्द्र और ग्रामीण कृषि बैकिंग इंस्टिट्यूट इस तरह की प्रशिक्षण गतिविधियों को प्रोत्साहित करने में शामिल रहते हैं।

पशु चिकित्सा विज्ञान (बी.बीएससी एण्ड ए.एच.) में स्नातक भी इसमें करियर चुन सकता है।

संस्थान–बहुत से संस्थान मुर्गीपालन में कोर्स कराते हैं। दि इंस्टिट्यूट ऑफ पॉल्ट्री फार्मिंग, पुणे (आई.पी.एम.) इस विषय में सम्पूर्ण प्रोग्राम करता है। नियमित कोर्स के अलावा संस्थान चार विशेषज्ञ अल्पकालीन कोर्स भी करवाता है, जो वर्तमान की मुर्गीपालन से जुड़ी सम्भावनाओं से मेल खा सके।

दि गवर्नमेंट पॉल्ट्री फार्म बाड़ी छतरपुर, नई दिल्ली उद्यमवश्त्ति और कर्मचारियों के लिए सर्टिफिकेट कोर्स करवाता है।

दि इंस्टिट्यूट ऑफ पॉल्ट्री मैनेजमेंट ऑफ इण्डिया यूरूलि कंचन, पुणे मुर्गीपालन प्रबन्धन में एडवान्स कोर्स करवाता है। इसके लिए आपको विज्ञान स्नातक होना आवश्यक है और इस कोर्स की अवधि एक वर्ष है। देश की प्रत्येक एग्रीकल्चर यूनिवर्सिटी मुर्गीपालन प्रबन्धन और प्रजनन में प्रशिक्षण कोर्स करवाती है।

मुर्गी पालन के लिए आवश्यक कार्यों में निम्न कार्य जैसे पानी उपलब्ध कराना, शेड तैयार करना अण्डे एकत्रित करना। टीका लगाना, अनुसंधान करना, जिससे उच्च उत्पादकता बनाये रखी जा सके, जरूरी है।

पब्लिक रिलेशन

आज के स्नातकों में पब्लिक रिलेशन सबसे लोकप्रिय करियर विकल्पों में से है। पब्लिक रिलेशन का सम्बन्ध सम्मान से है। आप क्या करते हो, क्या कहते हो और लोग आपके बारे में क्या कहते हैं। इससे ही परिणाम निकलता है।

जनसम्पर्क ऐसा विषय है जो प्रसिद्धि के साथ कमाई के लक्ष्य को समझना, सहयोग और व्यवहार को प्रभावित करना इत्यादि को शामिल करता है। यह नियोजित ढंग से किया गया प्रयास है, जिसमें संगठन और जनता के बीच पारस्परिक समझ, सद्भावना को स्थापित करना और बनाए रखने का प्रयास है।

पब्लिक रिलेशन एक प्रबन्धन का कार्य है जिसमें जनता के व्यवहार (संगठन और जनता के बीच) आपसी सम्बन्ध और समझ बनाये रखना और निरीक्षण करना शामिल है। जनता में शेयर होल्डर, सरकार, उपभोगकर्त्ता, कर्मचारी और मीडिया शामिल है। यह ऐसे लोगों के साथ काम करने की प्रक्रिया है जिनसे हम लगातार सम्पर्क में रहते हैं। पी.आर.ओ कम्पनी की अन्दरूनी सम्पर्क को सुनिश्चित करता है। वह कर्मचारियों, प्रबन्धन के बीच स्पष्ट संचार नेटवर्क स्थापित करता है। इसका पहला लक्ष्य संचार में सुधार करना और नये ढंग से दोनों तरफ सूचनाओं के प्रवाह को बनाए रखना उनमें आपसी समझ पैदा करना है।

जनसम्पर्क एक अलग करियर विकल्प के रूप में अस्तित्व में आया। जब बहुत सारी सरकारी और निजी कम्पनियों और संगठनों ने उनके उत्पाद, सेवा और सुविधा के लिए बाजार की आवश्यकता को महसूस किया। सभी संगठनों और प्रमुख व्यक्तियों के लिए जन छवि महत्वपूर्ण होती है। संकट के समय पब्लिक

रिलेशन विशेषज्ञ की भूमिका अत्यन्त महत्वपूर्ण होती है वह सही समय पर सूचना सम्प्रेषित करके कंपनी या संगठन की छवि को खराब होने से बचा सकता है।

करियर विकल्पों के सम्बन्ध में जनसम्पर्क का अभ्यास मोटे तौर पर उत्पाद की पब्लिसिटी, कॉरपोरेट की पब्लिसिटी, सरकार के साथ अच्छे संबंधों, कर्मचारियों के लिए पत्रिका, बुलेटिन, इत्यादि का प्रकाशन शामिल है।

व्यक्ति के अन्दर अच्छी संचार योग्यता होनी चाहिए। योग्यता लेखन और वाचन दोनों से सम्बन्धित होनी चाहिए ताकि वह अपने विचारों को स्पष्ट रूप से व्यक्त कर सके। एक प्रभावकारी व्यक्तित्व और संस्थान के अन्दर और बाहर के लोगों के साथ संयोजन और मेलजोल स्थापित करने में योग्य होना चाहिए। उसे विनम्र होना अत्यन्त आवश्यक है क्योंकि उसे प्राय: दबाव के अन्दर काम करना होता है। संगठनात्मक योग्यता की भी आवश्यक होती है वह प्रेस कॉन्फ्रेंस, व्याख्यान, प्रदर्शनी और प्रोग्राम को ठीक से आयोजित कर सके। उसके अन्दर आत्मविश्वास और दूरदृष्टि होनी चाहिए। उसके अन्दर मानव मनोविज्ञान को समझने और परिस्थिति के अनुसार निर्णय लेने की योग्यता होनी चाहिए। अनुसंधान संबंधी सूचना और योजना सम्बन्धी गतिविधियों का विवेचन करने के लिए विश्लेषणात्मक कौशल की भी आवश्यकता होती है।

योग्यता– किसी भी विषय से स्नातक डिग्री जिसमें सामाजिक विज्ञान और मानवीकी विषय को वरीयता दी जाती है। इसमें डिप्लोमा और स्नातकोत्तर डिप्लोमा कोर्स भी उपलब्ध है। ज्यादातर कोर्सों की अवधि एक वर्ष की है। इसके अलावा अल्पकालीन सर्टिफिकेट कोर्स भी हैं। विज्ञापन में ज्यादातर प्रशिक्षण प्रोग्राम में जनसम्पर्क भी शामिल हैं। कुछ संस्थान प्रवेश परीक्षा जबकि अन्य योग्यता के आधार पर प्रवेश प्रदान करते हैं।

ये कोर्स मुख्यत: जनसम्पर्क सिद्धान्त और तकनीक, जनसम्पर्क प्रबन्धन और प्रशासन, संगठनात्मक विकास, लेखन, सुझाव, वार्षिक रिपोर्ट, भाषण, लिपि, दृश्य संचार, समाचार विज्ञप्ति को महत्व देना, डेकस्टॉप पब्लिशिंग और कम्प्यूटर ग्राफिक्स, अनुसंधान, सामाजिक विज्ञान अनुसंधान और सर्वेक्षणों को महत्व देना उनको तैयार करना इत्यादि विषयों को शामिल करते हैं।

निजी जासूस या जाँचकर्त्ता

निजी जासूस और जाँचकर्ता विभिन्न मामलों का पता लगाने में कई तरीकों का इस्तेमाल करते हैं। जाँच करने में वे विभिन्न प्रकार की निगरानी और खोजबीन करते हैं। तथ्यों की जाँच के लिए जैसे किसी की आय के साधन जानने के लिए वे उसके कार्यस्थल पर फोन कॉल अथवा स्वयं वहाँ जाकर पता करते हैं। अन्य दूसरे मामलों में विशेषकर जिसमें कोई व्यक्ति गुमशुदा हो या किसी के भूतकाल की जाँच करनी हो। ऐसे में वे उस व्यक्ति के सम्बन्ध में सूचना एकत्रित करने के लिए लोगों से पूछताछ करते हैं। सभी मामलों में जासूस या जाँचकर्त्ता जनता, व्यापारियों, अटार्नी की कानूनी, आर्थिक या व्यक्तिगत समस्या में सहायता करते हैं।

निजी जासूस और जाँचकर्ता कई सेवाएँ प्रदान करते हैं। अधिकारी, कॉरपोरेट या प्रसिद्ध व्यक्ति को सुरक्षा, नौकरी से पहले की जाँच पड़ताल, व्यक्ति की ऐतिहासिक पृष्ठभूमि इसमें शामिल है। वे कम्प्यूटर अपराधों की भी जाँच करते हैं जैसे पहचान की चोरी, परेशान करने वाले ई-मेल, गैरकानूनी डाउनलोडिंग (किसी भी कॉपीराइट मैटेरियल की) वे व्यक्तिगत चोट के मामलों में, बीमा दावों से सम्बन्धित धोखाधड़ी, बच्चे की देखरेख और संरक्षण के मामलों में, गुमशुदगी, शादी से पहले जाँच पड़ताल इत्यादि में भी सहायता प्रदान करने या असिद्ध करने के लिए भी काम करते हैं।

ज्यादातर जासूस व जाँचकर्त्ता भौतिक निगरानी करने के लिए प्रशिक्षित होते हैं। वे घटनास्थल का निरीक्षण, व्यक्ति के घर, वाहन, अस्पष्ट जगहों का निरीक्षण करते हैं। वे निगरानी जारी रखते हैं जिसमें प्राय: वीडियो कैमरा, मोबाइल फोन, दूरबीन का इस्तेमाल किया जाता है। जब तक कि इच्छित परिणाम नहीं मिल जाता यह निगरानी का कार्य प्राय: लम्बे समय तक चलता है।

जासूस कम्प्यूटर डाटाबेस सर्च का कार्य किसी आदमी के साथ करते हैं। कम्प्यूटर के माध्यम से बहुत अधिक मात्रा में सूचनाएँ, गिरफ्तारी न्यायिक निर्णय, टेलीफोन नम्बर, मोटर वाहन पंजीकरण, एसोसिएशन और क्लब सदस्यता और कई चीजों की जानकारी मिलती है।

इनका कार्य ग्राहक की आवश्यकता पर निर्भर करता है। कर्मचारी से धोखाधड़ी के मामलों में मालिक का शामिल होना या कर्मचारी की क्षतिपूर्ति की मांग के लिए, इसमें जासूस को व्यक्ति का लम्बा निरीक्षण करना पड़ता है। यदि जाँचकर्त्ता व्यक्ति को ऐसी गतिविधि करते देखता है जो अन्तर्विरोधात्मक हो या खराब दशा में हो तो वह वीडियो और फोटोग्राफ का सहारा ले सकता है ताकि वह ग्राहक के समक्ष उस गतिविधि की रिपोर्ट प्रस्तुत कर सके।

निजी जासूस और जाँचकर्त्ता प्राय: विशेषज्ञ होते हैं जिनका ध्यान बौद्धिक ढंग से सम्पत्ति की चोरी पर होता है। उदाहरण के लिए नकल के सम्बन्ध में प्रपत्रों की जाँच करना, गैर कानूनी गतिविधियाँ रोकने में ग्राहक की मदद करना,

 अपना करियर स्वयं चुनें

नागरिक कार्य के लिए अभियोग चलाने के लिए सबूत देना। दूसरी विशेषज्ञ जाँचों में सम्पत्ति की खोजबीन करना और आर्थिक प्रोफाइल तैयार करना। उनकी रिपोर्ट की सूचनाएँ, साक्षात्कारों, जाँच पड़ताल, निगरानी, शोध और जन प्रपत्रों की जांच पर आधारित होती है।

ये प्राय: अनियमित घण्टों में काम करते हैं क्योंकि निगरानी, खोजबीन और ऐसे लोगों से मिलना, जो सामान्य काम के घण्टों में मौजूद नहीं रहते उनके काम की अवधि को बढ़ा देते हैं। सुबह, शाम, हफ्ते के आखिरी दिनों में और छुट्टी के दिन काम करना सामान्य है। उन्हें अपना समय अपने ऑफिस से दूर पूछताछ करने, निगरानी करने में व्यतीत करना पड़ता है। लेकिन उनके ऑफिस में कम्प्यूटर खोजबीन से जुड़ा कार्य होता रहता है। वे जो अपनी एजेन्सियाँ चलाते हैं और दूसरे जाँचकर्ताओं को काम पर रखते हैं, उनका काम दिन के काम के सामान्य घण्टों में ही होता है।

कुछ कार्यों में आमना सामना भी करना पड़ता है। इसीलिए यह कार्य खतरनाक और तनावपूर्ण भी है। कुछ परिस्थितियों में जाँचकर्त्ता के पास हथियार होने की आवश्यकता होती है। जैसे शारीरिक रक्षा के उपकरण। प्रसिद्ध व्यक्ति को सहयोग देते समय इसकी आवश्यकता पड़ती है। जासूस या जाँचकर्ता के पास हथियार उपयुक्त अर्थॉरिटी द्वारा लाइसेन्स युक्त होना चाहिए। ज्यादातर मामलों में हथियार की आवश्यकता नहीं पड़ती क्योंकि कार्य का उद्देश्य सूचनाएँ एकत्रित करना है न कि अपराधी को सजा देना या कानून लागू करना।

संस्थान-

● दि इंदौर क्रिश्चियन कॉलेज, इन्दौर
● दि नेशनल इंस्टीट्यूट ऑफ प्राइवेट इंवेस्टिगेशन, नई दिल्ली

डिटेक्टिव एजेन्सियों द्वारा प्रदान किए जाने वाले विशेषज्ञ कोर्स हैं-

● ए.सी.ई. डिटेक्टिव इण्डिया इन्टरनेशनल सिक्युरिटिस, नई दिल्ली
● ऑल इण्डिया प्राइवेट डिटेक्टिव एसोसिएशन, नई दिल्ली
● लान्सर नेटवर्क लिमिटेड, नई दिल्ली

रेडियो जॉकी

आर.जे. या रेडियो जॉकी वह होता है, जिसमें मनपसन्द संगीत बजाने के लिए आय मिलती है। हम सभी कुछ प्रसिद्ध आर.जे. से परिचित हैं। उनकी आवाज एक घरेलू नाम बन गई है। एफ.एम. चैनलों के आ जाने से और उनके रेडियो शो के कारण ऐसा संभव हुआ है। ध्वनि तरंगों को निजी क्षेत्र के लिए खोल देने के परिणामस्वरूप रेडियो प्रोग्रामों की लहर आ गई है।

अच्छे प्रशिक्षित आर.जे. की काफी आवश्यकता इसी के परिणामस्वरूप आ गई है।

ज्यादातर कार्यों के लिए विभिन्न स्थानों पर लोग एक दूसरे को चेहरे से पहचानते हैं लेकिन इस पेशे में आप अपने नाम और चेहरे से नहीं पहचाने जाते बल्कि अपनी आवाज से पहचाने जाते हो। जिस क्षण आप बोलते हो लोग उछल पड़ते हैं और आपको पहचान लेते हैं और आपके साथ रहकर खुश होते हैं। ऐसी आवाजें ठीक सुबह से शुरू हो जाती हैं-''गुड मार्निंग दिल्ली, आप सुन रहे हैं'' और आधी रात तक जारी रहती है। ये आवाजें इतनी लोकप्रिय हो जाती है कि घरेलू नाम बन जाती है। ये सभी रेडियो जॉकी है और इनका पेशा रेडियो जॉकिंग कहलाता है।

रेडियो में भारी उछाल आया है जो कि ए.एम. (एम्पलीट्यूड-मॉडयूलेशन) चैनल से एफ. एम. (फरिक्वैनसी मांडयूलेशन) तक के स्वरूप परिवर्तन में दिखाई देता है। यह एक नए उद्योग के विकास का साक्षी है। इसने कई निजी प्रबन्धकों को अवसर प्रदान किया है। जिसके परिणामस्वरूप रेडियो का पुनरुत्थान हुआ है। एफ.एम. के इस उछाल ने जवान-ऊर्जाशील, उत्साहित लोगों के लिए नए अवसर खोल दिए हैं। जिनको संगीत की समझ और मनोरंजन का शौक है। रेडियो जॉकी का पेशा अभी अभी भारत में आया है। आने वाले वर्षों में रेडियो जॉकी की मांग बढ़ने की सम्भावना है क्योंकि 10 नए एफ.एम. रेडियो स्टेशनों का सुझाव दिया गया है।

रेडियो जॉकी का कार्य मुख्यत: रेडियो प्रोग्राम करना या किसी सन्देश को सुनने योग्य बनाना होता है। जिसमें शैली का उपयोग किया जाता है ताकि श्रोता को आमने-सामने बातचीत का अहसास हो। रेडियो जौकी एफ.एम. चैनलों के लिए ब्राण्ड एम्बेसडर का कार्य करते हैं। रेडियो जॉकी का प्रदर्शन ही रेडियो स्टेशन को बनाता या बिगाड़ता है।

योग्यता- रेडियो जॉकी का कार्य विभिन्न प्रकृतियों का होता है जो कि प्रोग्राम की विषयवस्तु पर निर्भर करता है। इस क्षेत्र में हालांकि कुछ मूलभूत योग्यताओं की आवश्यकता होती है। व्यक्ति कम से कम स्नातक हो। उसकी

 अपना करियर स्वयं चुनें

आयु 35 वर्ष से ज्यादा न हो। जबकि कुछ निजी रेडियो स्टेशन 12वीं कक्षा पास व्यक्ति को भी ले लेते हैं। व्यक्ति की आवाज मधुर, अच्छी, प्रवाहपूर्ण, भिन्न और विशेष होनी चाहिए। उसका उच्चारण ठीक होना चाहिए। इसके लिए व्यक्ति कठिन शब्दों का उनकी भाषा में अभ्यास कर सकता है। व्यक्ति के अन्दर सक्रिय मस्तिष्क, सामान्य जागरुकता और मनोरंजन उद्योग के मूल नियमों को सीखने की इच्छा होनी चाहिए। अन्य सेवा क्षेत्रों में, जहाँ आई कान्टेक्ट महत्वपूर्ण होता है, वहीं रेडियो जॉकिंग में वॉइस कान्टेक्ट सबसे जरूरी होता है।

संस्थान– कुछ संस्थान रेडियो जॉकी का क्रैश कोर्स प्रदान करते हैं कुछ बातचीत करने की कला का कोर्स करवाते हैं–

- डिप्लोमा इन रेडियो जॉकिंग (डी.आर.जे.) जो ई.एम.डी.आई. इनकमपास इंस्टिट्यूट ऑफ रेडियो मैनेजमेन्ट द्वारा करवाया जाता है। एक कोर्स उद्घोषणाओं, डबिंग और सहयोगी से सम्बन्धित जेवियर इंस्टीट्यूट (एफ. टी.आई.आई.) पुणे द्वारा करवाया जाता है।

- पब्लिक स्पिकिंग का अल्पकालीन कोर्स दि ब्रिटिश काऊन्सिल, दि नेशनल स्कूल ऑफ ड्रामा द्वारा करवाया जाता है।

- यंग मैन क्रिशिचयन एसोसिएशन (वाई.एम.सी.ए.)

रीटेल मैनेजमेन्ट

अध्ययन के क्षेत्र में मैनेजमेन्ट दिन-प्रतिदिन अधिक लोकप्रिय होता जा रहा है। मैनेजमेन्ट की अन्य शाखाओं की तरह रीटेल मैनेजमेन्ट भी आज एक अच्छा करियर अवसर और विकल्प है। प्रचुर मात्रा की आपूर्तिश्रृंखला, शापिंग काम्प्लैक्स माल और मल्टीप्लेक्स केवल मेट्रो शहरों में ही नहीं बल्कि नये विकसित शहरों में भी भरपूर मात्रा में विकसित हो गए हैं। रीटेल मैनेजमेन्ट में उत्पाद की वितरण प्रक्रिया उत्पादक से लेकर अन्तिम उपभोक्ता तक शामिल है। उन सभी को सुविधा के लिए रीटेलर कहा जाता है। इसलिए रीटेलिंग से जुड़े मार्केटिंग सिद्धान्तों पर चलते हुए इसमें ऐसे प्रशिक्षित पेशेवर की आवश्यकता होती है जो निगमन (निकास) को प्रबन्धित कर सकें।

योग्यता– रीटेल मैनेजमेंट एक पेशेवर प्रोग्राम है जो स्नातक को रीटेल के क्षेत्र में प्रवेश करने के लिए तैयार करता है। रीटेल मैनेजमेंट के लिए कई डिप्लोमा और डिग्री स्तर के प्रोग्रामा उपलब्ध हैं जैसे रीटेल मैनेजमेन्ट में एम.बी. ए. रीटेल मैनेजमेन्ट में स्नातकोत्तर डिप्लोमा, रीटेल मैनेजमेंट में डिप्लोमा। ज्यादातर कोर्सों के लिए योग्यता किसी भी विषय से स्नातक है। रीटेल मैनेजमेंट

एम.बी.ए. के लिए विद्यार्थी को ऑल इण्डिया प्रवेश परिक्षाएँ जैसे केट, मेट, जेट और अन्य में से कोई एक उच्च योग्यता से उत्तीर्ण करनी होती है। स्नातकोत्तर कोर्सों में प्रवेश के लिए नियम भिन्न-भिन्न संस्थान में अलग-अलग है। डिप्लोमा कोर्स किसी भी पृष्ठभूमि के स्नातक के लिए खुला है।

भारत विश्व की दस बड़ी उभरती रीटेल मार्केटों में से एक है। देश में लगभग लाखों रीटेल निगमन देशभर में फैले हुए हैं। जिनको वर्तमान में लाखों रीटेल पर्सन की आवश्यकता है। इतनी बड़ी सम्भावनाओं के साथ रीटेल मैनेजमेन्ट अनन्त अवसर प्रदान करती हैं जो आपूर्ति शृंखला, एक्सपोर्ट हाऊसिस, डिपार्टमेंट स्टोर में उपलब्ध है। निर्माता कम्पनियां भी रीटेल मैनेजर रखती हैं जो ग्राहक तक सीधे पहुँच सके। बैंकिंग, वाणिज्य और बीमा कम्पनियां भी पेशेवर रीटेल मैनेजर की आवश्यकता महसूस करती हैं, जो उनके उत्पादों को सीधे ग्राहकों तक ले जाएं। आई.टी. से समृद्ध कम्पनियां विशेषकर दूर संचार के क्षेत्र में बहुत बड़ी संख्या में रीटेल मैनेजर की आवश्यकता होती है। इसके अलावा शिक्षा और स्वास्थ्य देखभाल उद्योगों में भी रीटेल मैनेजर की भारी खपत हो सकती है।

संस्थान– अर्थव्यवस्था में रीटेल मैनेजर की बढ़ती मांग का बनाने के लिए कई संस्थानों ने भारत में रीटेल मैनेजमेंट का कोर्स करवाते हैं जिसमें प्रमुख निम्न हैं– नारसी मॉनजी इंस्टीट्यूट ऑफ मैनेजमेंट एण्ड हाईयर स्टडीज, मुम्बई; बिरला इंस्टीट्यूट ऑफ मैनेजमेन्ट एण्ड टैक्नोलॉजी, नोएडा; इंस्टीट्यूट ऑफ चार्टिड

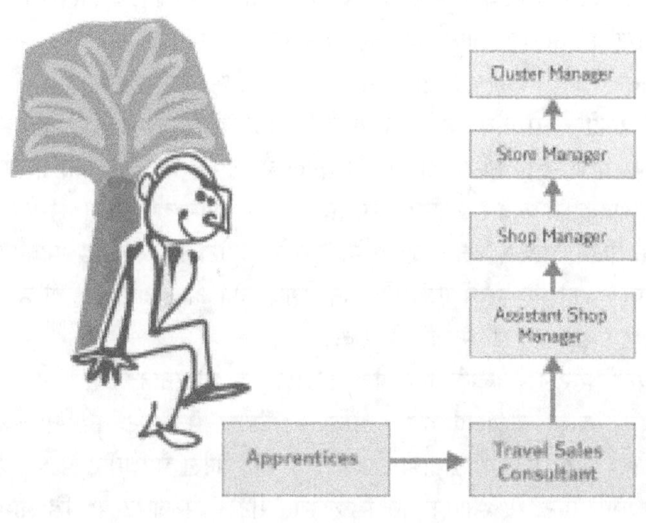

फाइनेन्सियल एनालिस्ट्स ऑफ इण्डिया (आई.सी.एफ.ए.आई.) हैदराबाद; आई. एम.टी. डिस्टेन्स एण्ड ओपन लर्निंग इंस्टीट्यूट, गाजियाबाद; इण्डियन स्कूल ऑप रिटेल, दिल्ली; इंस्टीट्यूट फॉर इनटेग्रेटिड लर्निंग इन मैनेजमेन्ट, गुड़गाँव; के.जी. सोमइया इंस्टीट्यूट ऑफ मैनेजमेन्ट स्टडीज एण्ड रिसर्च, मुम्बई; वेलिंगर इंस्टीट्यूट ऑफ मैनेजमेन्ट, मुम्बई; नेशनल इंस्टीट्यूट ऑफ बिजनेस मैनेजमेन्ट, चेन्नई; सिमबोसिस सेन्टर फार डिस्टेन्स लर्निंग, पुणे और नेशनल इंस्टीट्यूट ऑफ रीटेल मैनेजमेन्ट (एन.आई.आर.एम.) बंगलौर)

रोबोटिक्स

दि इंटरनेशनल स्टेण्डर्ड ऑर्गनाइजेशन (आई.एस.ओ.) रोबोट को एक स्वनियंत्रित, बहुउद्देशीय अभिव्यक्ति मशीन, गति के साथ या बिना गति के औद्योगिक स्वचालित उपयोग में प्रयोग किया जा सकने वाली मशीन के रूप में परिभाषित करती है। रोबोटिक्स रोबोट डिजाइन करने, उनकी मरम्मत करने, नये प्रयोग करने और अनुसंधान करने से सम्बन्धित है। रोबोट संकटपूर्ण परिस्थति में भी लगातार और एकदम सही तरीके से कार्य करने के लिए बनाए गए हैं । उनकी प्रोग्रामिंग इस तरीके से की जाती है जो उनको स्वयं को आपरेट करने में सक्षम बनाती है। इसी कारण रोबोट को रिप्रोग्रामेएबल मशीन कहा जाता है।

भारत में रोबोट टैक्नोलॉजी उसके उलझाव से सम्बन्धित अध्ययन डिपार्टमेंट ऑफ साइन्स एण्ड टेक्नॉलोजी (डी.एस.टी.) और डिपार्टमेंट ऑफ साइन्टिफिक एण्ड इंडस्ट्रियल रिसर्च द्वारा कराया जाता है।

रोबोटिक्स रोबोट के डिजाइन निर्माण और प्रयोग विभिन्न क्षेत्रों अन्तरिक्ष अनुसंधान सर्जरी और दिन प्रतिदिन की दिनचर्या में होता है। रोबोटिक्स उद्योग में प्रवेश के लिए इंजीनियरिंग, कम्प्यूटर प्रोग्रामिंग और डिजाइन की शिक्षा की आवश्यकता होती है।

रोबोट ने कई कार्यों में मानवों को हटा कर अपनी जगह बना ली है जो कि बार-बार करने होते हैं और जिसमें मानवीय हस्तक्षेप की आवश्यकता नहीं है। उदाहरण के लिए वेल्डिंग, पेन्टिंग, निगरानी और सामान उठा कर रखने और

जोड़ने सम्बन्धी कार्य। इनका उपयोग अन्तरिक्ष और जल में कार्य करने के लिए भी किया जाता है। रॉबोट कई खतरनाक और अति महत्वपूर्ण मिलिटरी कार्यवाहियों में प्रयोग किए जाते हैं जिसमें गोला बारूद सम्भालना व चलाना, विस्फोटक हथियारों के परिवहन, और उच्च रेडियोधर्मी वातावरण में काम करना शामिल है। इनका उपयोग उपकरण निर्माण, कठिन हार्डवेयर के निर्माण और परीक्षण में किया जाता है।

रोबोटिक तकनीक रोबोटिक इंजीनियरों को रोबोट की डिजाइन, परीक्षण और मरम्मत करने में सहायता करती है। रोबोट का उपयोग विभिन्न क्षमताओं में किया जाता है जैसे कि यन्त्र से उत्पादन करने वाले क्षेत्रों के अन्दर। रोबोटिक तकनीक सैफ्टी सिस्टम और रिप्रोग्राम रोबोटिक यन्त्रों को लगाते हैं ताकि रोबोट की गति को परिवर्तित किया जा सके। रोबोटिक टेक्नीशियनों को माइक्रोप्रोसेसर, इलेक्ट्रॉनिक्स और मेकेनिक्स की समझ होनी आवश्यक है। ताकि वे रोबोट की कार्य प्रणाली को अच्छे ढंग से ठीक कर सके।

संस्थान– डिपार्टमेंट ऑफ मेकेनिकल इंजीनियरिंग, इलैक्ट्रिकल इंजीनियिरिंग एण्ड कम्प्यूटर एण्ड कम्प्यूटर साइन्स आई.आई.टी., मुम्बई, दिल्ली, कानपुर, खड़गपुर, चेन्नई, गुवाहाटी और रुड़की

❑ दि सेन्टर फॉर रोबोटिकस एण्ड मेक्ट्रोनिक्स आई.आई.टी. कानपुर रोबोटिक्स में स्नातकोत्तर प्रोग्राम प्रदान करता है। रोबोटिक्स में प्रोग्राम संस्थान के कई विभागों से किया जा सकता है जैसे डिपार्टमेंट ऑफ कम्प्यूटर साइन्स एण्ड इंजीनियरिंग, मेकेनिकल, एण्ड इलेक्ट्रिकल इंजीनियरिंग।

❑ नेशनल इंस्टीट्यूट ऑफ टेक्नोलॉजी, हैदराबाद यूनिवर्सिटी, आर्टिफिसियल इन्टेलीजेन्स और रॉबोटिक्स में एम.टेक.

❑ जाधवपुर यूनिवर्सिटी, कोलकत्ता, एम.ई. रोबोटिक्स

❑ बिरला इंस्टीट्यूट ऑफ टेक्नोलाजी एण्ड साइन्स पिलानी, एम.ई. कम्प्यूटर साइन्स (जिसमें रोबॉटिक्स एक विशेष विषय हो)

❑ श्री सत्य साई इंस्टीट्यूट (उच्च शिक्षा के लिए), प्रसन्थिनिलायम (तमिलनाडु) में एम.टेक.

ग्रामीण प्रबन्धन

भारत गाँवों और किसानों का देश है, जहाँ इसकी आधे से ज्यादा जनसंख्या बसती है। ग्रामीण भारत को शामिल किए बगैर विकास की प्रक्रिया असन्तुलित और अस्थायी होगी। इसीलिए पेशेवर ग्रामीण मैनेजर की आवश्यकता होती है, जो गाँववासियों की उनकी विकास प्रक्रिया में सहायता प्रदान कर सके। ताकि पूरा देश प्रगति और समृद्धि प्राप्त कर सके। हाल में विश्वभर के ग्रामीण क्षेत्र पहले से

अधिक ध्यानाकर्षण का केन्द्र बने हुए हैं। जिसके बदले क्षेत्रीय एजेन्सियों और गैर सरकारी संगठनों ने ग्रामीण लोगों के लिए महत्वाकांक्षी विकास परियोजनाओं का मार्ग प्रशस्त कर उनको विस्तृत किया है। इस

प्रकार यह स्पष्ट है कि ग्रामीण प्रबन्धन बेहतरीन करियर का विकल्प है खासकर उन लोगों के लिए जो राष्ट्र के प्रति काफी गहरी सोच रखते हैं।

योग्यता- देश के कई प्रबन्धन संस्थानों द्वारा ग्रामीण प्रबंधन में डिग्री और डिप्लोमा कोर्स करवाया जाता है। इन कोर्सों में प्रवेश सम्बन्धित संस्थान द्वारा ऑल इण्डिया एन्ट्रेन्स टेस्ट के द्वारा सम्भव है जिसके बाद सामुहिक चर्चा और साक्षात्कार होता है। इस टेस्ट के लिए न्यूनतम योग्यता किसी भी मान्यता प्राप्त विश्वविद्यालय या संस्थान से किसी भी विषय में स्नातक या उसके समतुल्य डिग्री है।

करियर सम्भावना- ग्रामीण प्रबन्धन में उत्तीर्ण विद्यार्थी सरकारी विकास एजेन्सियों या गैर सरकारी संगठनों में समुचित रोजगार प्राप्त कर सकते हैं। उनको अनुबन्ध के आधार पर भी विकास प्रोग्रामों और योजनाओं में प्रबन्धन का कार्य दिया जा सकता है। जबकि कॉर्पोरेट द्वारा चलायी जा रही विकास एजेन्सियां ग्रामीण प्रबन्धकों के लिए पसन्दीदा जगह होती हैं। उच्च प्रतिभाशाली व्यक्ति यू. एन और उसकी विशेषज्ञ एजेन्सी या उसके द्वारा चलाए जा रहे प्रोग्राम से लुभावनी नौकरी प्राप्त कर सकते हैं। बहुत से ग्रामीण प्रबन्धन अन्तर्राष्ट्रीय एन.जी.ओ को भी वरीयता प्रदान करते हैं। ग्रामीण प्रबन्धक अपना एन.जी.ओ भी चला सकते हैं, जो ग्रामीणों से सीधे सम्बन्धित हो।

संस्थान- भारत में कुछ प्रमुख संस्थान ग्रामीण प्रबन्धन कोर्स करवाते हैं- इण्डियन इंस्टिट्यूट ऑफ मैनेजमेंट, अहमदाबाद और कोलकत्ता; इंस्टिट्यूट ऑफ मैनेजमेंट टेक्नोलॉजी, गाजियाबाद; देव संस्कृति विश्वविद्यालय हरिद्वार; रूरल नॉन-फार्म डेवेलपमेन्ट एजेन्सी, जयपुर; रूरल रिसर्च फाउन्डेशन, जयपुर; नेशनल इंस्टिट्यूट ऑफ रूरल डेवलपमेन्ट, हैदराबाद; अमृता विश्वविद्यापीठम्, कोयम्बटूर; गाँधी ग्राम रूरल इंस्टीट्यूट, डिन्डीगुल डिस्ट्रीक्ट (तमिलनाडु), इण्डियन इंस्टीट्यूट ऑफ रूरल मैनेजमेन्ट जयपुर; जेवियर इंस्टिट्यूट ऑफ सोशल सर्विस, रांची और टाटा इंस्टिट्यूट ऑफ सोशल साइन्स, मुम्बई।

रूरल मैनेजमेंट इंस्टिट्यूट से फ्रेशर को प्रति माह औसत दर्जे की आय प्राप्त होती है। इस क्षेत्र में अनुभव बढ़ने के साथ व्यक्ति उच्च आय के पैकेज की आशा कर सकता है। बड़े कॉर्पोरेट हाऊसिस द्वारा चलायी जा रही विकास एजेन्सियाँ बहुत उच्च आय के पैकेज प्रदान करती है जिसमें अन्य भत्ते जैसे मकान का किराया और चिकित्सा खर्चे शामिल होते हैं। स्वतंत्र रूप से अपना एन.जी.ओ. चलाने वाले रूरल मैनेजर धन, लोकप्रियता और सम्मान के मामले में काफी समृद्ध होते हैं।

सोशल वर्क (समाज सेवा)

आज हमारा समाज अपनी कार्यप्रणाली में अधिक से अधिक जटिल होता जा रहा है। आज का मुख्य नारा है कि केवल सक्षम व्यक्ति को ही जीने का अधिकार है। इसने मजबूर, साधनहीन और असुविधा में रहने वाले लोगों की संख्या को बढ़ा दिया है। यहाँ समाज सेवा की भूमिका हमारे सामने आती है। समाज सेवा संसाधनों के उपयोग से ऐसे लोगों की समस्याओं को न्यूनतम करने, उनकी हालत सुधारने और उनके दुःख दर्द को कम करने की कोशिश करती है। सामाजिक कार्यकर्त्ता गरीबी, बेरोजगारी, शराबखोरी, अशिक्षा और स्वास्थ्य सुविधाओं की कमी, नशाखोरी जैसी सामाजिक समस्याओं से मुक्ति की कोशिश करता है। वे वृद्धों, अनाथों, महिलाओं और अक्षम लोगों के जीवन को सुधारने का भी प्रयास करते हैं। वो दिन अब चले गए जब सामाज सेवा परोपकारी उद्देश्यों के लिए की जाती थी। लेकिन यह एक पेशेवर कोर्स बन गया है जो टी.आई. एस.एस., आई.आर. एस.ए. और दिल्ली स्कूल ऑफ सोशल वर्क जैसे संस्थानों द्वारा प्रदान किए जाते हैं। जो देश के हर नुक्कड़, हर चौराहे पर स्थित एन.जी.ओ. के परोपकारी कार्यों के देखते हए प्रदान किए जाते हैं। बहुत

से विद्यार्थी अब सामाजिक सेवा के कोर्स को प्राथमिकता देते हैं और कई तरह के अवसर प्राप्त करते हैं।

योग्यता:- समाज सेवा में करियर के लिए न्यूनतम शैक्षणिक योग्यता समाज सेवा में स्नातकोत्तर यानि मास्टर डिग्री करना है। जिसे किसी भी विषय से स्नातक करने वाला विद्यार्थी कर सकता है। यह दो वर्ष का कोर्स है लेकिन समाज शास्त्र के विद्यार्थियों को इसमें कुछ वरीयता प्रदान की जाती है। पूरे देश में कई सरकारी कॉलेज, यूनिवर्सिटियां और निजी शैक्षणिक संस्थान यह कोर्स करवाते हैं। कई संस्थान समाज सेवा में एम.फिल और पीएच.डी. भी करवाते हैं। इस शैक्षणिक योग्यता के अलावा समाजसेवा के करियर में कुछ व्यक्तिगत गुणों जैसे साधनहीन लोगों की मदद करना, जटिल और मुश्किल कार्य परिस्थितियों में कार्य करने की क्षमता, धैर्य और समर्पण इत्यादि गुणों का होना आवश्यक है।

करियर सम्भावनाएँ - सरकारी और गैर सरकारी क्षेत्र में पर्याप्त रोजगार की सम्भावनाएं हैं। सरकारी क्षेत्र के अवसरों में मुख्यत: सामुदायिक विकास से सम्बन्धित प्रोजेक्टों जैसे स्वास्थ्य, शिक्षा, ग्रामीण विकास, बच्चों, महिलाओं और जनजाति कल्याण इत्यादि में है। एन.जी.ओ. का कार्य ग्रामीण और शहरी क्षेत्र में अलग-अलग होता है। समाजसेवा में स्नातकोत्तर भी औद्योगिक और कॉर्पोरेट क्षेत्रों में रोजगार के अवसर प्राप्त करते हैं। समाज सेवा को करियर के रूप में चुनने वाले विद्यार्थी परिवार और बाल कल्याण सेवा एजेन्सियों के लिए मानसिक, चिकित्सकीय, स्वास्थ्य आदि सम्बन्धित सेवाओं में नौकरियां प्राप्त कर सकते हैं। कुछ डिग्रीधारी अपना स्वयं का एन.जी.ओ. लगा कर स्वरोजगार प्राप्त करने को वरीयता देते हैं।

वैश्वीकरण ने समाजसेवा को करियर के तौर पर अपनाने वाले विद्यार्थियों के लिए रोजगार के क्षेत्र को विस्तृत कर दिया है। वे एमनेस्टी इन्टरनेशनल, आक्सफेम और ग्रीनपीस जैसे अन्तर्राष्ट्रीय एन.जी.ओ. से भी जुड़ सकते हैं। पर्यावरण से जुड़ी नयी समस्याओं ने समाज सेवा को उसके पारंपरिक दायरे से बाहर ला दिया है। अब कई एन.जी.ओ. और सरकारी एजेन्सियाँ पर्यावरण संरक्षण और सुरक्षा के लिए काम कर रही हैं। जिसमें समाज सेवा की पृष्ठभूमि के लोग अच्छी नौकरी प्राप्त कर सकते हैं।

संस्थान- भारत में कई संस्थान और यूनिवर्सिटियाँ समाज सेवा के क्षेत्र में स्नातक और स्नातकोत्तर की डिग्रियाँ प्रदान करती हैं उनमें कुछ बहुत महत्वपूर्ण निम्न हैं-

❑ इण्डियन इंस्टिट्यूट ऑफ सोशल वेलफेयर एण्ड बिजनेस मैनेजमेंट, कोलकत्ता

❑ टाटा इंस्टिट्यूट ऑफ सोशल साइन्स, मुम्बई

❑ इंस्टिट्यूट ऑफ सोशल साइन्स, आगरा

- यूनिवर्सिटी ऑफ दिल्ली
- राजस्थान यूनिवर्सिटी
- एम.एस. यूनिवर्सिटी ऑफ बड़ोदा
- बॉम्बे यूनिवर्सिटी
- मंगलौर यूनिवर्सिटी
- लॉयालो कॉलेज ऑफ सोशल साइन्स, त्रिवेन्द्रम
- मद्रास स्कूल ऑफ सोशल वर्क, चेन्नई

सॉफ्टवेयर इंजीनियरिंग

पिछले कुछ वर्षों में भारत ने पूरी दुनिया के लिए गुणवान सॉफ्टवेयर इंजीनियर उत्पन्न करके प्रौद्योगिकरण के विकास में अत्यधिक योगदान दिया है। सॉफ्टवेयर इंजीनियरिंग सॉफ्टवेयर विकसित करने, उसकी मरम्मत करने और उन पर कार्य करने की व्यवस्थित विधि है। सॉफ्टवेयर डिजाइन तैयार करने, यूजर इंटरफेस डिजाइन करने, सॉफ्टवेयर मरम्मत कार्य और सॉफ्टवेयर परीक्षण कार्य करने के लिए आवश्यक उपकरण, ज्ञान और पद्धतियाँ आती हैं।

सॉफ्टवेयर इंजीनियरिंग विभिन्न क्षेत्रों जैसे कम्प्यूटर इंजीनियरिंग, कम्प्यूटर साइन्स, गणित, मैनेजमेंट, गुणवत्ता प्रबन्धन, प्रोजेक्ट मैनेजमेन्ट, सिस्टम इंजीनियरिंग

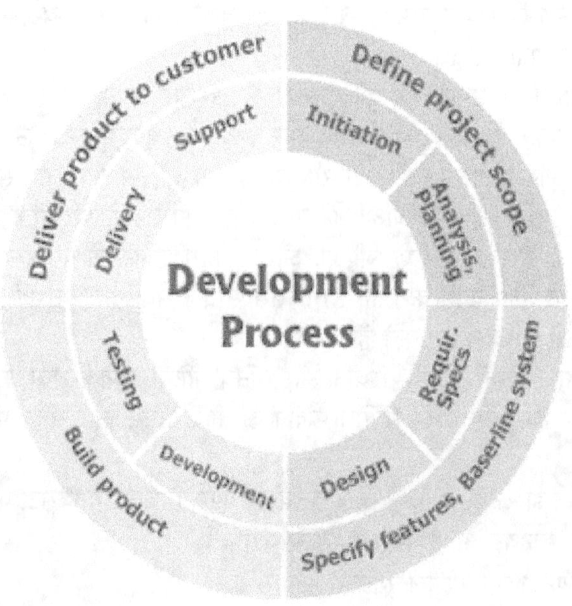

और सॉफ्टवेयर श्रमदल शास्त्र इत्यादि के ज्ञान को भी अपने अन्दर समेटे हुए है। विभिन्न उद्योगों में सॉफ्टवेयर इंजीनियरों की मांग के कारण सॉफ्टवेयर इंजीनियरिंग काफी अच्छी आय वाला करियर है।

भारत विश्व में आई.टी. महाशक्ति के रूप में उभर रहा है। आई.टी. में योग्य छात्रों को देश और विदेश की प्रसिद्ध सॉफ्टवेयर कम्पनियों में शानदार नौकरियां मिल रही हैं। आई.टी. का क्षेत्र उसमें व्याप्त सम्भावनाओं, आकर्षक आय और देश विदेश में रोजगार के प्रचुर अवसरों के कारण बहुत से युवाओं को आकर्षित करता है।

योग्यता– सॉफ्टवेयर इंजीनियरिंग में करियर शुरू करने के लिए व्यक्ति बी.ई./एम.ई./बी.टेक./एम.टेक. जैसे कोर्सों को चुन सकता है। देश के विभिन्न संस्थान और कॉलेज साफ्टवेयर इंजीनियरिंग में इन स्नातक और स्नातकोत्तर कोर्सों को करवाते हैं। बी.ई./बी.टेक (सॉफ्टवेयर इंजीनियरिंग) में प्रवेश के लिए योग्यता मानक भौतिकी, रसायन और गणित के साथ 12वीं या उसके समकक्ष कोई परीक्षा उत्तीर्ण करना है। सॉफ्टवेयर इंजीनियरिंग प्रवेश परीक्षा (ए.आई.ई.ई. ई.) अथवा अन्य राष्ट्रीय और राज्य स्तर की परीक्षाएं हैं। साफ्टवेयर इंजीनियरिंग में एम.ई. और एम.टेक. के लिए व्यक्ति ने बी.ई./बी.टेक. प्रोग्राम सफलतापूर्वक पूरा किया हो। बी.ई./बी.टेक या एम.ई./एम.टेक के अलावा व्यक्ति सॉफ्टवेयर प्रोग्रामिंग में करियर बनाने के लिए बी.सी.ए. या एम.सी.ए. भी कर सकता है। ज्यादातर युनिवर्सिटियां और कुछ इंजीनियरिंग कॉलेज बी.सी.ए. और एम.सी.ए. कोर्स करवाते हैं। बी.सी.ए. और एम.सी.ए. में प्रवेश लिखित परीक्षा के आधार पर होता है।

करियर सम्भावनाएँ– कम्प्यूटर सॉफ्टवेयर इंजीनियर सबसे तेजी से विकसित होते पेशों में से एक है। ज्यादातर सॉफ्टवेयर इंजीनियरों के लिए सॉफ्टवेयर बनाने वाली कम्पनियाँ सबसे पसन्दीदा जगह है क्योंकि वहां ई.कॉमर्स के भारी विकास की संभावनाएं हैं। सॉफ्टवेयर प्रोग्रामर, कॉरपोरेट हाऊसेस, इन्डस्ट्रियल और पब्लिक सेक्टर में रोजगार ढूंढ सकता है। सरकारी और निजी बैंक, वाणिज्य संस्थान, स्कूलों और कॉलेजों को भी सॉफ्टवेयर इंजीनियरों की सेवाओं की आवश्यकता होती है। इसके अलावा सॉफ्टवेयर इंजीनियर स्वयं की सॉफ्टवेयर निर्माण फर्म खोल सकता है। वे ग्राहकों की आवश्यकताओं के अनुसार सॉफ्टवेयर निर्माण, मरम्मत सम्बन्धित कन्सलटेंसी खोल सकता है। इंजीनियरिंग कॉलेज में शिक्षण भी एक अच्छा विकल्प है।

संस्थान– भारत में सॉफ्टवेयर इंजीनियरिंग कोर्स करवाने वाला प्रमुख संस्थान आई.आई.टी. है, जो देश के विभिन्न हिस्सों में स्थित है। विभिन्न शहरों में स्थित नेशनल इंस्टिट्यूट ऑफ टेक्नॉलोजी, सी-डी.ए.सी. (सेन्टर फॉर डेवेलपमेन्ट

ऑफ एडवान्स कम्प्यूटिंग) विभिन्न कस्बों में स्थित हैं, इंस्टीट्यूट ऑफ साइन्स एण्ड इनफॉरमेशन टेक्नॉलाजी (आई.एस.आई.टी.), हैदराबाद और जवियर इंस्टीट्यूट ऑफ कम्यूनिकेशन, मुम्बई। इंजीनियरिंग कॉलेज और अनुसंधान संस्थानों के अलावा एपटेक और एन.आई.आई.टी., जैसी निजी कम्प्यूटर शिक्षण कम्पनियां भी कम्प्यूटर और सॉफ्टवेयर प्रोग्रामिंग के विभिन्न कोर्स करवाती है।

सूचना प्रौद्योगिकी के वर्तमान स्तर को देखते हुए सॉफ्टवेयर इंजीनियरिंग बहुत अच्छी आय देने वाला पेशा माना जाता है। निजी क्षेत्र आय का उच्च पैकेज प्रदान करता है। आप के अलावा कर्मचारियों के लिए कई अन्य अनुलाभ उपलब्ध हैं। सलाह देने का कार्य करने वाले सॉफ्टवेयर प्रोग्राम भी अच्छी कमाई अर्जित करते हैं।

सिस्टम एनालिस्ट

कम्प्यूटर सिस्टम विश्लेषक व्यापारिक कम्प्यूटरीकरण, और वैज्ञानिक कार्यों के लिए या वर्तमान में उपयोग किए जा रहे कम्प्यूटरों में सुधार के लिए पद्धतियों का निर्माण और विकास करता है। वे कम्प्यूटर लगाने वाले संगठनों और कम्प्यूटर निर्माण करने वाली सलाह समितियों के लिए भी कार्य कर सकते हैं। विश्लेषक कार्य की शुरुआत लक्ष्यों का निर्धारण करके करते हैं। इसके उपरान्त वे मॉडल निर्माण, सेम्पलिंग, मूल्य निर्धारण सम्बन्धी कार्यों को पूरा करने के लिए विभिन्न तकनीकों को अपनाता है जिससे वे कम्प्यूटर की योजना बना सके। उन्हें यह भी तय करना होता है कि कम्प्यूटर सिस्टम तैयार करने में किन किन हार्डवेयर और सॉफ्टवेयरों की आवश्यकता होगी। विश्लेषक सूचनाओं सम्बन्धी आंकड़े इकट्ठा करने और वितरित करने के लिए फार्म भी डिजाइन करता है। सिस्टम विश्लेषक सामान्यत: बिजनेस, वैज्ञानिक या इंजीनियरिंग एप्लीकेशन में से किसी एक में विशेषज्ञ होता है। कुछ विश्लेषक वर्तमान में उपयोग किए जा रहे कम्प्यूटरों को सुधारने, उनकी क्रियाओं को बेहतर करने, अन्य तरह के डाटा को स्वीकार करने योग्य बनाने का कार्य भी करते हैं। अन्य कम्प्यूटर विश्लेषण की नयी पद्धतियों का उपाय करने के लिए अनुसंधान करते हैं।

सिस्टम विश्लेषक की नौकरी के निर्धारण का कोई वैश्विक पैमाना नहीं है। क्योंकि मालिक किए गए कार्य के आधार पर वरीयता देते हैं। जबकि कॉलेज स्नातकों को हमेशा इस कार्य के लिए खोजा जाता है। कुछ मालिक कम्प्यूटर सिस्टम विश्लेषक को विज्ञान से स्नातक चाहते हैं। अन्य मालिक उच्च पदों के

 आपना करियर स्वयं चुने

लिए एडवान्स डिग्री को प्राथमिकता देते हैं। वे ज्यादा जटिल कार्यों कम्प्यूटर साइंस, सूचना विज्ञान और सूचना प्रबन्धन के लिए कॉमन डिग्री की आवश्यकता होती है। कई मालिक बिना डिग्री का प्रकार बताए कोई भी प्रासांगिक डिग्री चाहते हैं। जबकि कुछ मालिक डिग्री की बजाय उसके समकक्ष अनुभव या अनुभव के साथ कम्प्यूटर सार्टिफिकेट को स्वीकारते हैं।

करियर सम्भावनाएँ- ज्यादातर कम्प्यूटर सिस्टम विश्लेषक डाटा प्रोसेसिंग सर्विस फर्मों, सरकारी एजेन्सियों, बीमा कम्पनियों, बैंकों, व्यापार, वाणिज्य ई-कॉमर्स, इंजीनियरिंग, विज्ञान, स्वास्थ्य देखरेख और लम्बी अवधि की चीजें बनाने वाली फर्मों के लिए काम करते हैं। कुछ सिस्टम विश्लेषक नए कम्प्यूटर सिस्टम लगाने वाली कम्पनियों में अस्थायी तौर पर भी काम करते हैं। कम्प्यूटर सिस्टम विश्लेषक दूरसंचार, वैज्ञानिक अनुसंधान और फैक्टरी और ऑफिस स्वचालन क्षेत्र से भी जुड़े होते हैं। ज्यादातर कम्प्यूटर सिस्टम विश्लेषक कम्प्यूटर सिस्टम डिजाइन और सम्बन्धित सेवा उद्योग में कार्य कर सकते हैं। जबकि कुछ कम्प्यूटर सिस्टम विश्लेषक अपनी स्वतंत्र सलाह कार्य या छोटा व्यवसाय लगाकर स्वरोजगार की प्राप्ति करते हैं। कम्पनियां अब धीरे-धीरे कम्प्यूटर पेशेवरों को विशेषज्ञ सलाहकार के तौर पर केवल अस्थायी रूप से नौकरियाँ दे रही है।

सरकारी एजेन्सियों में आप समय समय पर आय आयोग द्वारा तय की जाती है। जबकि निजी फर्मों में अच्छी आय के साथ साथ अन्य अनुलाभ भी मिलते हैं। अनुबंधित सलाहकार की आय अनुबंध की शर्तों और कम्पनी की प्रकृति पर निर्भर करती है। इस क्षेत्र में स्वरोजगार और आय कम्पनी के आकार व ग्राहकों की संख्या व प्रकृति पर निर्भर करती है।

टी मैनेजमेंट (टी टेस्टर)

समाचार पत्र पढ़ते समय भाप उठती चाय की चुस्कियाँ लेना दिन की आदर्श शरुआत होती है। दिन भर के थका देने वाले काम से घर वापस आकर गर्म चाय का प्याला सबसे अधिक स्फूर्ति देने वाला होता है। विभिन्न स्वादों और प्रकार की चाय दशकों से उगायी जा रही है। लेकिन यह पेय किस प्रकार हमारे जीवन का महत्वपूर्ण हिस्सा बन गया? चाय को पहले शाही या राजसी पेय समझा जाता था जो उच्च वर्ग के लिए केवल आराम व शौक की वस्तु थी। लेकिन धीरे-धीरे चाय की पेय के रूप में उपयोगिता और चाय पीना एक आदत बन गयी। बल्कि चाय उपयोग इतना अधिक विकसित हो गया कि इसमें व्यापक सम्भावनाएं है। क्योंकि चाय को अब कई बिमारियों के उपचार के तौर पर देखा जाता है। चाय प्रबन्धन की मांग तेजी से बढ़ रही है। कोई व्यक्ति जो पेय पदार्थों के प्रति आकर्षण रखता हो और इसके विकास के बारे में जानना चाहता हो वह इस नौकरी के लिए उपयुक्त है। यह कार्य बहुत रुचिपूर्ण ओर जोखिम भरा है। चाय प्रबन्धक को ऊँची पहाड़ियों पर चाय बगानों की यात्रा, चाय मिलों की यात्रा करनी पड़ती है, जहां पर चाय चुनी व चखी जाती है।

योग्यता- इसकी न्यूनतम योग्यता किसी भी विषय से स्नातक है। हालांकि कृषि विज्ञान, वनस्पति विज्ञान, और खाद्य विज्ञान के छात्रों को वरीयता दी जाती है। मार्केटिंग या बिजनेस में मैनेजमेंट डिग्री को अतिरिक्त योग्यता के तौर पर देखा जाता है। करियर सम्भावनाएं प्रवेश करने वाले नए लोगों को प्राय: प्रशिक्षु या सहायक के रूप में नियुक्त किया जाता है। जहाँ उनको पौधे लगाने के क्षेत्र में नौकरी के दौरान प्रशिक्षण दिया जाता है। उनको चाय चखने, मार्केटिंग और प्रबन्धन में प्रशिक्षण दिया जाता है। यह माना जाता है कि दिया जाने वाला प्रशिक्षण सबसे सरल प्रशिक्षण है जो शीघ्र प्रशिक्षण देने से सबसे अच्छा माध्यम है। जिसमें व्यक्ति व्यापार के गुर सीखता है। सहायक अनुभव प्राप्त करने पर मैनेजर सहायक

के पद पर पदोन्नत किया जाता है। जिसके बाद उसकी पदोन्नति बगान प्रबन्धन यानि बगान मैनेजमेंट के रूप में होती है। हालांकि सहायक से मैनेजर सहायक तक का

 ————————————

सफर शीघ्रता से पूरा हो जाता है। लेकिन चाय प्रबन्धक बनने के लिए 10-12 वर्ष के अनुभव की आवश्यकता होती है।

इस रोजगार के लिए कुछ व्यक्तिगत गुणों का होना अनिवार्य है जैसे सभी वर्गों के लोगों खासकर मजदूर वर्ग के साथ व्यवहार करने की योग्यता जो चाय बगानों में काम करते हैं। इसके अलावा घर से बाहर रहना पसन्द हो, अनुकूल हो। व्यक्ति को भौगोलिक स्थलों की अच्छी जानकारी हो।

टी टेस्टर-टी टेस्टर के पास चाय सूंघने की कला, उनके भिन्न स्वादों की तुलना करने का कौशल, उनकी गुणवत्ता और वर्गीकरण करने की क्षमता होनी चाहिए। टी टेस्टर चाय उद्योग की दुनिया के सबसे अच्छे पेशों में से एक है। चाय चखना पूर्णत: एक कला है लेकिन इसको करियर बनाने के लिए आज के आधुनिक चाय उद्योग की दृष्टि से उसे विज्ञान के सहयोग की आवश्यकता होती है। टी मैनेजर और टी टेस्टर के अलावा व्यक्ति अनुसंधान, चाय दलाली या चाय उद्योग में सलाहकार के क्षेत्र में अवसरों को ढूंढ सकता है।

भारत में बहुत से संस्थान चाय प्रबन्धन उद्योग में व्यावसायिक प्रशिक्षण प्रदान करते हैं। जबकि ज्यादातर चाय कम्पनियां मानती हैं कि कोई बाहरी प्रशिक्षण वास्तव में उतनी सहायता प्रदान नहीं करता। जब व्यक्ति इस क्षेत्र में होता है तो यह प्रशिक्षण उतना काम नहीं आता। फिर भी किसी भी क्षेत्र का ज्ञान हमेशा आपको लाभ प्रदान करता है।

संस्थान

- ❏ इण्डियन इंस्टीट्यूट ऑफ प्लानटेशन मैनेजमेंट
- ❏ एन.आई.टी.एम., दार्जलिंग टी रिसर्च एण्ड मैनेजमेंट एसोसिएशन
- ❏ असम दार्जलिंग टी रिसर्च सेन्टर
- ❏ बिरला इंस्टीट्यूट ऑफ फ्यूच्यरिस्टिक स्टडीज
- ❏ दि टी टेस्टर एकेडमी

अनुवाद

अनुवाद को शब्द से शब्द के अनुवाद की क्रिया के रूप में नहीं देखना चाहिए जो कि एक भाषा के गद्य का दूसरी भाषा के गद्य में होता है। वास्तव में यह एक गद्य की आत्मा को दूसरे शरीर में डालने के समान है। एक अनुवादक के रूप में अपने कौशल को सुधारने का सर्वोत्तम तरीका दूसरे लेखकों द्वारा किए गए अनुवाद का विश्लेषण करना है। इससे आपको अंदाजा हो जाएगा कि इस कार्य में रचनात्मकता के किस स्तर की आवश्यकता होती है। हमेशा यह बात दिमाग में रखो कि अन्य पेशों की तरह इस कला को सीखने में भी समय लगता है। आपको अपने करियर के पहले कुछ वर्ष इस कला के सूक्ष्म तत्वों को सीखने

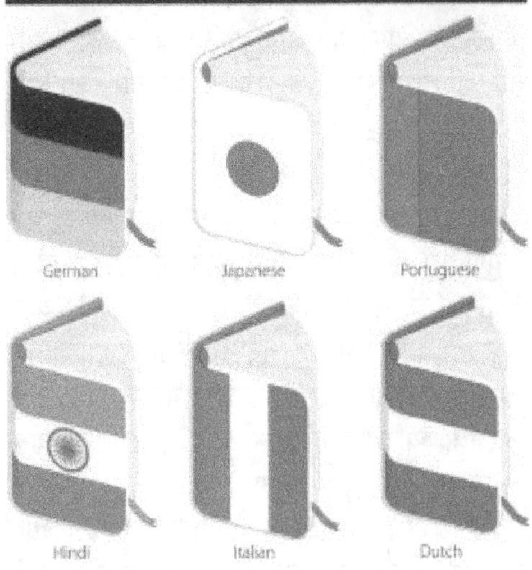

में खर्च करने होंगे।

इन्टरनेट के आ जाने से संगठनों को अपने कारोबार को घरेलू बाजार से बाहर फैलाने में मदद मिली है। जिसके परिणामस्वरूप विदेशी भाषा अनुवाद की भी भारी कमी है जो संस्थानों के समुद्र पार बाजारों की संचार सम्बन्धी आवश्यकताओं को पूरा कर सके। हालांकि इन बाजारों में सफलता ग्राहक की आवश्यकताओं की गहन समझ प्राप्त करके हासिल की जा सकती है। यह तभी संभव होगा जब आपका अनुवाद बेहतरीन और शानदार होगा। हमारे विचार में अनुवाद आने वाले दशकों में एक चुनौतीपूर्ण करियर बनने जा रहा है। इसी कारण से बहुत से नवयुवक अनुवाद के इस पेशे को अपना रहे हैं।

जब आप अनुवादक के रूप में करियर की शुरूआत करते हो तो आपको यह सलाह दी जाती है कि आप नीरस और साधारण विषयों से शुरूआत करें। जो अनुवाद करने में चुनौतीपूर्ण साहित्यिक गद्य की तुलना में सरल होता है। नीरस लेकिन सरल गद्य से शुरुआत करने से आपका विश्वास बढ़ेगा जो उस समय के लिए लाभदायक होगा। जब आप समझने में कठिन गद्य का अनुवाद करेंगे। छोटी कम्पनियों से शुरू करना चाहिए क्योंकि वे फ्रेशरों को रोजगार देने की ज्यादा इच्छुक होती हैं। हर तरह के गद्य पर काम करके अपना करियर प्रोफॉइल बनाने की कोशिश करनी चाहिए। जब आप एक निश्चित मात्रा में विश्वास प्राप्त कर लें तो आप आयात-निर्यात एजेन्सियों का कार्य कर सकते हैं। इन एजेंसियों के लिए काम करने से आपको एक पेशेवर अनुवादक बनने के लिए उचित एक्सपोजर मिलेगा।

आप स्वतंत्र रूप से बहुराष्ट्रीय कम्पनियों के लिए भी काम कर सकते हैं। इस तरह से आप कई एजेन्सियों के साथ समझौते करके नियमित आय का स्रोत विकसित कर सकते हैं। जहां आपको प्रति माह निश्चित मात्रा में कार्य के बदले आय प्राप्त होगी। पर्याप्त अनुभव प्राप्त करके आप ज्यादा पैसा भी कमा सकते हो। यदि स्वतंत्र अनुवादक का कार्य आपकी रुचि का विषय नहीं है तो आप

अनुभवी अनुवादक के तौर पर विभिन्न सरकारी व गैर-सरकारी एजेन्सियों, यूनिवर्सिटियों, समाचार पत्रों, कुटनीतिक मिशनों, प्रकाशन उद्योग और बहुराष्ट्रीय कम्पनियों में काफी अवसर प्राप्त कर सकते हैं।

पर्यटन

अनजानी और अनदेखी जगहों को खोजने व जानने की इच्छा युगों से मानवों के अन्दर है। तकनीक के विकास ने दुनिया की जनसंख्या को इस इच्छा की पूर्ति करने के योग्य बना दिया है। परिणामस्वरूप पर्यटन उद्योग विश्वभर में विकसित हुआ है। साथ ही इस क्षेत्र में की विभिन्न सेवाओं में पेशेवरों की मांग भी विश्वभर में बढ़ रही है। इसके साथ भारत विश्व की सबसे प्राचीनतम सभ्यताओं की विरासत को संजोये हुए हैं। भारत विश्व के सबसे पसन्दीदा स्थलों में से है जिसका कारण इसका रहस्यात्मक अतीत और सांस्कृतिक विभिन्नता है। अन्य महत्वपूर्ण कारण स्थायी राजनैतिक परिवेश और अंग्रेजी भाषी सत्कार देने वाले मेजबान हैं। पर्यटन उद्योग के विकास के साथ भारत राष्ट्रीय अर्थव्यवस्था के लिए सर्वाधिक विदेशी मुद्रा कमा रहा है। इस क्षेत्र में करियर कई पर्यटन कोर्सों से काफी लुभावना हो गया है।

करियर संभावनाएँ : पर्यटन उद्योग में करियर काफी सुयोग्य हो गया है क्योंकि पर्यटन कोर्स की सफलतापूर्वक समाप्ति के बाद अवसरों की भरमार है। आपको इस क्षेत्र से सम्बन्धित विभिन्न कार्यों के लिए पर्यटन एजेन्सियों, एयरलाइन्सों पर्यटन से जुड़े सरकारी संगठनों में नियुक्त किया जा सकता है। एक पर्यटक पेशेवर के रूप में पर्याप्त योग्यता और प्रासंगिक ज्ञान प्राप्त करके आप स्वरोजगार भी हासिल कर सकते हैं।

योग्यता और कोर्स

– नीचे दिए गए कोर्स भारत में प्रदान किए जाने वाले पर्यटन कोर्स हैं। विद्यार्थियों को निश्चित कोर्स में प्रवेश पाने के लिए आल इण्डिया स्तर के संस्थान से सम्बन्धित

प्रवेश परीक्षा में उपस्थित होना पड़ता है। योग्यता मानक अलग-अलग पर्यटन संस्थान के अनुसार भिन्न-भिन्न हो सकते हैं।

- पर्यटन में स्नातक
- बी.टी.एम. (ऑनर्स)
- पर्यटन प्रबन्धन में स्नातकोत्तर डिप्लोमा
- पर्यटन और अवकाश में स्नातकोत्तर डिप्लोमा
- पर्यटन में स्नातकोत्तर प्रोग्राम
- पर्यटन प्रशासन में मास्टर्स
- पर्यटन और अतिथि सत्कार प्रबन्धन में बिजनेस प्रशासन में मास्टर्स
- पर्यटन प्रबन्धन में स्नातकोत्तर डिप्लोमा
- पर्यटन प्रबन्धन में एम.ए.
- पर्यटन प्रबन्धन में मास्टर डिग्री

संस्थान- इण्डियन इंस्टीट्यूट ऑफ टूरिज्म एण्ड मैनेजमेन्ट

- इन्दिरा गाँधी नेशनल ओपन यूनिवर्सिटी (इग्नू)
- इंस्टीट्यूट ऑफ टेक्नॉलॉजी एण्ड फ्युचर मैनेजमेन्ट ट्रेंड्स, चण्डीगढ़
- तेजपुर यूनिविर्सिटी, असम
- आन्ध्रा यूनिवर्सिटी
- मदुरई कामराज यूनिवर्सिटी, तमिलनाडु
- हिमाचल प्रदेश यूनिवर्सिटी

वेब डिजाइनिंग

वेब डिजाइनिंग आई.टी. उद्योग का अन्दरूनी और महत्वपूर्ण हिस्सा है। आज यह एक भरोसेमन्द रोजगार विकल्प है। वेब सेवाएँ उद्योगों, बिजनेस शिक्षा और निजी क्षेत्र में उपयोग होती है। वेब डिजाइनिंग सेवाओं में आवश्यक विश्लेषण, सोलुशन डिजाइनिंग, वेब कन्टेन्ट राइटिंग, वेब कन्टेन्ट प्लानिंग, प्रोडक्ट फोटोग्राफी, ग्राफिक डिजाइनिंग, फ्लेश डिजाइनिंग, एच.टी.एम. एल की कोडिंग और जावा स्क्रिप्टिंग शामिल है। वेब डिजाइनिंग में करियर उन लोगों के लिए सही विकल्प है जिनका रुझान रचनात्मकता में है।

ग्राहक की वेबसाइट के लिए आकर्षक, सुन्दर वर्ल्ड वाइड वेब पेजिस बनाना वेब डिजाइन का कार्य है। इसमें ऐसे ग्राफिक डिजाइन तैयार करना भी शामिल है जो वेबसाइट को प्रोत्साहित करने वाले प्रभावकारी विचार रखते हों। वेबडिजाइनर वेबसाइट निर्माण की अन्दरूनी योजना में भी भागीदारी कर सकता है। जिसमें वह संगठन की साइट के लेआउट के सम्बन्ध में ग्राहक की साइट के लेआउट के

सम्बन्ध में ग्राहक से मिलकर विचार विमर्श करता है। इसके अलावा ग्राफिक डिजाइन से सम्बन्धित दूसरे मामलों जिसमें, वीडियो, फोटो, इमेजिस और रंगों के प्रकारों पर भी विचार विमर्श कर सकता है। कई बार वेब प्रोड्यूसर पहले से वेब पेज को मूलभूत रूप में तैयार कर चुका होता है ऐसे में वेब डिजाइनर का काम प्रोड्यूसर के विचारों से मेल खाता डिजाइन तैयार करना है।

वेब डिजाइनर को वो सभी टेक्ट डॉक्युमेन्ट और इमेजिस अनिवार्य रूप से इकट्ठी करनी पड़ती है जो पेज पर दिखाई देती है और उस पेज को फार्म में बदल देती है। जिसको वे देख सकते हैं। इसके लिए एच.टी.एम.एल. (हाइपरटैक्ट मार्क अप लेंगवेज) की आवश्यकता होती है। जो वेब पेज बनाने की कम्प्यूटर लेंगवेज है। डिजाइनर को एच.टी.एम.एल की एक्सटेन्शनों की भी जानकारी होनी अत्यन्त आवश्यक है जो प्रोग्राम के वेब पेजिस से अन्य विशेष फीचर जैसे एनीमेशन और आकर्षक सर्वेक्षण को लगाने में सक्षम बनाती है। क्योंकि वेबसाइट में विभिन्न प्रकार के फंकशन (कार्यप्रणालियाँ) जैसे क्लिकेबल ई-मेल या कम्प्यूटर से फाइल डाउनलोड करने की प्रणाली होती हैं। डिजाइनर को एफ.टी. पी. (फाइल ट्रान्सफर प्रोटोकॉल) और अन्य प्रोग्राम की जानकारी होनी चाहिए, जो इन फीचरों को सक्षम बनाते हो।

भारत में विभिन्न तकनीकी संस्थान वेब डिजाइनिंग में सर्टिफिकेट प्रदान करते हैं। वेब डिजाइनरों का डिजाइनिंग ग्राफिक और ले-आउट पर भी ध्यान होता है। वेबडिजाइनर को चित्रकलाकार होना चाहिए। वेब डिजाइनर को रंगों के सिद्धान्तों और कला की जानकारी के साथ विजुअल आर्ट एण्ड विजुअल डिजाइन की डिग्री होनी चाहिए। वेब डिजाइन का डिजाइन तैयार करने में रुझान होना चाहिए। यदि व्यक्ति वेब डिजाइनिंग करियर को चुनता है तो कम्प्यूटर साइन्स में डिग्री अतिरिक्त लाभ प्रदान करती है। भारत के विभिन्न प्रसिद्ध संस्थानों द्वारा विभिन्न प्रकार के वेब डिजाइनिंग कोर्स करवाये जाते हैं।

आई.टी.उद्योग के तेजी से विकास के अवसर पैदा हुए हैं। ज्यादातर कम्पनियां अपने वेबसाइट बनवाने के लिए कुशल वेब डिजाइनर को ढूंढती हैं। वेब डिजाइनर विज्ञापन एजेन्सियों,

प्रकाशन, ऑडियो-वीडियो, मीडिया, डिजाइन स्टुडियो, प्रिंटर और टाइपसेटर, निर्माता और विभागिय स्तरों, मार्केटिंग फर्मों शिक्षण संस्थानों और लाइब्रेरियों में समाहित हो सकता है। सभी सॉफ्टवेयर उद्योगों को कुशल वेब डिजाइनरों की आवश्यकता होती है ताकि वे उस उद्योग को शिखर तक ले जा सकें।

वेडिंग प्लानर (विवाह नियोजक)

जैसा कि नाम से ज्ञात होता है वेडिंग प्लानर वह व्यक्ति होता है जो विवाह को नियोजित करता है उसका संचालन, संयोजन करता है। हालांकि धर्म, परम्परा और समाज के आधार पर शादियाँ भिन्न होती हैं लेकिन वेडिंग प्लानर का कार्य दुनिया के किसी भी हिस्से में लगभग समान रहता है। ज्यादातर लोगों के लिए विवाह जीवन में एक बार आने वाला उत्सव होता है जिसे हमेशा याद रखने के लिए वे पूरे सुनियोजित प्रबन्ध चाहते हैं।

वेडिंग प्लानर परिवार की इच्छाओं, विचारों और बजट के अनुसार पूरे विवाह कार्यक्रम के सुनियोजन, संयोजन और संचालन की पूरी जिम्मेदारी लेकर कार्य को काफी सरल बना देता है।

यदि आप शान्त प्रकृति के हों आप समारोह इत्यादि पसन्द करते हो और सहयोग की भावना रखते हो तो वेडिंग प्लानर का रुचिपूर्ण और लुभावना करियर आपका हो सकता है। कोई भी इस शौक को वेडिंग प्लानर बनकर पेशे में बदल सकता है। आजकल दुल्हनें अपनी शादी की तैयारी को लेकर बहुत व्यस्त होती हैं और उनको अपने सम्बन्धियों की सहायता की आवश्यकता उसमें पड़ती रहती है लेकिन वे दूसरे शहरों में रहते हैं और अपने पेशों में वयस्त हैं। तनाव कम करने और अच्छी शादी सुनिश्चित करने के लिए ज्यादातर दुल्हनें वेडिंग प्लानर का सहयोग लेती हैं।

शादी तय होते ही वेडिंग प्लानर का कार्य तय हो जाता है और सभी उत्सव समारोह पूरे होने पर ही समाप्त होता है। वेडिंग प्लानर ग्राहक के साथ उसकी इच्छाओं, विचारों और आशाओं को जानने के लिए कार्य करता है।

इसके बाद शादी से पहले और बाद के उत्सवों और पार्टियों के आयोजन करने की

 ——————————————— अपना करियर स्वयं चुने

आवश्यकता सामने आती है। शादी का बजट और समारोहों का पैमाना तय होने के बाद वेडिंग संयोजक का कार्य शुरू होता है।

प्रत्येक व्यक्ति वेडिंग प्लानर की सहायता ले सकता है क्योंकि वे समस्त तनाव को हटाकर विवाह को नियोजित करता है। बहुत से भारतीय जो विदेशों में रहते हैं वो भारत में शादी के लिए वेडिंग प्लानर की सेवाएँ लेते हैं। यह उनके लिए काफी अच्छा रहता है क्योंकि जब तक वे उड़कर देश वापस जाते हैं सारी तैयारियां पूरी हो चुकी होती है।

योग निरीक्षक

आज के भागदौड़ की जिन्दगी में स्वास्थ्य को बनाए रखना एक महत्वपूर्ण हिस्सा बन गया है योगा शायद सबसे पुरानी पद्धति है जो स्वास्थ्य सम्बन्धी सभी समस्याओं का समाधान करती है। योग के ये कोर्स व्यक्ति को विभिन्न योग मुद्राओं, साधनाओं और सांस लेने के व्यायामों का सूक्ष्म प्रशिक्षण प्रदान करते हैं। जो उन्हें एक ट्रेनर के तौर पर तैयार करते हैं।

करियर सम्भावनाएँ– योग दो प्रकार के करियर प्रदान कर सकता है एक शोध और प्रशिक्षण क्षेत्र में दूसरा योग थेरिपिस्ट के रूप में जो कि योग के माध्यम से उपचार करता है। जैसे-जैसे योग के लिए शौक बढ़ता जा रहा है योग के पेशे में नए परिदृश्य खुलते जा रहे हैं। व्यक्ति स्कूलों, हैल्थ सेन्टरों और टी.वी. चैनलों में योग प्रशिक्षक के तौर पर रोजगार प्राप्त कर सकता है। अपना स्वयं का योग पद्धति केन्द्र खोलना भी अच्छा विकल्प है।

सेहत के लिए चिन्ता पश्चिमी देशों में और अधिक है। क्योंकि योग के कोई बुरे प्रभाव या विपरीत प्रभाव नहीं है। इसीलिए यह अत्यधिक लोकप्रिय है। पश्चिमी देशों में योगा पद्धति केन्द्र शुरू करना लाभकारी का विकल्प है। बहुत से प्रसिद्ध व्यक्ति जैसे फिल्म कलाकार और राजनीतिज्ञ अपना व्यक्तिगत योग प्रशिक्षक रखते हैं। अच्छे प्रशिक्षित व्यक्ति के लिए असीम आय की सम्भावनाएं है।

देश के विभिन्न योग संस्थानों

में योग पर कई कोर्स करवाये जाते हैं। प्रमुख कोर्सों का वर्णन इस प्रकार है–

- डिप्लोमा इन योगा थेरेपी
- डिप्लोमा कोर्स योग शिक्षा / योग अध्ययन
- योग पद्धति में शिक्षण प्रशिक्षण (योग पद्धति में सर्टिफिकेट कोर्स)
- योग पद्धति में बी.ए./बी.एस.सी. योग्यता–स्नातक, दर्शनशास्त्र को वरीयता
- योग पद्धति में एम.ए./एम.एस.सी. योग्यता–योग पद्धति में बी.ए./बी.एस.सी.

संस्थान

- डॉ. हरिसिंह गौड़ विश्वविद्यालय, गौड़ नगर सागर, (मध्य प्रदेश)
- गुरुकुल कांगड़ विश्वविद्यालय, हरिद्वार (उत्तराखण्ड)
- आर्य महाराष्ट्र यूनिवर्सिटी, जलगाँव (महाराष्ट्र)
- यूनिवर्सिटी ऑफ पुणे (पुणे) महाराष्ट्र
- राष्ट्रीय संस्कृत विद्यापीठ, तिरूपति (आन्ध्र प्रदेश)
- शिवाजी यूनिवर्सिटी, विद्यानगर, कोल्हापुर (महाराष्ट्र)
- गुजरात आयुर्वेदिक यूनिवर्सिटी, जामनगर (गुजरात)
- डॉ. भीमराव अम्बेडकर यूनिविर्सिटी, आगरा (उ.प्र.)
- अलगप्पा यूनिवर्सिटी, अलगप्पा नगर, कराइकुडी (तमिलनाडु)
- श्री वेंकटेश्वर यूनिवर्सिटी, तिरूपति (आन्ध्रप्रदेश)
- अवधेश प्रताप सिंह यूनिवर्सिटी, रीवा (मध्य प्रदेश)
- गुजरात विद्यापीठ, अहमदाबाद (गुजरात)
- कर्नाटक यूनिवर्सिटी, धारवाड़ (कर्नाटक)
- एम.जे.पी. रोहिलखण्ड यूनिवर्सिटी, बरेली (उत्तर प्रदेश)
- हिमाचल प्रदेश यूनिवर्सिटी, शिमला (हिमाचल प्रदेश)
- मंगलौर यूनिवर्सिटी, मंगलमनग्राञी (कर्नाटका)
- यूनिवर्सिटी ऑफ मुम्बई, एम.जी.रोड, किला मुम्बई
- अनंतप्रागंया, ईस्ट ऑफ कैलाश, नई दिल्ली
- तिलक महाराष्ट्र विद्यापीठ, विद्यापीठ भवन, गुलतेकडी, पूणे (महाराष्ट्र)
- बिहार योग भारती इंस्टिट्यूट फॉर एडवान्स स्टडीज इन योगिक साइन्स
- योग विद्या गुरुकुल, नासिक, महाराष्ट्र

परिशिष्ट

रिज्यूम के मूलभूत सिद्धान्त

आपके पास अपने सम्भावित मालिक को सहमत करने के लिए लगभग 30 सेकण्ड का समय होता है। कि आप एक इन्टरव्यू के हकदार हो। रिज्यूम में आपकी उपलब्धियों, शिक्षा, कार्य अनुभव और आपके सामर्थ्य का संक्षिप्त वर्णन होना चाहिए। कालतिथि के अनुसार एक रिज्यूम की रूपरेखा कैसी होनी चाहिए जो नौकरी में प्रवेश करने वालों और उस क्षेत्र में कार्यरत नौकरी ढूंढने वालों के लिए अनुकूल हो।

प्रतियोगी बाजार में आपको नौकरी सुनिश्चित करने के लिए अच्छे रिज्यूम की आवश्यकता होती है। आपका रिज्यूम आपका निर्देशन करता है कि आप किस तरह अपने मालिक को अपनी क्षमताओं के दर्शन कराते हो। रिज्यूम चयन प्रक्रिया की पहली सीढ़ी होती है इसीलिए यह सही होना आवश्यक है। इन पेजों में हम आपको वे सब बताऐंगे जिसकी जानने की आवश्यकता आपको एक सफल रिज्यूम बनाने में पड़ेगी।

व्यक्तिगत विवरण

आपको अपने रिज्यूम, सी.वी., के ऊपर केरिक्यूलम वाइटा लिखने की आवश्यकता नहीं है। यह काफी स्पष्ट है कि यह क्या है? यह सुनिश्चित करो कि आपका नाम मोटे अक्षरों में ऊपर लिखा हो जो बाकी रिज्यूम के अक्षरों की तुलना में बड़ा हो। नीचे आपको अपना घर का पता और सम्पर्क सम्बन्धी सूचना देनी होती है। अनोखा ई-मेल पता मत शामिल करो- जैसे *boozy blozy@hotmail.co* यह पेशेवर प्रतीत नहीं होता।

पेशेवर लक्ष्य / व्यक्तिगत ब्यान

यह वैकल्पिक है लेकिन यदि आप यह देते हो तो ध्यान रहे यह अस्पष्ट और जाति सम्बन्धित न हो। इससे संक्षिप्त रखें (तीन या चार लाइनों तक)। अपने करियर का केन्द्र बिन्दु दर्शायें जिसमें दो या तीन सामर्थ्यों का वर्णन हो।

वे कहां विकसित हुए? आपके सी.वी. का यह हिस्सा आप जिस कम्पनी में आवेदन कर रहे हो और जिस पद के लिए आवेदन कर रहे हो उसके अनुरूप होना चाहिए। जबकि जगह बचाने के लिए यह आपके पत्र के कवर पर भी डाला जा सकता है।

शिक्षा और योग्यताएँ

हाल की शिक्षा से शुरूआत होनी चाहिए। आपकी डिग्री या स्नातकोत्तर योग्यता में आपके मालिक की रुचि ज्यादा होती है बजाय कि आपने स्कूल में क्या किया? इसीलिए इसे ज्यादा जगह प्रदान करो। इसमें डिग्री का नाम, यूनिवर्सिटी का नाम, तिथि शामिल होनी चाहिए जैसे-बी.काम (आनर्स) और आपकी ग्रेड जो आपने प्राप्त की है।

यह सलाह दी जाती है कि आप कोई भी वह मॉड्यूल शामिल कर सकते हो जो उस नौकरी के आवेदन के लिए प्रासंगिक हो। इसके अलावा कोई शोध या प्रोजेक्ट कार्य भी शामिल कर सकते हो। आपकी डिग्री के अन्तर्गत विदेश में बिताया गया समय या कार्य स्थापन का विवरण दे सकते हो।

स्कूली शिक्षा में स्कूल का नाम, तिथि, समकक्ष योग्यता, ग्रेड शामिल होना चाहिए जब तक यह कहा न जाए हर विषय की सूची देना आवश्यक नहीं है।

कार्य का अनुभव

आपके कार्यानुभव के हिस्से पर ही आपके चयनकर्ता का सारा ध्यान केन्द्रित होता है। आपको रोजगार की तिथियां, नौकरी का नाम, पद, मालिक का नाम होता है। अन्तर्राष्ट्रीय आवेदनों में आपके रोजगार के शहर व देश का नाम भी होना चाहिए चयनकर्ता इस बात से पूरी तरह से वाकिफ होते हैं कि हाल के स्नातक ने ज्यादातर पार्ट टाइम नौकरियां या ग्रीष्मकालीन नौकरियां की होती है। जिसका आपके करियर से सम्बन्ध नहीं होता। फिर भी चयनकर्ता आपसे यह आशा करता है कि आप वे कौशल व योग्यताएं प्रदर्शित करें जो आपने इस कार्य अनुभव से प्राप्त की।

अपना कार्यानुभव दिखाने का सबसे सामान्य तरीका उल्टे क्रम में होता है जिसमें हाल का कार्यानुभव सबसे पहले दिया जाता है। जबकि आपको अपने आवेदन किए गए क्षेत्र में औचित्यपूर्ण व प्रासंगिक अनुभव है जैसे किसी कम्पनी के साथ प्रशिक्षण। तो आप इसे अलग शीर्षक ''प्रासंगिक कार्यअनुभव' के अन्तर्गत डाल सकते हो और कम प्रासंगिक अनुभव को 'अन्य कार्य अनुभव' की श्रेणी में रख सकते हो। इससे चयन कर्ता को तुरन्त इस बात की जानकारी

हो जाएगी कि आपने इस क्षेत्र सम्बन्धित ज्ञान प्राप्त करने और अनुभव प्राप्त करने की शुरुआत की है।

यदि ऐसा नहीं है तो निराश होने की आवश्यकता नहीं है। हजारों स्नातकों के पास ऐसी शुरुआत नहीं होती फिर भी वे पद प्राप्त कर लेते हैं जो वे प्राप्त करना चाहते हैं। क्योंकि वे उस अनुभव का उपयोग करते हैं जो उनके पास होता है। ध्यान रहे मालिक इन कौशलों को ढूंढ रहे हैं जिनका आपने उपयोग किया है और जिनका विकास किया है। विशेषकर वे नौकरी के लिए आवश्यक कौशलों का आपकी योग्यताओं से सम्बन्ध स्थापित करते हैं। आपकी सहायता के लिए कुछ सूचनाएं है अपने सी.वी. का निर्देशन नौकरी के अनुसार करो-नौकरी के लिए आवश्यक योग्यताओं व परिभाषिक शब्दों को पढ़ लें और उन शब्दों को अपने सी.वी. में समुचित जगह पर डाल दें।

अपना दावा पुख्ता करो- विनीत शब्दों का प्रयोग मत करो। यदि आपके पास अच्छा संचार कौशल है तो आप उसे प्रदर्शित करें कि आप किस तरह उसका उपयोग कुछ प्राप्त करने के लिए करोगे।

अपने योगदान की पहचान करो- अपने कर्त्तव्यों का सीधे वर्णन करने की बजाय प्रत्येक भूमिका की सफलता का प्रदर्शन करें। कार्य पर अपनी सफलताओं का विवरण दो और प्राप्त परिणाम भी दर्शाओ। उदाहरण के लिए यह लिखने के बजाय ''कम्पनी की वेबसाइट डिजाइन की' आप कह सकते हो ''कम्पनी की वेबसाइट डिजाइन की जिससे कम्पनी के उत्पाद की बिक्री 50 प्रतिशत बढ़ गई।''

अपने उत्तरदायित्वों का वर्णन करते समय अपने सी.वी. को नीरस मत बनाओ। विभिन्न तरह की क्रियाओं और कौशलों का वर्णन करो।

विशेषज्ञता अनुभव

नौकरी के लिए प्रासंगिक विशेषज्ञतापूर्ण अनुभव और योग्यताओं को इसके लिए तैयार किए गए विशेषज्ञता अनुभव सेक्शन के अन्दर डालो। उदाहरण के लिए शोधकर्ता इसके लिए 'अनुसंधान' या 'अनुसंधान रुचियों' के सेक्शन का निर्माण कर सकते हैं और जिन्होंने विदेश में कार्य किया है वो 'विदेश अनुसंधान अनुभव' सेक्शन का निर्माण कर उसे शामिल कर सकते हैं। प्रोफेसर 'शिक्षण अनुभव' और 'विदेशों में व्याख्यान' या 'व्याख्यान या प्रस्तुतिकरण' सेक्शन को शामिल कर सकते हैं। इसी प्रकार वैध 'सामुदायिक सेवा' या 'योग्यता परीक्षण' सेक्शन का उपयोग कर सकते हैं।

क्रियाकलाप / रुचियाँ / पद की जिम्मेदारियाँ

ये सभी सेक्शन प्रासंगिक है क्योंकि ये यह दर्शाते हैं कि आप अन्य क्रियाकलापों को करने की प्रेरणा रखते हो और एक सम्पूर्ण व्यक्तित्व के स्वामी हो। पद की जिम्मेदारियाँ और सफलताएँ पाठ्यक्रम से अलग हो सकती है। उदाहरण के लिए छात्र संघ में महत्वपूर्ण योगदान, सामाजिक क्लब के लिए समारोह आयोजित करना, स्कूल और यूनिवर्सिटी में चन्दा एकत्रित करने में नेतृत्व करना इत्यादि अपनी रुचियाँ लिखने का मतलब एक सूची लिखना नहीं है। उसमें आप शामिल थे और आपने उस गतिविधि से क्या सीखा यह दर्शाने का प्रयास करो।

अतिरिक्त सूचनाएं

भाषाएं – यदि आप विदेशों के लिए आवेदन कर रहे हो तो अपनी मातृभाषा का वर्णन जरूर करें। इसके अलावा आप जो भाषा और जानते हो और उसमें प्रवीणता का स्तर बताएं।

कौशल – इसमें पेशे से सम्बन्धित वह कौशल जिसका सी.वी. में कहीं और वर्णन न हो। उदाहरण के लिए आई.टी. कौशल और ड्राइविंग लाइसेंस। आई.टी. कौशल के लिए सॉफ्टवेयर पैकेजिंग और एप्लिकेशन जिसका आप उपयोग करते हो और प्रत्येक में प्रवीणता का स्तर। ड्राइविंग सम्बन्ध में प्राथमिक चिकित्सा या स्वास्थ्य और सुरक्षा सम्बन्धित कोई सर्टिफिकेट।

सभाएं – प्रासंगिक सभा, कार्यशाला या गोष्ठी जिसमें आप उपस्थित रहे हो। उस सभा का नाम, तिथि, स्थान और आयोजक का नाम दो।

प्रतिनिर्देश – यदि आपके सी.वी. में जगह नहीं है तो आप 'प्रतिनिर्देश प्रार्थना करने पर उपलब्ध है।' यह डाल सकते हैं। यह स्वीकार्य है। यदि आपके पास जगह है तो सामान्यत: दो प्रतिनिर्देश देने होते हैं। उनका विवरण देना उनका नाम, पद, पता, फोन नम्बर और ई-मेल पता दें। हमेशा पहले उनकी अनुमति प्राप्त कर लें और उनको अपने करियर की आकांक्षाओं के बारे में सूचित करें और उस समय तक की सफलताओं के बारे में बता दें।